张家港市
非物质文化遗产荟萃

陈世海　吕大安　主编

南京大学出版社

图书在版编目（CIP）数据

张家港市非物质文化遗产荟萃 / 陈世海, 吕大安主
编. -- 南京 : 南京大学出版社, 2017.11
ISBN 978-7-305-19544-0

Ⅰ. ①张… Ⅱ. ①陈… ②吕… Ⅲ. ①非物质文化遗
产—张家港—图集 Ⅳ. ①G127.533-64

中国版本图书馆CIP数据核字（2017）第263390号

出 版 发 行	南京大学出版社	
社 址	南京市汉口路22号　邮编210093	
出 版 人	金鑫荣	

书 名	**张家港市非物质文化遗产荟萃**	
主 编	陈世海　吕大安	
责 任 编 辑	徐佳乐　荣卫红　　编辑热线　025-83685720	
印 刷	南京凯德印刷有限公司	
开 本	787×1092　1/16　印张 26　字数 468千	
版 次	2017年11月第1版　2017年11月第1次印刷	
标 准 书 号	ISBN 978-7-305-19544-0	
定 价	158.00元	
网 址	http://www.njupco.com	
官 方 微 博	http://weibo.com/njupco	
官 方 微 信 号	njupress	
销 售 咨 询 热 线	（025）83594756	

《张家港市非物质文化遗产荟萃》

图片提供　张家港市文化遗产研究保护中心

张家港市锡剧艺术中心

张家港市评弹艺术传承中心

杨舍镇文化体育服务中心

金港镇文化体育服务中心

凤凰镇文化体育服务中心

塘桥镇文化体育服务中心

锦丰镇文化体育服务中心

乐余镇文化体育服务中心

南丰镇文化体育服务中心

大新镇文化体育服务中心

常阴沙现代农业示范园区宣传文明办

张家港市摄影家协会

张家港市振华广告装饰工程有限公司

装帧设计　张家港市振华广告装饰工程有限公司

目　录

序

地处"江尾海头"的张家港市,有着八千年的历史文化积淀,有着一千七百余年的建置史。生于斯、长于斯的世世代代民众创造了丰富的文化遗产,这些文化遗产既包含物质文化遗产,也包含非物质文化遗产,都是民众创造力、想象力、劳动和智慧的结晶。

对一个国家或一个地区来说,文化遗产作为现存文化的记忆,非物质文化遗产与物质文化遗产具有同等重要的意义。而从历史的角度和非物质文化遗产存在形态来看,非物质文化遗产是一种包含了更多随时代迁延而容易湮没的文化记忆,更应当加以重视。

自2005年以来,我市全面启动了非物质文化遗产保护工程,遵循"保护为主、抢救第一、合理利用、传承发展"的保护方针和"政府主导、社会参与、明确职责、形成合力、长远规划、分步实施、点面结合、讲究实效"的原则,做了大量卓有成效的工作。成立了非物质文化遗产保护、管理、研究机构,组建了"专家库",培育了一支尽职尽力,具有一定业务水平的非物质文化遗产普查、保护、传承队伍;通过多方面通力合作,先后编纂出版了《中国·河阳山歌集》《中国·河阳宝卷集》《中国·沙上宝卷集》《沙上山歌》《沙上故事》《河阳山传说施耐庵》《张家港曲艺丛书》《老沙话语汇》《张家港市民族民间器乐曲集》《陆氏中医儿科》等专著;建立了河阳山歌馆、张家港市"苏州评弹"艺术馆、雷沟大布陈列馆、后塍黄酒(沙洲优黄)博物馆、沙上非物质文化遗产展览馆、乐余风筝馆等重要"非遗"项目保存、展示基地;连续举办吴地山歌、吴地宝卷展演、传唱会,"港城绝技"(传统手工技艺)大赛,境内非物质文化遗产精粹汇展以及非物质文化遗产系列论坛等活动。2014年,在多次调研、论证的基础上制定了《张家港市沙上文化生态保护实验区规划纲要(2014--2028)》(以下简称《规划纲要》)。"张家港市沙上文化生态保护实验区"已获江苏省批准立项,《规划纲要》的制定与实验区建设的逐步推进,为我市区域性非物质文化遗产的整体性保护开创了新的局面。

2007年以来,张家港市人民政府分五批陆续公布了我市89个非物质文化遗产代表作名录和四批共51个代表性传承人(单位)。2009年,我们组织编印了《江苏省非物质文化遗产普查·张家港市资料汇编》(以下简称《普查资料汇编》)一书,收录全市126个非物质文化遗产项目的调查资料和115个非物质文化遗产"线索"概要。2011年,组织编纂出版了《张家港市非物质文化遗产要览》(以下简称《要览》),书中收录了前三批共50个代表性非遗项目内容,作为阶段性工作成果,向社会集中展示与汇报。继

《普查资料汇编》《要览》之后，今年我们又组织人力物力编纂出版《张家港市非物质文化遗产荟萃》一书，旨在更全面、系统地介绍我市业已正式公布的89个非物质文化遗产代表作的历史渊源、传承区域、基本内容与特征、传承人状况及其文化价值与保护现状，力求做到图文并茂，熔科学性、资料性、可读性为一炉。

联想起若干年前两次来我市实地考察河阳山歌、河阳宝卷的一位文化学者的话：

张家港不但是新兴的经济发达的城市，而且有悠久的民族民间文化，有丰富的文化遗产，这是极其珍贵的。这些财富，不仅是张家港的、江苏的，也是中国的。保护好、传承好这一宗文化财富，刻不容缓。张家港市是全国文明城市，有责任也有能力做好这项工作。

目前，在我市89个"非遗"代表性项目中，有4个被列入国家级项目：河阳山歌、河阳宝卷、苏州评弹、金村庙会；有沙洲哨口板式类风筝制作技艺、后塍黄酒（沙洲优黄）酿制技艺、雷沟大布织染工艺、后塍竹编技艺、沙上宝卷、锡剧、塘桥陆氏中医儿科等7个项目被列入省级项目；另外，还有像施耐庵在张家港的传说、三兴元宵锣鼓、摸壁鬼、香山正一道教音乐、香山民间武术、沙上民间谚语、常阴沙号子、塘桥木雕、塘桥唱春、乐余水太太庙会等一批极具民俗学价值、认知价值和审美价值的"非遗"项目，这是值得我们引以为豪的。竭尽全力保护好、传承好这宗文化财富，是我们义不容辞的责任，也是全体市民共同的责任。

随着经济全球化趋势和现代化进程的加快，各地的文化生态不可避免地发生着巨大的变化。张家港市同其他地方一样，非物质文化遗产的存续遇到了前所未有的新挑战。如何应对新挑战，如何破解新课题，需要我们付出较之以前所做的更多的汗水、更大的智慧。我们将一如既往地在上级领导的关怀指导下、在相关部门的支持协作下，认清目标，奋发努力，切实做好每一项具体工作，让境内非物质文化遗产得到永久传承，并且不断发扬光大，为守护我们共同的精神家园，为构建和谐社会、推进文化的可持续性发展，作出新的贡献。

是为序。

2017年8月

（作者系市政协党组成员、市委宣传部副部长、市文广新局局长）

张家港市的地理历史及文化概况

　　张家港市位于江苏省东南部，长江下游南岸。全市总面积986.73平方公里，其中长江水域面积195.67平方公里。户籍人口91.98万。下辖八镇二区：杨舍镇、金港镇、凤凰镇、塘桥镇、锦丰镇、乐余镇、南丰镇、大新镇、常阴沙现代农业示范园区、双山岛旅游度假区，共设有152个行政村和120个社区（居委会）。

　　张家港市的地貌构架呈多样性特征，有平原、山丘，有江河、湖塘，有沙滩、湿地，乃至岛屿。境内以东西走向的南横套河与沙漕交界河为界，其南边为古陆；北边是新老沙区，俗称"沙上"，成陆时间800年至100年不等。丰富多样的地理环境，宜农宜渔，宜林宜牧，生成了多种多样的生产劳动方式与生活习俗。

　　张家港历史久远。西境东山村遗址，属马家浜文化（距今8000年左右）、崧泽文化（距今约5000年）；东部徐家湾遗址，属崧泽文化；东南部河阳山周围，多处遗址出土春秋战国、汉、唐、宋、元、明、清文化遗存。此地的传统文化为吴文化。自明代后期以来，随着北部沙洲积涨加速，从苏北迁入大量围垦移民，清代中季部分湘军士兵驻留沙洲，落户安家；南部也因南北人口交流频仍，南风北浸，故而在原有文化的基础上也融合了楚文化与越文化。

张家港市非物质文化遗产的种类及分布

　　非物质文化遗产是指各族人民世代相承的、与群众生活密切相关的各种传统文化表现形式和文化空间，其范围包括：（一）口头传统，包含作为文化载体的语言；（二）传统表演艺术；（三）民俗活动、礼仪、节庆；（四）有关自然界和宇宙的民间传统知识和实践；（五）传统手工艺技能；（六）与上述表现形式相关的文化空间。

　　张家港市的非物质文化遗产甚为丰富，基本涵盖了非物质文化遗产的各种传统文化表现形式和文化空间。张家港市民族民间文化保护管理办公室（后改称文化遗产研究保护中心）于2009年编纂的《江苏省非物质文化遗产普查·张家港市资料汇编》，共辑录126个项目、115条重要"线索"。自2007年起至2016年，张家港市人民政府分五批次公布了共89个非物质文化遗产代表作项目。本书即以系统介绍89项代表作为基本内容。

这些项目的种类，包括民间文学、传统音乐、传统舞蹈、传统戏剧、曲艺、传统美术、传统体育、传统技艺、传统医药、民俗以及方言，共11大类。

张家港市非物质文化遗产在境内八镇二区均有分布。南片，"中国历史文化名镇"凤凰镇有国家级项目河阳山歌、河阳宝卷，塘桥镇有国家级项目金村庙会，杨舍镇有国家级项目苏州评弹；北片，金港镇有省级项目后塍竹编技艺、雷沟大布织染工艺、后塍黄酒（沙洲优黄）酿制技艺，锦丰镇有沙上宝卷，乐余镇有沙洲哨口板式类风筝制作技艺、传统舞蹈"摸壁鬼"等重要项目。

张家港市非物质文化遗产的主要特点与价值

张家港市素称江南"鱼米之乡"，传统的农耕、渔业及手工艺劳作孕育了丰富的非物质文化遗产；滨江近海、地貌多样以及南北文化交融等因素，造成了境内的非物质文化遗产整体上既有江南水乡特色，又有鲜明的地域特征。

张家港市非物质文化遗产主要特征和价值表现在以下几个方面：

一、"民间文学"资源丰富，传承历史悠久。河阳山歌是民间文学中当之无愧的瑰宝，它是源远流长的吴歌体系中重要的一脉，是绚丽多彩的吴歌园地中别具芳香的一枝。多首河阳山歌具有鲜明的原创性，其中以传承数千年的《斫竹歌》、长达6000余行的《赵圣关还魂》以及纪实性长山歌《荒年山歌》为代表。而沙上山歌和香山山歌，又以其独特的地域风貌、语言特色和音乐个性，彰显了存在的价值。境内的民间传说蕴藏丰富，其中以河阳山地区施耐庵的传说、杨舍地区的民间传说为代表。塘桥地区关于钱御史的传说、朝北李王庙的传说以及金港镇戴定光的传说、沙上地区小秦王的传说、双杏寺的传说等，原创性明显，均有较高的认知价值和文学价值。

二、"传统技艺"这一类，数量大，品类多，在全市89项代表作中占了35项。乐余镇的"沙洲哨口板式类风筝"熔民间手工技艺、民间美术、民间音乐为一炉，百多年来，它作为当地民众的文化娱乐和体育活动器具，拥有深厚的群众基础，既具有实用价值，又有一定的观赏价值。属于"编织扎制"的沙上地区的竹编技艺和芦苇编织技艺比较突出，这反映了两个真实情况：一是就地取材。沙上人家多种竹，所谓"家家栽竹，户户笋香"，而江滩港湾芦苇丛生，生生不息。得天独厚的生态环境提供了取之不尽的原材料，孕育了特定的编制技艺。二是由于沙上地区历史上长期属贫困地区，竹篾编、芦苇编、柳条编等是农家补贴农业收入不足的当家家庭副业，且其成品长期受到消费者（大多是本地农民和集镇平民）的欢迎，这也是这一类传统手工技艺经久不衰的重要原因。沙上地区北面绵长的长江水域，为沙上民众提供了丰饶的水产，特别是业内人士公认此段水域出产的刀鱼、河豚、鲥鱼品质最佳，故而经长期实践，沙上人积累了、传承了独特的"长江三鲜"加工烹饪技艺。

三、"曲艺"类中，除了"苏州评弹"（本地有享誉书坛、有"三国王"美誉的国家级代表性传承人张国良先生）之外，引人注目的还有宝卷和唱春。按区域分，境内有河阳宝卷、沙上宝卷、香山宝卷、金村宝卷。2007年编纂出版的《中国·河阳宝卷集》收录宝卷163卷，2011年出版的《中国·沙上宝卷集》收录宝卷102卷。这两种宝卷集所编录的宝卷本，是从境内所收集到的600多本宝卷本中遴选的。经过初步分析论证，境内宝卷中有51种未见于《宝卷总目》（傅惜华编著）、《中国宝卷总目》（车锡伦编著）等类书，如：《龙王宝卷》《城隍宝卷》《纯阳宝卷》《河神宝卷》《王仪宝卷》《三汉宝卷》《玉带宝卷》《孟日红宝卷》《姐妹相换宝卷》《小猪宝卷》《勤俭宝卷》《磨刀宝卷》等，显示了其独特与珍贵。前来考察的北京、上海、南京乃至台湾地区的专家学者，对张家港境内宝卷的蕴藏量、内涵及价值均作出了积极而中肯的评价。唱春，境内有塘桥唱春、东莱唱春、乐余唱春、南丰唱春、锦丰唱春、大新唱春，以大新唱春和塘桥唱春为北片、南片唱春的代表，截至2005年前后，境内还可寻访到10多位七八十岁的唱春老艺人。唱春，旧时是贫困农民的业余营生。沙洲农村相比苏州周边农村，长期以来更显贫穷，因而境内唱春的流行与"发达"，有其历史原因与明显的地域特征。

四、"民俗"中，庙会占有一定比重。据地方志载，境内历史上传统庙会有30多起，庙会的兴盛缘于境内寺庙众多。金村庙会（永昌寺庙会），由于在传统的"浴佛节"仪式中渗透了纪念当地抗倭英雄人物的内容，故而有别于一般的庙会，注入了有教育意义的爱国主义主题，尤其值得重视。香山庙会在中断57年之后，于2007年在村民自愿组织、村民委员会支持下恢复举行，气氛热烈而和谐，特别是庙会时展示展演了丰富多彩的传统舞蹈、音乐、曲艺，受到群众欢迎。乐余镇的"水太太"（褚太尉）庙会和大新镇的双杏寺庙会，突出反映了沿江渔民、居民对水神江神的民间信仰，保存、传承了具有认识价值和研究价值的长江渔民风俗。此外，河阳地区的"谢洪"习俗，沙上的上梁"说合子"习俗，其内涵与形式也都具有较高的民俗学研究价值。

五、有些门类，项目数量虽不多，但在特定的环境中、在特定的历史阶段中加以考察，应该有着特殊的价值和意义。如"张家港老沙话"。在张家港境内四种主要方言——虞西话、澄东话、老沙话、常阴沙话——中，老沙话是最具"本土"特色的一种方言，也是"吴方言"体系中独特的一种地区方言。目前，说老沙话的张家港籍人有近23万。对这种地方话的收集、记录与研究，对于民间风俗、居民迁播、生活状态的了解与研究，有着特殊的意义，这是一份有价值的活的语言资料。再如金港镇的"香山民间武术"。金港镇临江的香山、长山历来是军事重地，为抵抗外侮、保家卫国，香山民众历来有习武的传统，自元明以降，香山周边形成"四大拳场"。香山民间武术的传承给予人们的启发之一，即是江南民众在崇文的基础上兼有尚武的一面。香山民间武术崇尚"武德"的理念和多种拳术套路、器械套路，亦是中华传统武术宝库中值得珍视的组成部分。

张家港市非物质文化遗产存续现状和保护举措

张家港市的非物质文化遗产存续状况同苏南其他县市一样，随着工业化、城市化进程的加快，现代生活方式的冲击，原有的生活环境、生活习惯逐渐改变，很多非物质文化遗产生存空间日渐消解。一些原有的手工产品因现代工业机械加工效率高、成本低，逐渐被替代、被淘汰，促使这些东西淡出人们视线，随着时间的推移，逐渐趋向消亡。如竹篾编织、芦苇编织，老手工艺人大多已步入耄耋之年，精力不济，其制成品除了在特定的场合有人问津、少量购买之外，基本上处于无消费市场状况，且后继乏人，年轻人不愿意、无兴趣学习这样的手工技艺。再如"沙洲花边"，在20世纪五六十年代十分兴盛，全市有数万人会钩结花边，还曾为当时的沙洲县首创外汇，而目前已无人干这种营生。老沙话是根植于本土的方言，随着普通话的推广普及以及年轻人对外交际的需要，30岁以下会说"标准"地方话的越来越少了。

近十年来，张家港市市委、市政府，各乡镇以及宣传文化部门，对于抢救、保护和合理利用境内的非物质文化遗产做了许多有益有效的工作。一是抢救性保护。最典型的是对"河阳山歌""河阳宝卷""沙上宝卷""沙上山歌"的搜集、整理和出版。还有对河阳地区"施耐庵的传说"的再搜集与编辑出版，对塘桥地区、杨舍地区民间传说的搜集与整理。据统计，至2017年9月，本市所编纂出版的非物质文化遗产类图书已有20余种。二是生产性保护。这方面做得好的有雷沟大布织染工艺、后塍黄酒（沙洲优黄）酿造技艺。三是整体性保护。从2013年开始，经过调研、论证，规划建立"沙上文化生态保护实验区"，2014年9月市政府批准公布了《张家港沙上文化生态保护实验区规划纲要（2014—2028）》；同年12月，获省政府批准，列为江苏省级项目。目前，沙上文化保护实验区核心区域（锦丰镇、大新镇）及实验基地（锦丰镇协仁村、大新镇长丰村）的相关建设正在有序推进。

自2005年起，陆续建立了多所非物质文化遗产示范基地，主要有河阳山歌馆、雷沟大布陈列馆、乐余风筝馆、苏州评弹艺术馆。

对代表性非物质文化遗产的保护，"活态传承"是重要的举措。市文化职能单位与各镇区，在市宣传文化部门领导的指导下，确立了这样一个思路："山歌要唱，故事要讲，老艺人的手艺不能断档。"凤凰镇连续多年举办"凤凰桃花节暨河阳山歌节",金港镇承办了"三地山歌(河阳山歌、沙上山歌、香山山歌)演唱会",市文化遗产研究保护中心已承办了五届"港城绝技"大赛。近三年来,全市普遍开展"讲故事"活动,既讲传统的民间故事,也讲身边好人、道德模范故事。像杨舍镇、锦丰镇,这项活动做得细致周到,产生了一批精彩的传统民间故事文本和富有教育意义的新故事,培养了各个年龄层次的故事员,收到良好的效果。

　　非物质文化遗产是人类智慧和劳动的结晶,是历史发展的见证,又是珍贵的具有重要价值的文化资源。人们创造了它,它也成了人民日常生活、劳作中物质生活与精神生活的依托。保护和利用好我市的非物质文化遗产,对落实科学发展观,实现经济社会的全面、协调、可持续性发展具有重要意义。我们任重而道远。我们要增强文化自信,要继续动员、组织全社会广泛参与,切实地做好每项具体的非物质文化遗产的保护工作,做好传承、研究及合理利用工作,使其在建设社会主义先进文化、振奋民族精神、增强凝聚力创造力方面,发挥更大的作用。

《张家港市非物质文化遗产荟萃》编纂工作会议

民间文学

张家港市非物质文化遗产

河阳山歌

历史沿革及分布情况

河阳山歌是张家港市河阳山地区民众千百年来所创作、所传承的歌谣的总称。它的传承与传播中心是凤凰镇，包括港口、恬庄、西张。河阳山歌是吴歌的重要组成部分。

河阳山歌的产生，历史悠久。根据民俗学家、华东师范大学教授陈勤建，中国音乐史专家王曾婉对河阳山歌代表作《斫竹歌》的研究、论证，认为《斫竹歌》是传世古谣歌《弹歌》的原型，其产生年代应早于春秋时期《诗经》所收录的民歌，已有3000年左右的历史。战国史料《楚辞·招魂》篇中有"吴歈（即吴地民歌）蔡讴，奏大吕些"的记叙。北宋时郭茂倩编《乐府诗集》，收入吴地民歌300余首。明代，冯梦龙采录

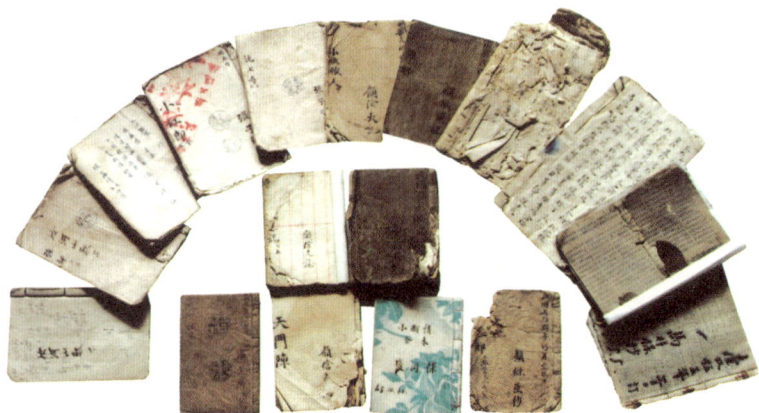

河阳山歌传抄本

大量吴地民歌，编辑成《山歌》《挂枝儿》等专集。明清时期，是包括河阳山歌在内的吴歌成熟繁荣时期。河阳山地区从前有春秋两季举行对歌、赛歌会的传统习俗，唤英台、永庆寺庙会、刘神庙场，即是经常举行歌会的场所。据河阳山前老歌手张元元、郭恩男等介绍，这样的村与村之间的赛歌会、对歌会，一直延续到20世纪50年代初。

1918年，祖籍张家港市南沙三甲里的北京大学教授刘半农倡导发起了歌谣征集活动，编辑出版了《歌谣》周刊。20年代中期，刘半农又到家乡采集了数十首民歌。在河阳山地区，直到50年代初，民间的山歌本互相传抄活动、歌手口传山歌活动始终没有停止过。生于1944年的虞永良从60年代初开始致力于河阳山歌的搜集与整理，积40余年心血，记录到近千首河阳山歌，收集到30余本山歌传抄本，为保护和传承这份珍贵的非物质文化遗产作出了突出的贡献。

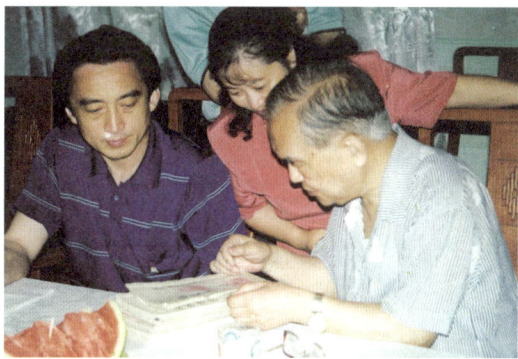

1998年，中国文联主席周巍峙（右）考察河阳山歌

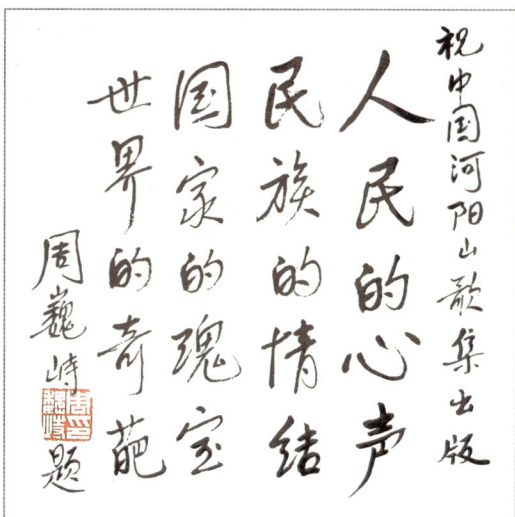

祝中国河阳山歌集出版

人民的心声
民族的情结
国家的瑰宝
世界的奇葩

周巍峙题

中国文联主席周巍峙题词

河阳山歌馆

1996年2月，张家港市文化馆、港口文化站采录河阳山歌

基本内容及特征

河阳山歌的内容题材十分广泛，几乎涵盖了农耕时代河阳山地区民众生活的方方面面：稻作、渔猎、风物、习俗、商贸、游艺、婚姻以及岁时节令、历史传说，等等。在"四句头山歌"中，按题材即可分为10类：开场歌，生活歌，劳动歌，情歌，历史传说歌，风物歌，仪式歌，对歌，儿歌，新山歌。

河阳山歌的类型，按照山歌手代代相承的习惯称呼，可分为四大类：四句头山歌（指4句至16句一首的山歌），短山歌（5节20句以上至100句以内），大山歌（100行以上、400行以内），长山歌（400行以上）。河阳山歌的句式大多数为七言四句一节（少数为二言、三言、五言、六言），一、二、四句押韵。明清时期出现的"急口歌"，即第三句增加字数增加容量（有10多字，也有长达30多字的）。

河阳山歌用河阳山地区方言演唱。《中国·河阳山歌集》中收录了51首河阳山歌曲谱。同一首歌，可以因歌手的嗓音条件或情绪变化而唱出不同的韵味。

河阳山歌的艺术风貌多姿多彩，或朴实、粗犷，或细腻、缠绵，或直白、率真，或机智、风趣，在表现手法上常常运用比兴、双关、譬喻、对比、连绵、铺陈、谐音、反语等方法，充分展示了劳动人民熟练掌握和运用口头语言的聪明才智。

河阳山歌的代表作有:《斫竹歌》《东南风起打斜来》《田家乐》《荒年山歌》《老姐嫁人》《尔汝歌》《赵圣关还魂》等。

传承关系及代表性人物

根据调查考察,河阳山歌的传承有着清晰的谱系。有代表性的如:

殷锭保(1874—1936,父)——殷世生(1910—2003,子)——张元元(1925—1999,徒)——黄根元(1936—2010,徒)

陆鹤文(生卒年不详,父)、褚来宝(1923,母)——陆月琴(1943—2006,女)——张勤芳(1972,徒)

丁云宝(1915—2004,母)——胡正兴(1934—2017,子),尹丽芬(1940,徒)

张元元虽然识字不多,但记忆力很强,能唱许多短山歌,也能唱多首长山歌。有人听过他每天唱一章《赵圣关还魂》,一个月唱完全本30多章。年轻时,他常常带领歌手出去对山歌。河阳山歌中许多有价值的山歌如《斫竹歌》《河阳山相对唤英台》等就是张元元口传下来的。

褚来宝擅唱的山歌有《十二月花名》

10多种小调。2005年,她以83岁高龄到苏州参加了中国原生态民歌演唱会,与女儿陆月琴同台演唱,赢得普遍赞誉。陆月琴继承了母亲的好嗓音,她演唱山

河阳山歌江苏省级代表性传承人尹丽芬

河阳山歌苏州市级代表性传承人王祥兴

河阳山歌张家港市级代表性传承人陈社珍

河阳山歌培训班

《十别投河》《尔汝歌》，还会唱歌感情丰富，唱腔婉转动人，还擅长唱宣卷。

尹丽芬是老歌手丁云宝的得意门生，会唱许多山歌，唱腔丰富，长期活跃在歌坛上。尹丽芬是江苏省级河阳山歌代表性传承人。目前代表性传承人还有陈社珍、杜惠英、骆小妹等。

主要价值

河阳山歌是源远流长的吴歌体系中重要的一脉，是绚丽多彩的吴歌园地中别具芳香的一枝。河阳山歌的主要价值体现在以下几个方面：

1. 具有鲜明的地域特色。为数众多的山歌生动地反映了河阳山地区的民风、民俗、民情，如四句头山歌《三月廿二河阳会》《河阳山相对唤英台》《刘神庙场》《坊池》，大山歌《田家乐》及长山歌《荒年山歌》等。这种鲜明的地域特色同时也突出地显示了它的原创性。

2. 历时久远的传承性。《斫竹歌》是中国古代歌谣珍稀的"活化石"，其他如《尔汝歌》《老姐嫁人》《造桥歌》《十二月长毛歌》《千里草》《亮月亮》等，均有数百年、上百年的传承历史。这些山歌为研究吴歌的产生、发展和演变提供了珍贵的活资料。

3. 河阳山歌保存了较多的历代传抄本。传抄本的重要价值之一是为我们保存了多部长篇山歌（有长篇叙事山歌、长篇抒情山歌、长篇杂唱山歌）。河阳山地区搜集到的《赵圣关还魂》有三种不同的传抄本，最长的一种长达6476句，堪称吴歌中的鸿篇巨制，再次打破了"汉族无长诗（山歌）"之说。另如《尔汝歌》（又名《汝尔歌》《汝河山歌》《如何山歌》，长4048句）、《老姐嫁人》（804句）、《东南风起打斜来》（348句），均属吴歌中的珍品。

总之，河阳山歌具有很高的文学价值、认识价值和审美价值，它为研究民间文学的发生学、传播学提供了大量的珍贵资料，还具有民俗学、社会学以及语言学、音乐史诸方面的科学研究价值。曾经两次到河阳山考察河阳山歌的原中国文联主席周巍峙对河阳山歌作如是评价："人民的心声，民族的情结，国家的瑰宝，世界的奇葩。"

文化馆站干部同河阳山歌手合影（摄于1996年）

目前保护情况

多年来，市政府和凤凰镇对于保护、传承河阳山歌十分重视。2005年4月，市文化广播电视管理局制定了《河阳山歌保护十年规划》，同年5月下旬，凤凰镇在港口建成"河阳山歌馆"。6月，

山歌馆里演山歌

长江文化艺术节文艺晚会上演唱河阳山歌

市委宣传部、市文联组建《中国·河阳山歌集》编委会。

2006年10月，《中国·河阳山歌集》由华东师范大学出版社出版，全书计103万字，收录河阳山歌1019首、曲谱51首。同年11月初，在第三届长江文化艺术节上，市委、市政府隆重举行了《中国·河阳山歌集》首发式暨河阳山歌推介会。

凤凰镇党委和政府近年来在保护和传承、传播河阳山歌方面做了大量工作，连续举办了河阳山歌节、桃花艺术节，为河阳山歌手搭建展示平台，并通过央视等多家媒体广泛宣传，扩大影响。

2007年，鉴于河阳山歌的价值和政府部门在保护、传承河阳山歌方面所做的有益有效的工作，张家港市被中国文联授予"中国吴歌之乡"荣誉称号。

2009年，市镇两级政府专门投入5000万元，划地40亩，建造"中国河阳山歌馆"。

2010年10月，一座由常熟古典园林设计公司设计、苏州香山建筑公司（明代建造故宫的蒯祥后代经营）建造的新河阳山歌馆落成。新馆集中国明清古典园林元素之大成，亭、台、楼、阁、牌坊、照壁、小桥流水、假山等一应俱全，又以水为围墙，以史前先民水渚的形式，突现在河阳山北的江南原野上。它有展示、演示、培训、研究四大功能。内有河阳地区流传的珍贵的山歌传抄本。还展示了部分河阳山地区的出土文物。运用声光电还原先人生活劳动场景。每年接待8万余参观者。

2010年上海世博会期间，山歌手尹丽芬等三次参加主会场及分会场的演

《中国⊠河阳山歌集》

出。在河阳山歌馆中每天有尹丽芬、陈社珍等三个山歌手演出，向全世界展示了河阳山歌的魅力。

从2010年始，河阳山歌馆接待了美国、澳大利亚、北京、上海、南京、台湾等许多著名大学的教授、学生的参观研究，进行多次学术交流。

从1995年苏州举办的吴歌大赛开始，河阳山歌演唱队多次参加了长三角地区吴歌（山歌）原生态的展演。演唱队被苏州市评为优秀团队，多次参加了江苏省民文等举办的学术研讨会，发表论文20余篇，对保护非物质物文化遗产起到很大的推动作用。

河阳山歌赴世博会演出

河阳山歌走进西张幼儿园

沙上山歌

历史沿革及分布情况

　　沙上地域本是由长江中的众多沙洲并连成陆的新土。其历史，长者有400多年，短者仅100来年。沙上住民多是从外地来的移民。主要来自苏北沿江一带的靖江、如皋、南通、启东、海门等地的无田谋生的民众和坍江失地的灾民，也有一些来自无锡、江阴、常熟等地为围垦沙田的有钱人，还有少数来自江西、安徽、河南、湖南等省与镇江、扬中地区因经商而定居的商家，以及因战乱打仗而留下的湘军后裔。这些移民带来了各自原住地多彩的乡土文化和中华民族丰厚的传统文化，也带来了山歌。原本语言不通，通过多年的融合，逐渐形成了独特的沙上语言，从而形成了以沙上语言歌唱的民间文学——沙上山歌，并代代相传至今。

　　沙上山歌主要分布在大新镇、锦丰镇、乐余镇、常阴沙农场、南丰镇和中兴、德积、晨阳等沙上地区。

基本内容及特征

沙上山歌题材广泛、内容丰富。概括起来，主要有三方面的题材内容：

（一）劳动风物歌。反映沙上人的劳动、生活、风情的山歌。例如《削草经》《月半歌》《耥稻山歌》《种田花名》等。尤其是沙上人在筑堤围圩的劳动中产生的山歌，更是弥足珍贵。例如《筑堤扁担不离肩》：

> 家住长江边，扁担不离肩。
> 围田挑江堤，天天不得歇。
> 扁担一离肩，圩岸不保险。
> 米罐底朝天，烟囱不冒烟。

透过这首山歌，可见当年沙上人筑圩造田的场景和劳动的艰辛。又如《十二月棉花名》山歌，从忧愁无棉种开始唱起，根据十二个月农序，唱了从种棉花籽、削棉花草、打棉花头、拾棉花、轧棉花、弹棉皮、摇棉纱到织棉布、做寒衣的辛苦劳作的全过程。这是难得的一首唱棉花农事的山歌，是沙上山歌所独有的。

沙上文化丛书第二辑之一：《沙上山歌》

（二）历史传说歌。这些山歌都是由各地来沙上开疆辟土、围田造圩的移民带进来的，占有很大分量。尤以十字数序、十二月花名等形式唱古人古事、民间传说为多。这些古人古事大都来自三国、水浒、西游、戏曲等的古典文学作品。例如《十个美女》，唱了古代女娲、嫦娥、妲己、西施、虞姬、卓文君、王昭君、貂蝉、杨贵妃、陈圆圆等十个美女；《十二条汗巾》涉及《封神演义》《隋唐演义》《三国演义》《水浒传》《西厢记》《白蛇传》等古典文学、戏曲、民间文学、传说等的人物与情节。

（三）结识私情歌。这是山歌中最富魅力的山歌，数量最多的山歌，百唱不厌的山歌。例如《姑嫂恨》《私情怨》《只怕人说骨头轻》《妹约阿哥相会来》，等等。这些山歌真挚、淳朴，唱出了对爱情幸福的追求。《采红菱》更是一首水灵灵的山歌：

采访沙上山歌手

妹划红脚盆采红菱，

　　郎立水栈头想尝菱。

　　妹剥红菱笑送郎，

　　白嫩嫩菱肉水灵灵。

　　这是只有沙上人才能唱得出的山歌。

　　沙上山歌有其明显的沙上风情特征。劳动风物山歌与沙上人的生活、劳动紧紧相连，唱的是自己的生活、自己的劳动。结识私情歌，更是与沙上风情相关。芦苇滩、杨柳堤、翠竹园、水桥头，是沙上特有的风情，皆是结识私情的场所。山歌大量运用比喻、象征、双关、谐音等修辞和表现手法，故山歌有着很高的艺术性。演唱用的是本土的沙上方言，具有强烈的乡土特色，故语言魅力尤为突出。

传承关系及代表性人物

　　山歌虽是口头代代传承，但山歌手都拜师傅。不过由于社会变迁的原因，唱山歌的生活场景消失，唱山歌已中断，故山歌的传承关系（谱系）亦已中断。目前，代表性人物有：

　　杜翠英，女（1917—2009），沙上山歌元老，会唱上百首山歌。

　　孙长富（1946年生），中学教师。从小接受沙上山歌的熏陶，对唱山歌情有独钟。他不但搜集山歌（已达100多首），而且自己唱山歌。

　　陶凤清，女（1940年生），是不可多得的沙上山歌手，会唱上百首山歌。

　　还有如刘莲红、朱桂良、丁仲明等，都能唱上几十首山歌。

沙上文化群英会上唱山歌

主要价值

沙上山歌属吴歌系列。沙上山歌对研究移民文化和沙上文化具有重要的史料价值，对民间文学、民间音乐以及民俗学都具有很高的认识价值和研究价值。

杜翠英（中）

目前保护情况

大新镇政府十分重视非物质文化遗产的保护工作，已组织人员搜集、整理、录制沙上山歌达200余首，并汇编成集。2009年出版的百万余字的《沙上春秋》中选录沙上山歌66首。2014年由沙上文化研究会编纂、凤凰出版社出版的《沙上山歌》，共收录山歌620余首，约16000余行、40余万字。沙上还定期举办山歌演唱比赛，丰富群众的文化生活。对一些代表性传承人予以保护，关心他们的生活。

山歌对唱：孙长富（左）与陶凤清（右）

山歌手在田间

施耐庵在张家港的传说

历史沿革及分布情况

　　施耐庵在张家港的民间传说，主要传播区域在河阳山周边的凤凰镇，其次在杨舍镇的斜桥、塘市、乘航等处。早期施耐庵的传说在此间传播的情况，先前比较模糊。1979年，凤凰中学教师吕大安在河阳山前搜集到一则《水浒传》作者施耐庵在鸷山下滚塘岸徐家做塾师，教农民种糯稻，而后用"童子糯"治马瘟的传说故事。整理后发表在《沙洲文艺》以及《乡土》上。之后，沙洲县文化馆的包文灿、缪自强多次走访凤凰、港口、西张等地，陆续搜集到30多只关于施耐庵的民间故事和传说。1982年冬至1983年初，江苏省社会科学院文学研究所研究员刘冬和欧阳健在江阴、沙洲、常熟进行施耐庵生平事迹与民间

河阳山——施耐庵的传说发生地之一

传说的专题考察，在沙洲期间，在包文灿积极配合下，在河阳山一带进行了重点调查，多次召集座谈会，采访了知情者、民间传说口述者80多人次，获得了许多有价值的材料。

这些传说和相关材料综合起来形成了这样的共识：明代以后，特别是《水浒传》在民间流传以后，关于施耐庵的种种传说在河阳山地区形成并传播开来，代代不绝；施耐庵曾经在河阳山、鹭山隐居，时间大约六七年，主要生活内容是当塾师，著《水浒传》。

凤凰镇鹭山村老农徐祥（右二），施耐庵传说的口述者之一

基本内容及特征

施耐庵在张家港的民间传说，可分为两大类：

（一）关于施耐庵的民间故事。共搜集到30多只。主要内容有：

1. 施耐庵写《水浒传》及《水浒传》人物故事，如《天罡地煞仿罗汉》《〈水浒〉索源》《"鼓上蚤"的出典》《黑旋风喊冤》。

2. 施耐庵识天文、晓地理的故事，如《施耐庵种糯稻》《下棋观天》《败日上梁》《金蝉脱壳》《酒菜活了》《三月初十祭扫日》。

3. 施耐庵不畏强暴的故事，如《巧计镇恶党》《比力惩痞》《撞官船有功》《赋诗惩恶少》《秉公断案》。

千年古刹永庆寺，民间传说施耐庵在此创作《水浒传》

4. 为百姓出谋划策、扶危济贫的故事，如《一张笔据》《施家桥的来历》《帮佃户出谋》《赠画济贫》。

5. 反映亲情及与同僚、朋辈交往应酬的故事，如《著书赠女》《三试主人》《吟诗拒聘》《平坟》《再建招魂塚》。

（二）关于施耐庵行迹的传说。主要有：

1. 施耐庵曾在河阳山西面、鸷山南边滚塘岸徐家做塾师，施耐庵与东家徐捷友善，曾为徐家择吉地建宅。1983年8月，徐氏"迁滚塘岸第二十七世长房曾孙"徐忠伟致包文灿信中叙及，并云老家曾藏有一方施耐庵的铜质私章等。

2. 永庆寺看门老者钱士佳说，寺里老和尚曾讲过，施耐庵在永庆寺里写《水浒传》。

3. 恬庄、凤凰村多位老人回忆，从前永庆寺旁有施耐庵墓，陈茂忠老人说他在抗战之前还在施耐庵墓前拍过一张照片。

4. 施耐庵为杨舍斜桥许氏族谱写过"序言"。

施耐庵在张家港的民间故事，每一则结构都比较完整，情节生动；通过这些口头传承的故事，我们看到了这样一个施耐庵的形象：上知天文，下知地理，能卜会算，擅文晓武，保护善良，疾恶如仇，一个浪迹江湖极富正义色彩的人物。

这些民间故事以刻画人物性格见长，注重行动，讲究细节，憎爱分明，在写实的基础上又带有夸张、想象的成分。识字不多的农民、看寺老者的叙述，语言朴素、率真；而中小学教师等"文化人"的讲述则带有书卷气。多则故事中，涉及河阳山一带的地名、景观、风物，如永庆寺、文昌阁、施家桥、鸷山、滚塘岸、徐墅（西徐市）、鸭血糯等，反映了这些民间故事的原创性。

沙洲公园内的施耐庵塑像

传承关系及代表性人物

施耐庵在张家港的传说的传承体系主要有两支：一支是河阳山、鸷山周边的徐姓家族，代表性人物有徐祥、徐刘孝、徐孝孝、徐忠伟。徐祥是鸷山老农，早年读过几年私塾，他讲述的《施耐庵种糯稻》，被收入《中国文人传说故事》《苏州传说》等民间故事集，他还会讲一些当地地名故事。

另一支是凤凰镇、杨舍镇的有一定文化程度的《水浒传》爱好者，他们大多是中小学教师，如徐忠勋、沈京红、诸易、童建树、郑勇。郑勇说，他所知道的几段关于施耐庵的故事，就是早年听小学老师童建树讲的。

主要价值

施耐庵在张家港的传说的主要价值，表现在三个方面：

1. 文学价值。这些民间传说，故事情节生动，人物形象鲜明，富有传奇色彩。这些民间传说，集中反映了劳动民众对一位机智、勇敢、爱打抱不平的"知识分子"，一位古典名著大作家的钦佩、仰慕之情。它是民间文学领域，特别是中国文人传说故事中的珍品。

2. 历史价值。施耐庵生活在元末明初，距今已有六百多年，张家港境内以

收入《中国文人传说故事》的
"施耐庵种糯稻"传说

包文灿编著的《天罡地煞仿罗汉》

河阳山为中心世代人民群众口头传承的这些传说故事，生动而实际地反映了元末明初的社会状况和形形色色的众生相，对于我们认识和了解这一特定历史时期的阶级矛盾、民族矛盾以及社会状况、民风民俗等，均有一定的历史价值、认知价值。

3. 学术研究价值。关于中国古典名著《水浒传》的作者施耐庵的生平事迹，长期以来朦胧不明，空白处很多。施耐庵在张家港的民间故事、行迹传说，同施耐庵在江阴，在苏北大丰、兴化的故事和传说互为补充，互为参照，为我们深入地、完整地研究这位大作家的生平、事迹提供了有价值的线索，也为我们进一步了解和研究《水浒传》的成书背景提供了宝贵的资料。

2013年出版的《河阳山传说施耐庵》

目前保护情况

20世纪70年代末至80年代初，民间人士和文化馆业务干部有一个集中搜集、调查施耐庵传说故事的热潮。80年代中期，包文灿、潘公航撰写了调查报告《施耐庵在张家港的行迹及传说》，1986年，该文在江苏省明清小说暨大丰县施耐庵研究会年会上进行交流，受到与会者的高度重视。1988年编成的《中国民间文学三套集成》中收录了施耐庵的传说故事17只。

包文灿编著的民间故事集《天罡地煞仿罗汉》于1991年出版，其中收录施耐庵在张家港的传说故事21只。

2003年，在沙洲公园内建立了施耐庵石雕像。2009年，在河阳山永庆寺旁恢复重建了与施耐庵写作《水浒传》有关的文昌阁。2013年，张家港市文广新局编写出版了《河阳山传说施耐庵》一书。施耐庵在张家港的传说，成功申报苏州市级非物质文化遗产代表性项目。目前，有关部门正计划整理、出版"施耐庵在张家港的传说"民间故事专集。

施耐庵传说的插图（包文灿绘）

双杏寺的传说

历史沿革及分布情况

双杏寺位于大新镇西南的年丰镇东侧（旧地名称年旺街），占地10余亩，是境内沿长江最大的一座寺院。该寺是在江神庙的基础上演化而来的，始建于明代天启五年（1625年）。当时的住持和尚名叫不二，在寺院门口种了两株银杏树，故名双杏寺。

双杏寺为古典四合院建筑。前排为山门，山门外是寺院广场；后排是正殿，正殿端坐西方三圣。西侧为张公殿，正殿东侧为宝善堂。寺庙规模宏大，环境清幽，香会兴旺。自从不二和尚住持双杏寺后，三百多年间，围绕双杏寺庙，产生了众多的民间传说与故事。这些民间传说与故事，皆与当地老百姓的生产、生活、民俗、信仰息息相关。

双杏寺庙会

双杏寺的故事分布于大新镇的四周，东至常阴沙，南至杨舍、周庄、华墅、云亭，西至江阴，北至如皋、通州、狼山等。

基本内容及特征

双杏寺的传说与故事，皆是围绕双杏寺而展开的，目前已搜集到30余则。如《苍天赐福地》，讲的是双杏寺所在田地是如何形成的传说；《殷明圩与江神庙》，讲的是双杏寺前身的传说；《不二和尚》，讲的是双杏寺第一个住持的传说；《神奇古银杏》，讲的是银杏树的来历的传说；《祈雨》，讲的是老百姓遇干旱在双杏寺祈雨的故事；《飞蝗不落平凝沙》，讲的是双杏寺菩萨作法不让蝗虫灾难降临双杏寺周围的田地上以保护百姓庄稼的故事；《痧司"活佛"》，讲的是双杏寺住持不二和尚于当地百姓遇瘟疫时如何普救百姓性命的故事；《陆再花现形记》，讲的是双杏寺菩萨惩恶扬善的故事，等等。

双杏寺的传说与故事，大都短小集中，皆与当地老百姓的生活、生产、民俗、信仰相关联，表达了老百姓的愿望，富有神话色彩与情趣，具有丰富的想象力与创造力。

始建于明天启年间的双杏寺

大雄宝殿

传承关系及代表性人物

民间传说与故事是口头代代传承的，散落于民间各个地方。目前代表性人物是曾任文化站站长的江勤堂和大新史志办人员郑生大。

双杏寺下说故事

历史和当地民众的民俗、信仰提供了丰富的资料，对沙上大新地区的成陆与发展，也有一定的历史价值与认知价值。

目前保护情况

大新镇政府非常重视有关双杏寺的传说和故事的搜集与整理，于1999年8月，将搜集来的30余则双杏寺的传说与故事整理出版了《双杏寺的故事》一书，还不定期地进校园，给小学生讲双杏寺的传说与故事。

《双杏寺的故事》

主要价值

双杏寺的传说与故事，反映了当地民众的信仰与愿望。这为研究双杏寺的

杨舍地区民间传说

历史沿革及分布情况

杨舍地区属暨阳故地。据《杨舍堡城志稿》《沙洲县志》记载：晋太康二年（281年）置暨阳县，县治即设在杨舍镇；南北朝梁太平元年（556年）废暨阳县，创梁丰县于暨阳故地，县治仍设在杨舍镇。杨舍地区历史悠久，人文荟萃，古遗址古建筑较多，是民间传说故事产生、传播的丰厚滋润土壤。

杨舍地区的民间传说流传分布于今杨舍镇行政区辖内，以杨舍为中心，东至庆安、黄泗浦，西至泗港与后塍交界处的蔡港，南至塘市与江阴北漍交界处，北至东莱、合兴。

1970年代青龙桥

1970年代谷渎港

老杨舍镇一角

基本内容及特征

杨舍地区的民间传说，目前收集到40余则。按内容，可分为四类：

一、地名传说，主要有：

先有巴家楼，后有杨舍城 许庄筑皇大菜巷的传说 河南庙的传说 青龙池坝的故事 青龙桥的故事 茶亭与茶亭路的来历 东西马嘶桥的来历 赵林房的传说 西庄的传说 石皮陈巷 紫气东来 七里庙缠到百家桥 乃宜浜

其中，关于河南庙的传说，产生于明代，流传区域甚广，且有多个版本。青龙桥的故事、茶亭路的来历、大菜巷的传说等，同地方名人有关系。

二、历史风物传说，有：

千人坑的传说 杨舍城头石人头 太平军智取杨舍城 太平军夜炸许家宅 拖炉饼的由来 罗汉松的传说 汤联芹菜

明代中期，倭寇为患，频频侵扰杨舍、庆安、斜桥一带，民众奋起抵抗。在斜桥留有"千人坑"遗址和杨舍民众抗倭的传说。据史料记载，清咸丰十年（1860年）至同治三年（1864年），太平军与清军在杨舍地区形成拉锯战，太平军曾五进三出杨舍城，其中有两次激烈的战斗。一百多年来，民间流传着太平军将士英勇杀敌的故事。

三、人物传说，有：

吴王获白鹿 伍子胥乞食 苏东坡收徒 康王墩 韩世忠祝寿 服拎山 磨刀桥与千人锅 施耐庵斗贼党 许蓉筑堡城 许安充军回家乡 顾鼎臣赏花古泾口 神行飞人顾孝子

此类传说，皆为历史上真实人物，有帝王将相，也有地方豪杰、民间奇人，时间跨度从春秋时期至清代。每只传说故事，往往通过主人公生平一件事、一

次经历刻画勾勒出人物的基本面貌和情绪。

四、神话传说，有：

观音托梦　田螺姑娘报恩　仙人石和尚港的传说

五、其他传说，如：

三姓同宗　乌金河　金鸡墩的传说裁缝巧对诗联

斜桥古银杏

传承关系及代表性人物

杨舍地区民间传说，当代主要讲述者有：

许蓉塑像

沈京红，1925年生，杨舍镇福前村人。曾任大专、中学语文教师。熟悉地方掌故，早年听老辈村民讲述许多民间故事与传说。沈京红能讲也能记录，《杨舍城头石人头》《许安充军回家乡》等就是他记录整理的。

缪友琴，1927年生，杨舍人，杨舍装卸社职工。从小听祖父、父亲及邻里讲民间传说，会讲述《河南庙的传说》《观音托梦》《吴王获白鹿》《茶亭与茶亭路的来历》等多则民间故事。

缪晓清，1936年生，杨舍糕饼工场工人。会讲杨舍地方名人故事和太平军故事。

陈进章，1944年生，塘市人。曾任小学教师、乡镇志采编员，能讲述多则地名传说。

此外还有：郭仰勤，杨舍人，是太平军杨舍军帅郭乙山的曾孙。自小听家中长辈讲述太平军的传说故事，《太平军夜炸许家宅》就是他传承下来的。

收录于多种书刊的杨舍地区民间传说

主要价值

杨舍地区的民间传说，题材内容丰富，其中人物传说、神话传说、历史风物传说都有生动的故事情节，人物形象鲜明，具有一定的文学价值。太平军的传说是本地区民间传说中的一大亮点，反映了民众的情绪和倾向，某些情节亦可作为正史的印证或补充。杨舍地区关于施耐庵的传说虽然不多，但可以同河阳山流传的施耐庵传说对照起来解读，互为补充、映衬。其次，地名传说涉及杨舍堡城、街巷宅基、古桥古井等，对于了解本地区的建制沿革、古迹旧址有认知价值。再次，还有民俗学价值，如《河南庙的传说》《观音托梦》中反映的民间信仰，如关于拖炉饼、汤联芹菜传说等。

说已编入《张家港民间故事选》《张家港传说》。有关传说中的历史人物，如许蓉、施耐庵、韩世忠，已建有塑像。在适当的时候，考虑将全部杨舍地区民间传说集辑出版。在杨舍镇筹建的"沙洲民俗文化博览园"中，计划列入"杨舍地区民间传说"主题画廊或群塑。

易地重建的沧江书舍

目前保护情况

目前40多只民间传说和民间故事均有较完整的记录稿、整理稿，妥善保存在杨舍镇文化体育服务中心。大部分传

塘桥地区民间传说

历史沿革及分布情况

　　塘桥地区位于张家港市东南部，属江南古陆，历史悠久，人文荟萃。北境的鹿苑在春秋时期属勾吴，是吴王夫差养鹿之地。境内尚有许多历史遗址：徐家湾和许庄新石器时代遗址，鉴真第六次东渡成功启航地——黄泗浦遗址，宋代建的烽火墩——韩墩，等等。历史名人有明代御史钱岱，任职礼部右侍郎的江东才子钱谦益，官至辽海道兵备、朝鲜监军的萧应宫，有清代探花，在礼、吏、刑、兵、工、户六部皆任过要职的庞钟璐，有内阁学士兼礼部侍郎庞大奎，

鸟瞰塘桥镇

等等。悠久的历史文化，是塘桥地区产生众多民间传说的厚实土壤。

《塘桥地区民间传说》首集录有近60篇，从内容上看，时间跨度2000余年。有春秋时期鹿苑地名的传说，有南朝永昌寺的传说，有宋代韩世忠、梁红玉抗金的传说，有明清钱岱、钱谦益、韩山寺、古稀桥的传说，等等。这些传说，主要分布中心为塘桥镇，流布在鹿苑、妙桥、凤凰、西张、港口、金村、码头、栏杆桥、西旸、黄家桥、马嘶桥等地。

鹿苑弘济桥，桥名传为钱谦益手书

明代古桥萧家桥——"萧家桥的传说"发生地

基本内容及特征

塘桥地区的传说题材广泛、内容丰富。其基本内容大致可分为三大类：

1.地名传说类。如鹿苑地名相传为春秋时期吴王夫差养鹿之地而得之；韩墩是宋代抗金名将韩世忠为了望敌情而堆筑的土墩；马嘶桥则是当年韩世忠率军队过一小木桥时，其战马突然长嘶而

钱谦益

钱岱

得名；慈乌村则因有数万只乌鸦筑巢群居，以其反哺之孝举而名之。

2.人物传说类。有施耐庵隐居河阳构写《水浒传》、为民办善事的数十个传说，有钱岱为摆阔显赫的《石马坟》传说，有钱谦益与柳如是的传说，有李王庙门朝北开的传说，等等。

3.名产特产传说类。有韩墩贡梨的传说，有塘桥鸭血糯的传说，有鹿苑叫化鸡的传说，等等。

《朝北李王庙》传说发生地——塘桥李王庙旧址

这些民间传说，故事曲折生动，情节引人入胜，并与当地的历史事件、历史人物相关联，有着浓厚的人文底蕴，具有丰富的想象力与创造力，颇有审美情趣。

传承关系及代表性人物

塘桥地区的传说源远流长，并有讲说故事的传统，但没有明显的世代传承谱系，大多是祖辈、父辈于闲暇时间给孩子们讲说，以口头代代流传于民间口碑中。另有文人加以搜集成文，散见于塘桥地区的有关志书、家谱中，如《钱志》《常昭合志》《金村小志》《恬庄小志》《庞氏家谱》《钱氏家谱》《金氏家乘》等。

塘桥地区的传说主要收集在《塘桥镇志》《鹿苑镇志》《妙桥镇志》和《塘桥地名志》《鹿苑地名志》《妙桥地名志》等志书中，属于集体传承，代表性传承人为集体。

主要价值

塘桥地区的传说，其保卫家园、反对邪恶、弘扬善举、提倡孝道的主题十分鲜明，尤其是抗倭、抗金的传说，如《钱泮抗倭》《庞老大的定胜糕》《韩墩的来历》《塘桥鸭血糯》等，是很实在的爱国主义教育的好教材。还有如施耐庵的故事、李王庙门为何朝北开、韩山寺的传说、石马坟的传说等，故事情节曲折引人，人物形象鲜明生动，语言文字朴实幽默，这些都体现了一定的艺术审美情趣，对认识、研究塘桥地区历史都有一定的参考价值。

塘桥小学老师在向学生讲述朝北李王庙的故事

采录整理塘桥地区民间故事

目前保护情况

对此项"非遗"的保护，塘桥镇人民政府做了大量的工作。首先，组织人员搜集、整理记载有塘桥地区传说的志书、刊物、家谱，如《常昭合志》《金村小志》《庞氏家谱》《钱氏家谱》《金氏家乘》等，加以妥善保管。2007年成立塘桥地区民间传说研究会。2008年出版了《塘桥地区民间传说》第一集。对传说中涉及的古建筑、古遗迹、古庙、古桥、古树等加强保护力度。2009年对苏州市命名的历史文化名村金村进行保护和合理开发。2012年出版《塘桥地区民间传说》第二集，以后计划出全集。不定期举办塘桥地区民间传说专题研讨会，组织有关人员到各中小学校举办故事会，宣讲塘桥地区的民间传说和乡间轶闻。

《塘桥志》上编录的民间传说

韩山寺今貌

河阳民间传说

历史沿革及分布情况

　　凤凰镇是"中国历史文化名镇"，这个称号的获得，得力于凤凰镇特别是河阳山丰厚的历史文化积淀。据方志及野史记载，两千多年来，众多名人留迹河阳山，如秦始皇、项羽、萧统、施耐庵、陈基，等等；本地名宦名贤代有人出，如陆器、徐恪、孙承恩、蒋廷锡、杨元峰、钱陆灿，等等。这些为世代百姓津津乐道的名人的行迹与生平，便是众多民间传说、民间故事产生的基础。河阳地区又是山歌之乡，河阳山歌中就有许多历史传说歌、风物歌；宝卷传抄与讲唱也历久不衰，这表明河阳地区千百年来，出现过许多编故事、说故事、唱故事的能手，这也为河阳地区民间传说的创造与传播提供了有力的保证。

　　河阳民间传说的分布，以河阳山为中心，分布于西徐市、鸷山、周家码头、高庄、恬庄、港口、西张、栏杆桥等处，向外辐射到塘桥、妙桥、鹿苑及杨舍部分地区。

河阳山·凤凰湖

基本内容及特征

河阳民间故事题材内容十分丰富，目前已搜集到100多只，根据内容可分为四大类：

一、历史与人物传说，有

孔夫子问路　秦始皇过河　李斯与石乌龟的传说　虞姬的传说　昭明太子的传说　陆器的传说　高怀德告老回河阳　南唐皇的传说　泥马渡康王　施耐庵的传说（系列）　陈基办学　感天动地徐孝子　徐八都堂的传说　孙承恩的传说　杨元峰的传说　蒋廷锡的传说　蒋公子在台湾传奇　神医缪柳村　钱陆灿的传说　蒋二奶奶的传说　谢方尊的故事

二、地名传说，有：

吴王造河阳城　三让浦的传说　唤英台的传说　秦始皇驿道黄泥岗　广步马路的传说　河阳金步槛　牧渎墩的传说　骂皇泾　金沙泉的传说　吴甸　烈血池的传说　两个铜钿买徐市

三、风物传说：

西施糕的来历　菊花酒的传说　端午节的传说　倭血糯的传说　谢豆腐遇仙　高庄唱戏，认错女婿　孙家大鼋

四、神话传说：

河阳山为啥又叫凤凰山　八仙的传说　八仙石　关帝显灵　吕洞宾点化杨孝子

四类传说中，以历史与人物传说最为丰富多彩，其思想内容渗透着人文情怀、爱国主义精神；故事情节曲折有致，

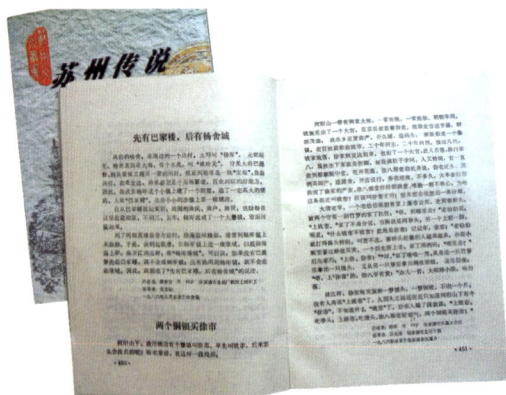

《两个铜钿买徐市》

"倭血糯"（鸭血糯）的传说

人物形象生动；在数百年的传承传播过程中，不断丰富细节，为广大群众所喜闻乐道。又如风物传说和地名传说，也都扎根于这一方山山水水，反映了民众对于乡土的热爱，对乡土历史风物的认识，以及旺盛的、绵延不断的创造力。

传承关系及代表性人物

河阳民间传说的主要讲述者有：王寅生、殷世生、沈关生、殷兴生、陈祥金、赵关虎、赵关龙、徐祥。

采访赵关虎（87岁，中）和赵玉树（76岁，右）

赵关虎，1938年生，河阳山前人，会唱山歌，会讲述许多人物传说和地名传说。此外还有：

徐祥（1918—2003），西徐市高头巷人，农民。读过几年私塾，会讲施耐庵的传说故事和徐八都堂（徐恪）的传说故事。经整理成文后刊载于《中国文人传说故事》一书的《施耐庵种糯稻》，便是徐祥讲述的。

钱士佳，20世纪40年代曾做过永庆寺看庙人，会讲施耐庵的传说。

传承脉络可梳理的有：虞永良承续陈祥金、赵关虎；包文灿承续钱士佳、

鸷山红豆树

赵关龙、徐忠伟（鸷山滚塘岸人，其祖上同施耐庵有关系，20世纪80年代曾提供了许多有价值的材料）；徐祥传其子女及女婿。

永庆寺里故事多

主要价值

河阳民间传说数量多，内容丰富，尤其人物传说、历史故事传说，有较高的文学价值与文史价值。"施耐庵的传说"有40多只，形成一系列，是河阳民间传说中的珍品，如《施耐庵种糯稻》《天罡地煞仿罗汉》《下棋观天》《金蝉脱壳》等已入编多种民间文学专集，

引起民间文学界和文史学者的重视。

河阳民间传说还涉及河阳地区的山川、村落、寺庙以及物产、民俗等，这些内容对于了解本地区的风土人情、文化遗存有着一定的认知价值。

目前保护情况

20世纪70年代以来，地方文化工作者有意识地搜集整理了许多河阳民间传说民间故事，一部分已收录、入编几种民间文学专集，如：1987年，由张家港市民间文学三套集成办公室编印的《中国民间文学集成·张家港市资料本》，收录河阳民间传说30多只；包文灿于20世纪90年代出版的《天罡地煞仿罗汉》一书，收入施耐庵的传说20多只。虞永良、谢金良多年来搜集记录项羽、虞姬、陆器、孙承恩、蒋廷锡、谢方尊（一作"正"）等人物传说以及地名传说数十只，积累了较为丰富的资料。目前收集到100余篇，文字记录约20万字。

凤凰镇在中学、小学开展故事会活动，不少学生能讲本地民间传说。有关部门准备在条件成熟的时候，编辑出版《河阳民间传说集》。

凤凰小学举办民间故事会

河阳农耕气象生活谚语

历史沿革及分布情况

6000年前，河阳地区的先民从渔猎采集进入农耕时代。从崧泽文化的遗存中，可看到陪葬的谷粒，及房基中遗存的碳化谷粒。这是人类种植水稻的佐证。在历史长河中，人类逐渐适应自然，掌握自然的规律进行生产劳动。为了取得农业及其他副业的丰收，最关键的是要掌握天气与物候的变化。于是先民经过数千年的经验积累，观察天候、物候、气象的变化与农业生产、人类生活的关系，创编了大量的农耕、气象、生活谚语，成为适应自然，战胜自然灾害，取得农副业丰收的重要保证。

这些闪烁着人类智慧的农耕、气象、生活谚语主要分布在凤凰镇区及港口、恬庄、西徐市、栏杆桥、周家码头一带。

莳秧

田间管理

基本内容及特征

谚语内容可分为农耕、气象、生活三个部分。

农耕谚语:

今冬麦盖三层被,来年枕着馒头睡。

头莳棉花二莳豆,三莳两边种赤豆。

庄稼一枝花,全靠肥当家。

人不亏地皮,地不亏肚皮。

麦要压根豆要松,稻要搂空棉要壅。

气象谚语:

朝霞不出门,晚霞行千里。

燕子低飞有雨到,蜜蜂早出天气好。

日晕三更雨,月晕午时风。

立春三场雨,遍地都是米。

天上扫帚云,三天雨淋淋。

生活谚语:

好种长好稻,种子最重要。

树老半心空,人老百事通。

不当家不知柴米贵,不生子不知父母恩。

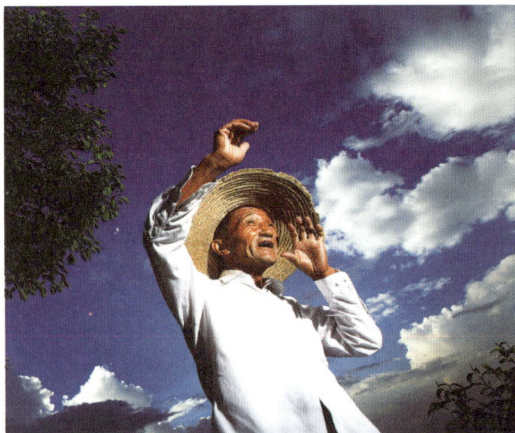
老农识天

少壮不努力,老大徒伤悲。

路遥知马力,日久见人心。

河阳谚语是在群众中广泛流传的固定语句,当地收集到300余条,用简单通俗的话反映深刻的道理。多数反映劳动人民的生活实践经验,而且一般都是口头流传下来。河阳谚语语言精练押韵,通俗易懂,朗朗上口,易记易背。最关键的是实用性强,对河阳地区劳动人民的生产、生活有很大帮助。

传承关系及代表性人物

河阳谚语主要是社会传承。人民在日常生活、劳动、休息时口口相授,代代传承。也有父母、祖父母在生活中传给子女。目前境内50岁以上的都能知晓,并在生活、劳动中运用。其中代表性人物有赵关虎、李华保、夏根元等。

丰收的喜悦

主要价值

　　农事谚语对于人们从事农业生产有一定的参考价值，气象谚语对人们的生活及农事有指导意义，社会生活谚语对人们，特别是年轻人如何为人处世、建立正确的处世观有帮助。例如，生活谚语"百闻不如一见，百见不如一干"，告诉人们做事不能夸夸其谈，只说不干，而应该事必躬亲、亲身实践。气象谚语"白露镰刀响，秋分砍高粱"，告诉人们白露季节稻子成熟应该开镰了，秋分季节高粱成熟应该收割了。农事谚语"肥是农家宝，种田少不了"，说明肥料对于庄稼的重要性。

目前保护情况

　　准备印发《河阳谚语》小册子，包括农耕、气象、生活谚语，送给凤凰、西张、港口、恬庄等小学，作为学生的乡土教材，使它全面传承下去，更好地为人们的生活、生产、出行、旅游等服务；同时又能唤起青少年对谚语的喜爱，使之在实践中不断得到发展。由恬庄小学作为传承与保护单位。

茶园春色。谚语是群众智慧的结晶

香山山歌

历史沿革及分布情况

山歌，顾名思义，就是在旷野之间或者登上山头，集体众唱（合唱对歌）、独唱，非常舒展而不受任何制约的民间文学。香山山歌的沿革，是历代口头传唱为主，乡下俚人有文化者进行记录或改写。其中在清代遭到江南督学、道府台的制约和禁唱，使其古本散失许多。境内山歌本都是清末民初时的本子，口头传唱者以古本和民国时的唱词为主。

山歌传至新中国成立前，基本上村村巷巷在田间劳动的，场头树荫下纺纱的，晚上乘凉时，都能听到山歌声。解放后，特别在"文革"时，山歌本被抄去烧掉，山歌被禁唱。1984年后，唱山歌逐渐恢复。2002年至2008年，镇上文艺演出有山歌、小调出现。苏州市亦组织编写"民间山歌集成"。农村又兴起唱山歌热的势头。

香山山歌的分布，以香山为中心，东至杨舍，西至江阴，北至长江边。

香山圣过潭

基本内容及特征

香山山歌可分为三大类：

第一类，劳动生活风情歌。如《织归叹》《十张台子》《十条扁担》《十把木梳》《十块手巾》《十张梳妆台》《十把扇子》《十双象牙筷》《十只金边花碗》《十只茶杯》《十只酒杯》等。

第二类，爱情山歌。所占数量特别多，如《十别郎》《常相思》《幽魂曲》等。清代在雍正朝一度禁唱戏曲山歌，改唱花名山歌。如《十二月花名·孟姜女》等。

第三类，历史人物戏文山歌。如《十把大刀》《十张硬弓》《十把大枪》《十五贯》《杨家将》《泥马渡康王》《唐明皇与杨贵妃》《三江美》《火烧李道宗》等。

山歌的特征就是口头传授为主，说唱就唱，不拘形式，不分场合，立、坐、登台等均可唱，在田间、场头、家庭均可唱，男女对唱山歌最受欢迎。好的山歌手见啥唱啥，如造新屋和乔迁之喜、弄璋之喜、祝寿之喜、砌新灶、订亲会亲、筑路造桥、开业之喜等。唱者同编者十分融洽和默契。

传承关系及代表性人物

目前的代表性人物有沈惠才、丁玉兴、陈宝生、严云良、孙惠才、瞿汝宝、黄云妹、卢建良、瞿心君、瞿永晨、赵珍凤、王元娣、王小英、刘清环、卢桂娟、丁伯英、瞿心红、张敏敏、瞿国生等。

采访香山山歌手刘清环(左)

师徒传唱

张家港市

非物质文化遗产

荟萃·民间文学

39

主要价值

（1）审美价值。香山山歌世代陶冶着人们的道德情操。

（2）历史价值。山歌是研究香山地区农耕社会时期的政治、经济、文化、生活、劳作的重要资料。

（3）民俗价值。山歌反映着香山地区风土人情、民俗风尚。

目前保护情况

香山山歌，在金港镇党委、政府的重视下，组织了三个采访组，深入民间采访了34位山歌手或传承人，年龄最大的严云宝已近90高龄了，最年轻的也已30岁以上。一次能唱百首以上的有4人，近百首的有9人，50首左右的有20余人。

并且已在境内两个村、两个社区进行演出。山歌的示唱会、说唱会，很受观众的接受和欢迎。

保税区（金港镇）与市文广新局在香山地区多次主办张家港市山歌大赛。

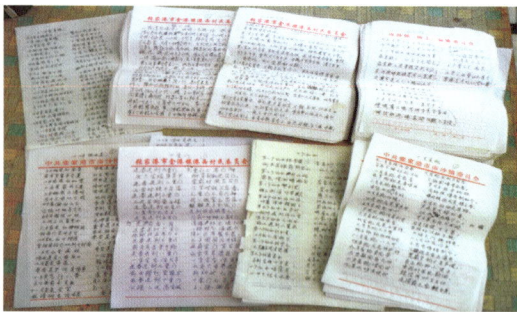

刘清环抄录的山歌

香山山歌演唱会

金港镇举办山歌传唱会

沙上民间谚语

谚语是流传于民间的生动、形象、言简意赅的俚语。它是人们在长期的生产劳作、生活实践中总结出的经验之谈，并口头代代相传。沙上地区一带的谚语十分丰富，既有移民从外地传带过来的，也有沙上住民自己根据地理环境、生产生活实际新创作的。可以说，只要有沙上人居住的地方，就有沙上的谚语流传。

非物质文化遗产

张家港市

荟萃·民间文学

41

锦丰乐杨村

麦田

棉田

沙上谚语分布在沙上地区，包括中兴、德积、晨阳、大新、三兴、锦丰、乐余、南丰、兆丰、合兴、东沙以及常阴沙农场等乡镇。

基本内容及特征

民间谚语产生于农耕社会，其内容大都和农耕社会的意识、生产、生活密切相关。按其内容大致可分为三类：

（一）农事谚语，总结了一年四季备耕、播种、收获的经验。如：

种籽好，一熟好。

三月清明麦勿秀，二月清明麦秀齐。

棉花不整枝，光长空架子。

伏里草，脚踏倒；莳里草，削不了。

秋前不搁稻，秋后要懊恼。

麦熟要抢，稻熟要养。

白露种蚕豆，寒露麦穿针。

冻断麦根，挑断担绳。

白露日子的雨，到一宕坏一宕。

（二）气象谚语，如：

东北风，雨祖宗。

梅里西风莳里雨，莳里西风勿落雨。

干净冬至邋遢年。

三朝迷露发西风。

九里无雪，伏里干热。

逆风阵，来得快；顺风阵，消得快。

天上缸爿云，明早晒煞人。

蚂蚁造桥要落雨。

上看初二三，下看十五六。

（三）社会生活谚语，如：

嘴上无毛，做事不牢。

烂泥萝卜，吃一段揩一段。

磨刀不误砍柴工。

宁往南一丈，不往北一尺。

乡下锣鼓乡下敲，乡下狮子乡下调。

穷人一缸酱，富人一本账。

吃粥穿蒲鞋，暗里败人家。

不听老人言，一世苦黄连。

正田不耕耕横头。

从以上例句可以知道，谚语的特点是通俗明快、生动形象、言简意赅，且内涵丰富，具有格言的性质。

沙上谚语代表性传承人
黄建林

沙上民间谚语传承人
余玉红

传承关系及代表性人物

谚语是口头代代相传，祖辈传给子孙，长辈传给小辈，受环境熏陶，耳濡目染。其代表性人物是锦丰镇的丁友才，搜集了厚厚一本谚语。南丰的黄建林积累了众多的农耕谚语。

主要价值

谚语是民众集体智慧的结晶，帮助人们认识自然，指导农耕；认识社会，教以立人，有其实用价值。

众多谚语反映着农耕社会的意识、生产、生活、民风民俗，是文学艺术创作的源泉，研究农耕社会的钥匙，有其文艺价值和民俗价值。

目前保护情况

锦丰镇出版的《沙上春秋》，编入搜集来的大量谚语。南丰镇在永联村的江南农耕文化园里专门竖立了数十根农耕谚语石柱，并将这些谚语汇集出版为《苏州江南农耕文化园谚语林书法集》一书。

江南农耕文化园中的沙上民间谚语书法刻石

永联村编的《苏州江南农耕文化园谚语林书法集》

香山俗语

历史沿革及分布情况

　　生活在香山周边20平方公里范围内的劳动人民，从农耕时代起，历经数千年，在日常的生活、生产中，对大自然中发生的种种现象，对人与人之间的关系等方方面面，日积月累，概括出诙谐、生动、极具表现力并有许多独到之处的语句，反映人民生活经验和愿望，帮助人民认识自然、认识社会，指导农耕，教以立人。这些语句通俗、流行、定型，称为香山俗语。

香山脚下。劳动间隙讲讲说说有乐趣

基本内容及特征

香山俗语大致分为两大类：一是俚语，包括人伦称谓、歇后语、吉言讳语。二是谚语，含健康养身、治家生活、伦理道德、为人处世、求实训诫、天文气象等，特别是农业上的谚语更多，包括种稻、麦、棉、菜等。农作活中的灌溉除草，松土施肥，合理撒种，季节时令都有朗朗上口的谚语称道。如"千担肥、百担粮""三百六十行，种田第一行""人冷穿衣，麦冷盖泥""麦种勿过立冬"。在天文气象上把自然中的日、月、星、霞、虹、云、风、雷、雾、霜、雪、雨的变化和现象，用一两句话，十分形象地道出其一般规律，如"日出胭脂红，勿是雨来就是风""初三不见日，阴阴湿湿半个月""日晕必下三天雨，月晕必吹一天风""乌云带红边，雨伞要打洞""蛇过道，山戴帽，勿到三天雨来到"。特有哲理性的歇后语也是脍炙人口，如"两个哑巴睡一头——无话说""板凳倒地——四脚朝天"。俗语对人们日常生活中的常识的表达也是十分丰富和有趣味，蕴含的文化意境十分深厚。如"吃过就睡，面黄肌瘦""久静勿动，百病丛生""若要身体强，饮菜嚼成浆""白痰轻，绿痰重，吐了黄痰要送命""好说己长便是短，自己知短便是长"等。

香山俗语传承人苏其增

传承关系及代表性人物

民间俗语是口口相传的，流布于民间各个地方，瞿涌晨、苏其增两人数十年来热衷于此，搜集和整理出近千条俗语，并加以归纳、分类，汇集成册。

主要价值

香山俗语涵盖了民间百姓生活、生产的方方面面，具有十分深厚的文化价值、历史价值和认知价值，对于研究自然、社会、生物、气象、农耕、处事以及民俗等方面都有十分重要的研究价值。

目前保护情况

金港镇十分重视产生于本地民间的俗语这一宝贵的文化遗产，已于2012年汇集成册，准备将《香山俗语》列入金港非物质文化遗产丛书出版，以此将其完整地保存好，供广大民众阅读。并设想成立民间俗语研究会，进一步挖掘、收集和研究流传于民间的俗语。

乡土文化工作者在社区讲"香山俗语"

戴定光传说

后塍位于张家港市金港镇香山以东，北靠长江。周边有两大古文化遗址：一是国家级文保单位东山村遗址，距今约8000年；一是后塍老烟墩遗址，距今约5500年。这里是江南古陆及长江滩田围垦的冲积平原相交的地区，江河港湖四通八达。明清时期大批移民来到后塍。清康熙四十六年（1700年），由江阴县府批准建镇，到乾隆十六年（1751年）建成长1公里、宽3米的后塍街，形成集市，有商号600多家，并建立了后塍鱼市、米市、布市，商业繁荣。移民大多来自苏北，形成了丰富多彩的民间风俗。戴定光传说故事就是这样产生和传播开来。

后塍老烟墩

传说戴定光在香山寺出家

戴定光传说以口头传述为载体。于清乾隆以后在民间流传，距今已有300多年历史。其故事内容与后塍戴家弄自然村、后塍老街、香山、长江等周边民俗民情有关，也涉及佛道教义中的真与假、美与丑、善与恶，为人们所津津乐道。这些传说主要分布沿长江一带后塍、南沙、中兴、德积、晨阳、大新、双山，以及泗港、杨舍、华士、周庄和常州、无锡等地。传播范围北到南通，南到浙江一带。

基本内容及特征

戴定光传说的版本多种多样。有香山版本、后塍版本、泗港版本、杨舍版本等。归纳起来可分为两大类。

（一）有关戴定光遇仙成佛的传说其情节内容有：

1. 摇竹警雀　2. 大桥遇仙　3. 死鱼变活仙
4. 同伙惊察　5. 鱼霸探究　6. 吞丸成仙
7. 高价雇佣　8. 流落他乡　9. 胆大过

人　10.神仙插秧　11.定光收稻　12.改名
"阿弥"　13.定光出家　14.定光扫殿
15.无尾螺蛳　16.夜赴灵隐　17.定光煮粥
18.返乡化缘　19.定光修堂　20.夜游杭州
21.莲座成佛　22.定光流泪

（二）与戴定光行迹有关的轶事、
掌故：

1.去灵隐寺考察戴定光记事　2.民间
佛徒（戴定光信众）上灵隐寺的传说　3.戴
定光取名的故事　4.戴定光妻子的传说
5.向定光佛求子的传说　6.戴定光求学时的
传说　7.大桥上八仙走向的争议　8.戴定光
出生地（戴家弄、戴巷头）之争　9.香山无
尾螺蛳出典　10.关于无尾螺蛳与无尾田螺
11.无尾螺蛳香山产地掌故

戴定光传说每一则故事都比较完
整，情节比较生动。戴定光的人物性格
刻画得比较鲜明，讲究细节、善恶分
明，有宗教色彩，也有神话成分。戴定
光传说具有以下特征：

香山葫芦塘无尾螺蛳

杭州灵隐寺

大桥——戴定光传说发生地

（一）有真实的人物原型。戴定光
是后塍戴家弄人，普通农民出身，做贩鱼
生意，具有普通劳动者的美德，如诚
实憨厚、吃苦耐劳、正直善良、忠孝仁
义、深信善恶报应。因此深受群众喜爱。

（二）戴定光的传说具有原创性。
戴定光的传说围绕戴定光在"大桥"遇
仙展开，情节曲折生动，环环相扣；在
传播过程中，不断充实、丰富。故而其
流播长盛不衰，雅俗共赏。

（三）戴定光成佛，受八仙之一的
铁拐李点化，其内涵反映民间信仰中佛
道和谐统一的理念。

葫芦塘

传承关系及代表性人物

讲述戴定光传说的人比较多，但讲得最多、内容最丰富生动的是陈巧玉（已故）、唐春元（已故）和祝永庆（已故）。现在主要讲述者有唐国良等。

唐国良，男，1953年10月出生于后塍镇刘家巷。从小就听村上年纪大的人讲述后塍戴定光的故事，后来收集了好多戴定光的故事资料，整理了一批书面资料准备出版。

许和清，男，1950年1月出生于后塍镇南街，中学高级教师（历史老师）。从小喜欢听周边老人讲戴定光的故事，他家住后塍典当内，常常听典当内叫陈巧玉的老太太讲民间故事，她讲的戴定光的故事最生动、最完整，他记录了戴定光传说的许多内容，是已故陈巧玉的传承人。

主要价值

（一）历史价值

戴定光传说能深深扎根于民众心中，流传三百多年，主要是这个故事来自特定的地点、区域（香山、长江）、特定的历史条件、特定的地理环境。典型的农民形象及典型的农村生活的写照，均具有一定的历史价值、认识价值。

（二）文学价值

这些传说，故事情节生动，内容丰富多彩，人物形象鲜明，富有传奇色彩，具有民俗风情。故事中包含了地方方言，穿插了一些顺口溜、歇后语，融合了一些佛道著名人物情节（如八仙人物）等，具有较高的文学艺术价值。

目前保护情况

　　20世纪80年代中期，南沙、后塍、泗港等乡镇的文化工作者就已收集和整理了关于戴定光的民间传说故事。1987年由张家港市民间文学三套集成办公室编印的《中国民间文学集成·张家港市资料本》收录了《戴定光的故事》。2004年《后塍地名志》收录了《戴家弄出了个定光佛》。到目前为止，金港镇人民政府已投入了大量的人力物力，收集整理了30多个有关戴定光的传说故事，积累了较为丰富的资料，同时培养了一批故事员，到学校、社区等地进行讲述。金港镇人民政府还组织人员开展关于传承戴定光的传说、抢救保护香山特产无尾螺蛳的专题研讨。今后几年准备出版《戴定光传说》，在"香山历史文化展示馆"中增添有关《戴定光传说》的内容，塑造戴定光像，并扩大故事员队伍，扩展讲故事活动。

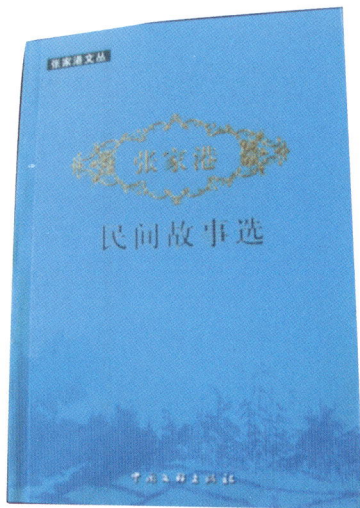

2006年出版的《张家港民间故事选》中收录有《卖鱼活佛戴定光》

鉴真东渡的故事

历史沿革及分布情况

中日两国早在东汉时期就有往来，进行经济和文化交流。605年，日本实行全面革新，成为中日文化交流史上一个重大转折点。日本天皇曾13次派遣唐使者到中国学习戒律、建筑、医药、塑像、音乐等方面的知识。鉴真东渡的故事就发生在第九批和第十批遣唐使者来到中国期间。日圣武天皇五年，即唐玄宗开元二十一年（733年）四月，日本第九次派遣唐使团共54人前往中国，使团中荣睿和普照两位到中国留学的僧人肩负着天皇的特殊使命，就是在学成回国之时必须物色一位有威望、懂律学的高僧，邀请他到日本授戒弘法，使日本佛教走上规范化道路。

东渡苑外景

鉴真像

鉴真东渡纪念馆

唐天宝元年（742年）十月，已在中国学习了十年的荣睿和普照跟随第九批遣唐使团回国，途中路经扬州，他俩专程到大明寺拜见鉴真大师，并转达了日本天皇的真诚邀请。鉴真大师见他俩言辞恳切，便慨然允诺。唐天宝二年（743年）至十一年（752年），鉴真先后率领弟子五次东渡日本，但均告失败。唐天宝十二年（753年）十一月十六日，鉴真改道从常熟黄泗浦（今属张家港市）启航，开始第六次东渡。在海上一个多月航行中，吃尽千辛万苦，于十二月二十日到达日本，在日本九州秋妻屋浦（今属奈良市）登陆，东渡终于成功。

鉴真东渡成功以后，关于他东渡的故事和传说，就在中日两地，特别是我国扬州、黄泗浦地区和日本秋妻屋浦、今奈良市等地广泛流传。自日本真人元开撰写的《唐大和上东征传》出版后，有关鉴真东渡的故事传播范围更大，内容也更丰富。

基本内容及特征

第一则故事：一诺千金

日本圣武天皇时代，佛教界存在着佛门戒法混乱、僧尼行为不正等状况，急需加以整肃。733年，日本派往中国留学的两位僧人荣睿和普照，肩负着在中国物色一位高僧去日本传戒弘法的使命。留学期间，他俩察访了大江南北的著名寺院，听说扬州天宁寺高僧云集，并有一位德行高尚，且对戒律、医药、建筑、塑像样样精通的鉴真大师，最后锁定了扬州天宁寺。10年后，荣睿和普照学成回国时，专程到扬州大明寺拜见鉴真大师，恳求他选派一位高僧去日本弘法。鉴真应允后与弟子商量：谁愿意去东瀛传戒弘法？大家默不作声，面有难色。鉴真见此情景，便挺身而出，答应亲自东征。

第二则故事：义无反顾

这则故事发生在唐天宝年间鉴真第五次东渡时。六月的一天，鉴真率弟子们从扬州扬帆出发，但刚出长江口便遇大风浪，风浪的颠簸使渡船失去了控制，随时有船倾人亡的危险。在这危急关头，鉴真命弟子将成捆经卷、物品扔入大海，以减轻渡船的重量。有的弟子看到自己花毕生心血抄写的经卷被扔入水中，痛不欲生，也一起跳入滚滚波涛，与心爱的经书一起沉入海底。鉴真和弟子在海上漂泊了14天，一直漂到海南岛。他的优秀弟子祥彦和日僧荣睿在漂泊途中相继去世。鉴真也积劳成疾，悲痛过度，导致双目失明。从海南岛转辗数月，吃尽千辛万苦回到扬州后，仍没有忘记许下的诺言，定要择机东渡日本。

第三则故事：野鸡扑船头

这则故事发生在第六次东渡时。唐天宝十二年十月十九晚，鉴真及其弟子共38人从扬州连夜潜行到常熟出海口黄泗浦，同早已等候在那里准备回国的日本第十批遣唐使团会合，并商定择日秘密扬帆出发。但鉴真东渡消息还是走漏了风声，风传官府要搜查日本船队。日本遣唐使藤原清河考虑到唐朝立法禁止私人出境，如果违反，将受到法律的惩处，一旦官府扣船，将严重影响中日两国关系。因此，不得不请已上船的鉴真等离船暂避。

时间一晃20多天过去了。十一月十五，由四条大船组成的船队悄悄起锚离港。刚扬帆起航，空中一只野鸡直扑过来，落到遣唐大使所乘坐的第一条大船船头。鉴真认为江滩芦苇丛生，船队开动惊飞野鸡不足为奇，坚持前行；但藤原清河认为这是个不祥之兆，坚决下令撤回。

这些东渡故事在写实的基础上带有夸张、想象的成分，都能刻画鉴真大师不畏艰险、百折不挠的拼搏精神，咬定目标、毫不动摇的执着精神，千金一诺、终生无悔的诚信精神。

2010年12月，张家港市人民政府举行公祭鉴真大师典礼

东渡苑内的《鉴真行迹图》

传承关系及代表性人物

鉴真东渡日本的故事在国内原散传于民间，为口头文学，主要流传在扬州、黄泗浦地区。自日本真人元开撰写《唐大和上东征传》后，鉴真东渡的故事为口头文学和书面文学并存，且传播范围更为广泛。

在本市，包文灿、缪自强等为最早接触鉴真故事的人。1963年，他们参与黄泗浦的定位，为"黄泗浦经幢"选址、竖立，以及"文化大革命"以后对经幢修复等工作。塘桥镇史志人员钱永飞先后参与、主编了张家港市文化品牌丛书《东渡魂》以及《鹿苑镇志》《鹿

"古黄泗浦"经幢

苑地名志》，几本书中都载有鉴真大师东渡史话。目前传承人为释昌贵，他主持东渡寺的日常工作，向中外游客宣传鉴真的东渡故事和东渡精神。

主要价值

　　鉴真大师不畏艰难险阻、不达目的誓不罢休的东渡精神与今天的张家港精神一脉相承，后者是前者的继续与发展，成为张家港人代代相传、奋发进取的精神力量。

　　黄泗浦是中日文化交流的源头之一。在当今"一带一路"战略实施中，以鉴真东渡命名的东渡苑、东渡寺，正是中日人民友谊长存的象征，是中日人民友好交流的平台、桥梁和纽带。

目前保护情况

　　近10多年来，市、镇两级不断加大投入，修葺、扩建东渡苑。东渡苑内建有鉴真东渡纪念馆、"古黄泗浦"经幢亭、诗碑亭、诗画廊等，这为传播鉴真东渡精神搭建了平台。2009年，出版了张家港市文化品牌丛书《东渡魂》，为传播鉴真东渡故事和发扬鉴真东渡精神起到了积极作用。

张家港市文化品牌丛书之一：《东渡魂》

传统音乐

张家港市非物质文化遗产

三兴元宵锣鼓

历史沿革及分布情况

三兴地区是张家港长江中的几块沙洲逐步成陆、并联围垦而形成，当地住民大都是从长江北面崇明、启东、海门、通州、如皋、靖江等地迁移过来的移民，自清同治年间至今，已有140来年的历史。这些地区的移民来此定居，带来了各自地区的历史文化、民俗风情，也带来了民间音乐——元宵锣鼓。开始，只是在每年的春节至元宵节期间，农民们为欢庆节日而敲打，故名"元宵锣鼓"；后来，发展成凡是欢庆场合都敲打元宵锣鼓，例如庙会节场、迎神赛会、结婚祝寿、拥军优属、职工退休等。特别是20世纪的六七十年代，为配合各种政治运动和社会活动，几乎是天天、时时都能听到元宵锣鼓的敲打声，将三兴元宵锣鼓发展到顶峰。

三兴元宵锣鼓分布于张家港沿江的几个乡镇，如锦丰、乐余、兆丰、东沙、南丰、常阴沙农场、大新、德积、晨阳、中兴等地，尤以三兴元宵锣鼓最负盛名。

基本内容及特征

元宵锣鼓共有乐器四大件：大铜锣（沙锣）、小铜锣（锡锣）、钹、鼓。它所敲打的曲目亦称"锣鼓经"。它是根据锣声、鼓点的节奏快慢、音量高低而定的曲目名称，名称有一定的象征性。历史上经常敲打的锣鼓经曾多达30余种，传承和保留下来的尚有：开场锣鼓、花七句、双龙会、扑浪头、蛇脱壳、双刀捻、鲤鱼跳龙门、鲤鱼翻泡、鲤鱼扑水、野鸡朝天、芙蓉出水、八哥洗浴、八仙过海、仙人挑担、里夹心、小浪头、金橄榄、银橄榄、七五三一脱、文明结婚、庆丰收、为国争光等20余种。

三兴元宵锣鼓的主要特征可以用"小、活、多、广"四个字来概括："小"是指乐器简单，只有四件，乐队人少，组合灵活，只要四个人即可组合

三兴元宵锣鼓演出队

成一个乐队。"活"是指自由灵活，它可以在喜庆场合定点敲打，也可以在迎送中边走边敲打；可以一支乐队敲打，也可以多支乐队一起敲打。"多"是指曲目多，变化快，基本曲调为花七句，简洁、明快、节奏感强。"广"是指参与面广，适应性强，易于普及。

传承关系及代表性人物

20世纪30年代以来传承人的代表有朱文龙（1920—2000）、龚贵卿（1932—2007）、施文才（1939年生）、施家兴（1942年生）。原三兴乡四村（十一圩港）朱文龙，是演奏元宵锣鼓能手，他于1956年曾率队到常熟、苏州等地做过表演，并参加省民间文艺汇演，获奖银盾一只。

三兴元宵锣鼓传承人施家兴

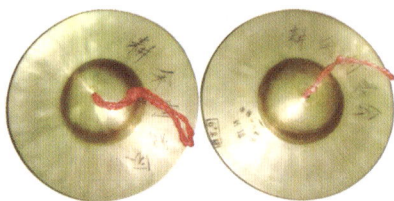

钹（又名闹钹）

小锣

皮鼓

大锣

当前代表性人物即是施家兴，从小喜欢敲打锣鼓，曾任三兴镇文化站站长，参加市文艺会演并多次获奖。退休后，参与挖掘和整理三兴元宵锣鼓的锣鼓经，是三兴元宵锣鼓乐队的指导顾问。

主要价值

元宵锣鼓是广大群众喜闻乐见的民间音乐，具有浓郁的地方特色。敲打元宵锣鼓，有助于烘托、渲染喜庆气氛，是反映人们思想感情、审美情趣的特殊形式。它的存在不仅对于探讨中国民族民间音乐（打击乐）发展衍变的规律有着重要的价值，同时，从交叉学科的视角看，对研究本地区的政治历史、民俗风情等也有着不可忽视的参考意义。

目前保护情况

近年来，锦丰镇政府非常重视文化建设。对民间音乐三兴元宵锣鼓组织人力挖掘和整理锣鼓经，对有关元宵锣鼓的记载资料、照片、音乐、乐谱等进行了收藏整理。要求在每个行政村建立一支敲打元宵锣鼓的乐队，对乐队成员进行专业培训，并组织比赛。

表演三兴元宵锣鼓

香山正一道教音乐

历史沿革及分布情况

香山道教始于汉代，至唐代前始终由道教主山，属根植于民间的本土文化。香山道教在元、明两朝属全真教派主持，故有纯阳道院、天师道院和祖师道院等道宫，清初被毁。康熙初，江阴县道会司重新整理，由江西龙虎山正一派师尊徐观元派伍仁道长等来香山修持，重建香山道观。从此，香山道观归属于江西龙虎山道院管辖。香山周围的散居道士（属正一派的）同香山道观的道士互相传道和承接该教的衣钵，沿袭至今。

正一道教音乐的形成与当地的民间原始的夯歌、号子、山歌、小调、渔曲、纺织吟等民间音乐相关，特别受地方上的南腔、江西龙虎山的弋阳腔以及昆曲的影响，使正一道教音乐具有江南独特的古老曲调的韵律。

香山正一道教音乐分布中心为香山地区，其外延为：东至杨舍，西至江阴、无锡边缘。

黄松春（左）与专家研究曲谱

基本内容及特征

香山道教属本土文化，其音乐以流传于乡间的号子、山歌：夯歌曲、儿谣曲、渔家曲等民俗声调为基础，然后由正一派道教吸纳昆曲、南腔，而形成现在的正一派道教音乐，用于追荐、斋醮、驱鬼、斗科等道场仪式中。主要乐器除江南丝竹外，还配有打击乐器和大型"昭钟"唢呐、圆号等吹、打组合，是道教科仪化会上最活跃、最丰富、最具有苏南韵律的道教音乐。

自正一派道教创始以来，农村散居道士十分重视搜编新曲，来充实、丰富正一道教音乐，如香山道院中遗存的《苏武牧羊》《红衣薰风曲》《胡笳十八拍》《听松曲》《清练光曲》《茅山脉吟》《镜平曲》《三宫调》等，都是清乾隆年代从全真教派乐曲中改编过来的。

正一派道教音乐的基本特征是吹、拉、弹、打、唱相伴的舞蹈式伴奏曲调，有昆曲的原声色彩。其次是七种调性皆有，吟唱高亢，注重说白、副音、装饰音和特音、流断音，尤其是抑扬顿挫、婉转高低的长长的哼腔与拖腔，悦耳动听，令人怀远。

香山正一道教音乐器乐演奏

传承关系及代表性人物

香山正一道教音乐的代表人物是黄志辨，他十分重视正一道教音乐的发扬与传承。他带了一大批徒弟。当今代表性传承人是黄松春。其传承谱系是（曾祖父）黄昭文——（祖父）黄思恩——（父）黄永生（约1905—1960）——黄松春。黄松春的徒弟有：封忠庆——焦海华；顾熙鹏——许海强。黄松春已将正一道教音乐的所有工尺谱曲调换译成简谱，编辑成书。

香山正一道教音乐第五代传承人黄松春

张家港市民保办专家组成员同香山正一道教音乐传承人合影（摄于2008年）

金港镇政府已将香山正一派道教音乐列入非物质文化遗产来保护。一是组织人力挖掘、整理文稿；二是录像、摄像、拍照存档。

现场采录香山正一道教音乐

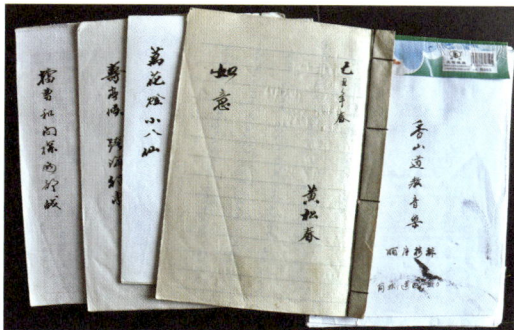

香山正一道教音乐曲谱

主要价值

（1）历史价值。正一派道教音乐是道教音乐的一支派，它丰富了道教音乐，是研究道教音乐发展不可或缺的重要资料。

（2）音乐价值。正一派道教音乐吸纳了昆曲音乐，对研究古老的昆曲有重要价值，对研究中国音乐史也有参考价值。

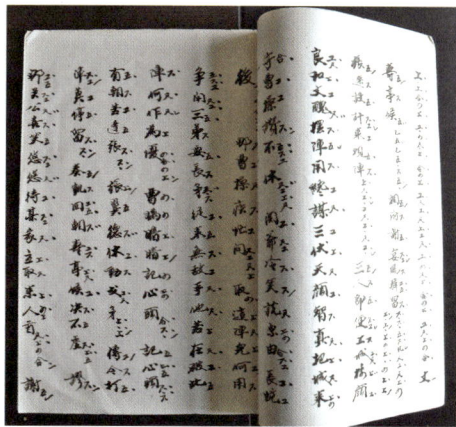

香山正一道教音乐工尺谱

非物质文化遗产

张家港市

荟萃·传统音乐

斫竹歌

历史沿革及分布情况

距今6000年左右的新石器时代，河阳山地区即有先民在此繁衍、生息。据民俗学家、华东师范大学教授陈勤建论述：这里生活的先民，很可能就是见诸史料的"东夷族"的一支（称为"干族"），他们发明了弓箭（象形文字"夷"，表示一人身背一张大弓），用以狩猎，获取食物。原始的劳动是群体性的，为了齐心、合力，往往随着劳动的节奏喊起号子。随着时间的推移，渐渐从号子衍化发展为节奏感很强的原始歌谣。《斫竹歌》就是在这种年复一年的群体性劳动中产生的。

画家张晓飞绘制的《斫竹歌》图

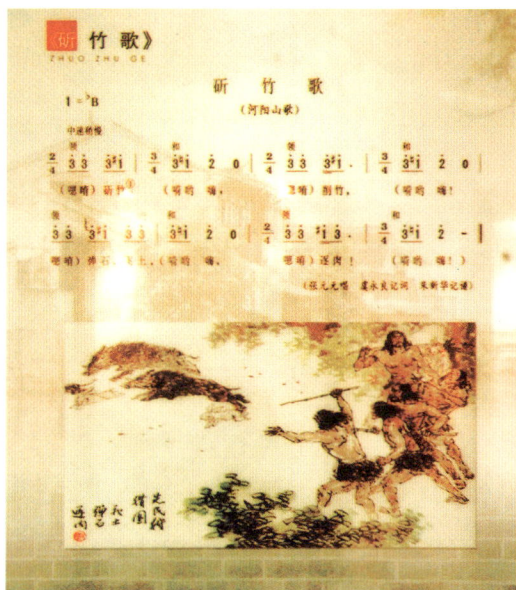
《斫竹歌》

从《斫竹歌》的句式看，它是2字一句（不算衬词），较之大多为4字句的《诗经》中的诗歌创作年代应该更早，也即早于2500年至3000年前。

《斫竹歌》的分布中心，是河阳山地区。流传密集地为新庄村、小山村、恬庄村。新庄村的张元元、马祥保、黄根元，恬庄村的刘仁宝，都会唱《斫竹歌》。

基本内容及特征

1964年冬，虞永良听到小山村村民在拔河泥船时集体咏唱，将歌词作了记录，但记录不完整。1985年，虞永良听恬庄村刘仁宝唱，又作记录。1990年，听张元元唱，并录音，江苏省音乐家协会秘书长朱新华记谱；1996年2月，又请

张元元唱，再录音，由虞永良记词，徐新园记谱。张元元唱的《斫竹歌》歌词是：

> 嗯唷斫竹，嗬哟嗨！
> 嗯唷削竹，嗬哟嗨！
> 嗯唷弹石、飞土，嗬哟嗨！
> 嗯唷逐肉，嗬哟嗨！

这是一首劳动歌、狩猎歌。斫，属吴方言，意思是：砍，斩，割；斫竹，削竹，叙述砍下竹子，削制成打猎、捕鱼的工具。后两句叙述用竹子制成的工具（含弓箭）打野兽。逐，也是吴方言，至今河阳地区还保留着，如：逐鱼。仅用10个字，叙述了制作弓箭、打野兽的过程，十分简洁，体现了原始歌谣的特征。

采录张元元唱《斫竹歌》

央视主持人董卿采访《斫竹歌》演员

衬词"嗯唷"、"嗨哟嗨"反复出现，表明这是一首群体劳动中众人集体咏唱的歌。

《斫竹歌》同载于汉代赵晔所作《吴越春秋》的《弹歌》十分相似。《弹歌》的歌词是：

> 断竹，续竹。
>
> 飞土，逐肉。

对于《弹歌》，前人作了如是论述："据说是黄帝时代的歌谣。从内容看，这是一首比较原始的狩猎之歌，描述了原始人制造工具、追捕野兽的劳动过程。这种两字一句的二言诗形式，浑朴、简洁，表示着汉民族诗歌的初始阶段。"

今之专家论断：《斫竹歌》与《弹歌》存在着某种传承关系；《斫竹歌》在前，《弹歌》在后，是弹歌的母体。

传承关系及代表性人物

《斫竹歌》的传承有两种情况：一是家族传承，祖辈相传；二是社会传承，由老年人传给年轻人。张元元（1925—1999）生前说，他会唱《斫竹歌》，是他父亲张根保（1898—1963）教他的，他父亲又是小时候从祖父一辈学会的。与张元元同辈会唱《斫竹歌》的，还有黄根元、刘仁宝等歌手。

当今代表性传承人是王祥兴、杜惠英，年轻一代有龚晓东。近年来通过传授，凤凰镇许多中学生、小学生都会唱《斫竹歌》。

表演《斫竹歌》

主要价值

《斫竹歌》是河阳山歌的代表作，是河阳山歌中的珍品。它的史学价值和艺术价值主要表现在：

一、古老。河阳地区用吴语唱的《斫竹歌》，经漫长岁月流传，至今仍活在人们口头上，这不是孤立的、偶然的现象。《斫竹歌》将《弹歌》里的"断"阐释为"斫"，将"续"阐释为"削"，而且穿插进"弹石"，并世代流传至今，既准确阐明了意义，又进一步证实了它的古老性。因此，它极具历史价值。

二、可唱。《斫竹歌》的演唱场合如打猎、搬重物、扛东西、挑担等劳作都可以唱，这种演唱形式恰好与原始劳动的群体性相吻合。《斫竹歌》是在劳动过程中集体创作并不断丰富完善的，整个歌曲体现了一种完美的艺术效果。它的价值就在于是一首古老的、生动的、具有可唱性的活教材，很有历史价值和艺术发生学方面的价值。它不仅在中国音乐中占有重要地位，就是在国际上也是一首代表华夏古老音乐文化的活化石。（编者按，以上论述，引自南京艺术学院易人教授论文）

1998年7月1日，中国文联考察团16位专家、学者、教授在周巍峙主席的带领下考察了河阳山歌，他们高度评价了《斫竹歌》的价值：《斫竹歌》的发掘可与周口店"北京猿人"遗址的发现相提并论。（参见《中国▨河阳山歌集》）

目前保护情况

河阳山歌馆保存有《斫竹歌》张元元两次演唱的录音。《中国•河阳山歌集》中收录张元元唱，虞永良记词，分别由朱新华、徐新园记谱的两种曲谱。

2007年，张家港电视台摄制了专题片《远古的回响》。在凤凰镇的中学、小学、幼儿园中普遍教唱山歌。凤凰镇举办的历届河阳山歌节上，《斫竹歌》是保留节目。

央视七套在凤凰镇录制《乡约魅力凤凰》，演唱《斫竹歌》

常阴沙号子

历史沿革及分布情况

常阴沙号子流行于张家港市东北端的常阴沙地区。常阴沙地域西起段山，东至常熟福山口以北，其中包括大新、锦丰、三兴、乐余、兆丰、南丰和常阴沙农场等地方。由于历史上这一带一部分属江阴县，一部分属常熟县，所以被称之为常阴沙。常阴沙人由海门、崇明、南通、如皋、靖江、江阴、常熟等地移民而来。这些人来自不同地方，所喊的号子也不同。在生产劳动中，他们相互学习、相互影响，随着时间的推移，逐渐形成了以崇明口音为主的"常阴沙号子"，至今约有上百年的历史。

车水号子

基本内容及特征

号子是劳动者为激励斗志、振奋精神、减轻重压、调合步伐而发出的自然乐声。不同劳动工种，有不同的号子。现就常阴沙号子中已整理好的较为常喊的12种号子作一简单介绍：

1. 车水号子。在车水时，一人领喊，三人接喊。车水时大家心情轻松，所以喊出的号子悠扬高亢，很有韵味。

　　嗨咿呀的来哎……好有哇来的啰……

　　嗳嗳嗨来唷……嗳嗨又来了……

也有随时即兴编词，诙谐有趣。

2. 挑粮号子。虽是重担，却透露喜悦之情：

　　哈么哇的来呀，嗨呀！

　　嘿哟哩的来呀，嘿来！

　　哼喳地呀来呀，嚎嗨！

　　哎嗨，嗨咿哇的来呀啰！

3. 挑粪号子。虽也是重担，但一般路比较近，故喊时有轻松之情：

　　嗨咿呀的来哟，嚎……好噢！

　　还有来哉，哎……好噢！

4. 挑泥号子。因是团队劳作，且泥担又不重，故喊时有相互比劲而流露出的轻松、高兴和自诩之情：

　　嗨咿呀子来咳哟，哎嗨来，噢好……

　　哎嗨，哎嗨来哎啰，啊……

5. 打夯号子。四人同步劳作，号子为七字句加衬词，字句押韵，一人领，三人和：

扛嫁妆号子

挑粪号子

（领）一个木人四角方，（和）
　　嗨唷！
　　四个师傅站四方，嗨唷！
　　木人落地千斤重，嗨唷！
　　各位师傅要当心，嗨唷！

领唱师傅可即兴编词，起到鼓劲、同步的作用。

6. 扛运号子。扛运物资一般为两人，喊号子是一喊一接，号子和走路很有节奏：

　　嗨呀啦个来，哎呀拉个好！

　　嗨呀好来，好呀好哎！

7. 扛嫁妆号子。此种号子表现出喜悦、轻快之情：

打夯号子

拉纤号子

扛起来呀，噢好来呀！

当心点啊，噢好来呀！

跑稳点啊，噢好来呀！

快点追啊，噢好来呀！

8.拉纤号子。这种号子一般无实词，主要是伴随劳动使劲而喊：

嗨呀来，有来哉！

嗨呀来，咿呀来！

嗨呀好来，噢呀好来！

9.榨油号子。榨油工在捶木塞楻时喊的号子，一般只三个字：

唉呀……哼！

抡举铁榔头时吸气喊"唉呀"，捶打木塞时呼气喊"哼"。

10.上梁说合子。造屋上梁是人们的大喜事，上梁师傅唱的均为吉利话：

脚踏楼梯步步高，王母娘娘采仙桃。

手拿斧头喜洋洋，王家请我来上梁。

两头上的沉香木，中间上根紫金梁。

紫金梁上贴福字，子子孙孙状元郎。

11.出殡号子。号子很简单，扛棺材的八人中，一人领喊，其余接喊：

（领）嗨嗳，嗨嗳，（和）哈！

如此反复。喊此号子庄重有力，一方面表示悲伤沉重，另一方面告诉前面路上的行人：人家出殡来了，请赶快让路。

12.拾狗屎号子。拾狗屎大都是孩子们，他们用锄头柄挽着簸箕，边寻边喊，还相互追逐，轻松、诙谐，富有童趣：

嗨哎来嗨，嗨咿呀来，嗨哎来唷！

噢好来嘞，嗨咿呀来，狗屎来唷！

常阴沙号子的主要特征是：

①具有移民特色的包容型与丰富性；

挑粮号子

②具有劳动内容（工种）的识别性，即一种劳动有一种号子，听其号子就能知晓此人在干啥活；

③具有自由性、即兴性、灵活性、回环往复性；

④常阴沙号子豪放、悠扬、优美，富有音乐节奏感，人人喜爱喊号子，可谓"扁担搁到肩头上，号子声音满天响"。

传承关系及代表性人物

劳动号子与劳动相伴，在劳动中就学会了喊号子。一般为子跟父学。会的号子多，又喊得动听的，当地一致公认

的代表性人物有倪正明、秦友才、贾阿毛、范明祥、陆志冲等。

常阴沙号子传承人倪正明

汇聚民间文化精华 彰显沙上文化神韵

沙上文化群英会上喊起常阴沙号子

主要价值

1.实用价值。劳动时喊号子有振奋精神、教人使劲、减轻肩上重压和协调节奏的作用。

2.历史文化价值。劳动号子是伴随劳动而产生的民间音乐，与当地的发展历史和风土人情密切相关。因此，劳动号子是研究农耕社会的经济文化、民生民情、社会风貌的原生态史料，是研究地方语言的产生、演变的不可或缺的史料，是研究民间音乐的参考资料，并对民俗学研究有着重要的参考价值。

目前保护情况

目前现代化农业示范园区做了以下几方面的工作：

1.对常阴沙号子进行调查、搜集、整理工作，形成常阴沙号子资料性的文本。

2.对常阴沙号子的当前代表性人物进行了挖掘、梳理，并请他们表演。

表演常阴沙挑担号子

老沙号子

历史沿革及分布情况

沙上地区是长江从上游挟带的大量泥沙冲积成的众多小沙洲而并联成的一块沿江陆地。经过外来移民几代人陆陆续续地筑堤围圩、垦土造田，才逐步发育、壮大成今日之沙上。根据成陆年代先后，又分为"老沙"与"新沙"（常阴沙）。其中老沙成陆较早，自有人居后，至今已有四百多年的历史，包括双山、中兴、德积、大新、晨阳与合兴等地区，都以老沙话方言为主。在劳动生产过程中产生了以老沙话喊出的老沙号子，具有很强的音乐节奏与独特的韵味。

卖棉花号子

表演老沙号子

基本内容及特征

不同劳动工种有不同的号子，挑粮（稻、麦）有挑粮号子，车水有车水号子，挑粪有挑粪号子，挑泥有挑泥号子，打夯有打夯号子，扛运有扛运号子，即使挑着卖豆腐担子也有卖豆腐的号子。故有沙上谚语"扁担搁肩上，号子应天响"之说。

老沙号子基本上由以下几个单音节象声词组成，如：嗬、欧、嗨、嘿、哎、呀、哇、依、喔、哦、噢、哼等，基本上没有词语。

老沙号子响亮而悠长、委婉而清丽，富有音乐节奏。它的基本喊法有两种：

表演老沙号子

（一）

嗬～～　～～　～～

嗬哇↓　嗬哇↓　嗬↑——

嗬～～　噢↑—

嗬～～　噢↓—

嗬依呀哇　嗬↑～～噢↓——

嗬↑依↑呀哇　噢↑——

嗬↑呀↑　嗬↑呀↑依↑　噢↑～～～～　～～

嗬哇↓　嗬哇↓　嗬↑——

（反复）嗬～～　噢↑—

嗬～～　噢↓（嘿）↓。

嗬依呀哇　嗬↑～～噢↓——

（二）（慢节奏）

噢喔—噢喔—嗬↑～～　～～

噢呀↓　噢呀呀↓　—噢↑—噢↑—嘿↑。

噢依呀哇↓—噢～～噢↑～～　～～　～～

（音调节奏符号：↑：升，↓：降，—：连贯或延长，～～：花腔或滑音，〇：急停，·：重音。）

传承关系及代表性人物

当前代表传承人是王明浩。他的父亲王惠忠是喊老沙号子的能手。

老沙号子传承人陆宝荣

主要价值

劳动号子是伴随劳动而产生的民间音乐，与老沙的发展史密切相关，故有文化价值。

劳动号子反映了老沙人的生存方式、生活方式，具有民俗学价值。

目前保护情况

劳动号子是农耕社会的产物，现在已进入工业文明、信息化时代，很少需肩挑的劳动，劳动号子也随之消失了。

大新镇举办沙上山歌、老沙号子擂台赛

香山小曲

历史沿革及分布情况

香山小曲是香山地区人们千百年来所创作、所传承的民间各种曲调。它的传承与传播中心是南沙片，包括长山、山北、柏林、占文、东山、港西等地区。香山小曲是吴歌的重要组成部分。

香山小曲的产生，历史悠久。它产生于魏晋南北朝时期。至隋、唐之际，有较多的民歌得到选择、提炼，而成为说唱、歌舞演出的一部分，称为曲子，它是小调载体的早期形式。宋、元之后，小调逐渐丰富多彩。明、清时期，人们普遍传唱。民国时期，香山小曲流播到香山周边地区。

大香山、小香山旧貌

基本内容及特征

香山小曲又称香山小调，是人们在劳动之余，日常生活当中以及婚丧节庆中用以抒发情怀、娱乐消遣的民歌。小调所反映的社会生活内容极其广泛，它所反映的不仅包括农民，还有城镇小手工业者和其他劳动者、商人、市民，乃至江湖艺人、贩夫走卒、和尚尼姑、流浪行乞者等各个阶层的爱情婚姻、离别相思、风土人情、娱乐游戏、自然常识、民间故事等。如香山小调中的《四季相思》《五更相思》《十绣荷包》《哭小郎》《春风杨柳》《香山十八景》《杀落靼子过个太平年》《新渔光曲》等。

香山小调是流行于城镇集市以及农村的民间歌曲小曲。它具有结构均衡、节奏规整、曲调细腻、婉柔等特点，表现手法丰富多彩。按照内容的不同，可以将其分为十类：第一类，四季小调。如《四季相思》《四姐妹小调·花儿》《四季美人叹·小调》《四季曲》《四季歌》等。第二类，五更调。所占数量较多，如《五更梳妆台》《五更劝情人》《五更想思》《五更想郎·等郎》《五更调·戏名》《知心客》《送郎歌》《俏尼思凡》等。第三类，哭十七。如《哭抗倭勇士钱鹤州》《哭米蛀虫》《哭小郎儿》《哭小郎》《哭周水平》等。第四类，牌九景。如《苏州景》《无锡景》

香山地区农民唱着小曲卖余粮

《唱唱香山十八景》《西湖十景》等。第五类，十字头。如《十张台子唱古人》《十杯酒》。第六类，十二月花名类。如《十二月花名烟花女子》《十二月花名孟姜女过关》《十二月花名劝戒香烟》等。第七类，百字头。如《百花名》《百勿得》等。第八类，醒世曲。如《劝了为善·醒世曲》《安母心》《春风杨柳》《莲花落》等。第九类，外来曲调。如《新小放牛》《哈雀雀》《打花鼓扬州调》等。第十类，其他小唱。如《牧歌》《新渔光曲》《春光好》《香草美人》《小尼姑下山》等。

练唱香山小曲

传承关系及代表性人物

香山小曲代代相传，其传承有着清晰的谱系。目前的代表性人物有瞿通顺、瞿新君、瞿仁娣、瞿忠育、赵珍凤等。

金港镇举办香山小曲演唱会

主要价值

香山小曲包含流行于香山地区的各种乡土曲调，是民间音乐中别具芳香的一支兰花。香山小曲的主要价值体现在三个方面：第一，具有鲜明的地域特色。如《唱唱香山十八景》《十绣荷包》《春风杨柳》《牧歌》《新渔光曲》等。第二，具有永久的历史传承。如《四季歌》《劝人为善》《杀落靼子过个太平年》《哭周水平》《哭孙逊群》等。第三，具有一定的文化价值。通过唱小调，可以陶冶人们的道德情操，也为社会学、民俗学的研究提供了一份宝贵的资料。

目前保护情况

保税区（金港镇）党委十分重视非物质文化遗产的保护工作，已组织人员搜集、整理香山小曲达200余首。还举办香山小曲演唱会，丰富群众的文化生活。对一些代表性传承人予以保护，关心他们的生活。2012年编写的《香山小曲》正在修订中，不久将问世。

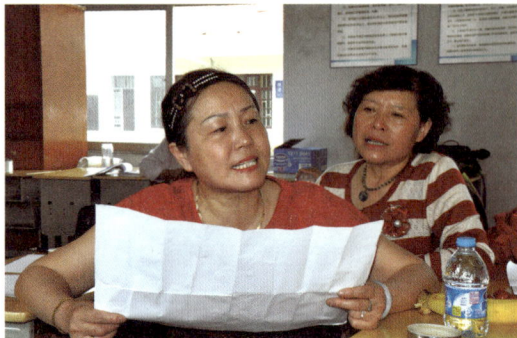

练唱香山小曲

吴派古琴艺术

历史沿革及分布情况

据传，伏羲发明了"琴瑟"。这里的"琴"，指的是"古琴"。

周朝，古琴作为宫廷里雅乐伴奏，以弹右手散音为主，弦数由五至二十七弦不等。汉朝七弦琴基本定型，左手指法也有相当发展。隋唐时发明减字谱，制琴术有了较大发展。宋元时出现一弦、二弦、七弦、九弦琴。文人琴家有欧阳修、苏轼等，代表曲有《胡笳十八拍》《楚歌》等，琴论专著有《琴史》《琴仪》等。明代琴派兴盛，著名琴家、代表琴曲、琴论专著都有很大发展。清代，刊印了大量古琴谱系，琴家有庄臻风、程雄等；代表琴曲有《水仙操》《龙翔操》；琴论有《琴学粹言》《鼓琴八则》等。此时，吴地古琴也有了很大发展。

吴景略先生传授指法

现代古琴虞山吴派的开创者是吴景略先生。吴景略（1907—1987）是张家港市塘市人，少时从师学习琵琶、三弦琴等乐器，20岁时师从王端璞开始学古琴，博采众长，琴艺大进。1936年夏，加入"今虞琴社"，担任司社，主持社务。并以"策声琴韵室"名义在上海、常熟等地教授古琴。吴景略醉心于清代《五知斋琴谱》所传《潇湘水云》与《胡笳十八拍》两首名曲，他对这两首曲目的处理，说明他的演奏艺术达到炉火纯青的境地，至今许多琴家所弹的《潇湘》和《胡笳》，几乎都是他的传谱。除此以外，他还演奏过《梅花三弄》《渔樵问答》《秋塞吟》《高山》《流水》等数十首曲目，并录制成唱片，流传海内外。吴景略开创音乐学院古琴专业，编著古琴教材，培养了大量学生。他在长期演奏实践中，先后整理了《广陵散》《阳春》《白雪》《雉朝飞》等近40首古代琴曲，并创作《胜利操》，移植改编《新疆好》等古琴新作品，著有《七弦琴教材》《虞山琴话》等琴学论著。他在鉴别、修复古琴方面有很丰富的经验，并致力于古琴的改革，得到了广大琴人的喜爱和乐用，这是古琴乐器发展史上的一个突出成就。

"吴派古琴艺术"分布在张家港市区及其周边乡镇。在市区创立了"暨阳琴社"和"沙洲琴社"等音乐社团。市文化馆专门成立了古琴培训中心，在市少年宫、塘桥少年宫和金港、锦丰等文

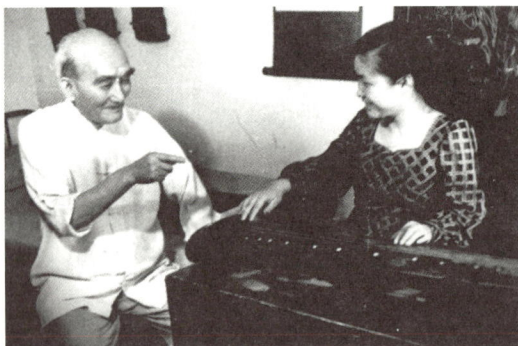

吴景略先生与弟子赵家珍

体中心常年设有古琴培训班。全市古琴爱好者有300余人。2003年11月7日，古琴艺术被联合国教科文组织列入世界第二批人类非物质文化遗产代表作目录。2006年5月20日，古琴艺术被中华人民共和国国务院列入第一批国家级非物质文化遗产名录。

基本内容及特征

古琴亦称瑶琴、玉琴、七弦琴，是中国土生土长的华夏乐器，原名为"琴"，"古琴"是现代人的称法，为的是区分胡琴、扬琴、马头琴、钢琴等乐器。

一、古琴构造与配套用具

1.古琴一般长约120厘米，宽约20厘米，面板多为平面，选用百年以上桐木、乌木、紫檀木作材质。

2.琴弦：分丝弦和钢丝弦两种。古时多用丝弦，今多用钢丝弦、尼龙弦。

3.琴徽：一弦外侧的石板上嵌有13个圆点的标志称徽。徽的材质有玉、镶金、贝壳类等。

4.琴桌：一般长110厘米、高70厘米、宽45厘米。

5.琴凳：高50厘米的实木圆凳。

二、古琴弹奏

古琴演奏以左手按弦取音，以右手弹弦出音。左手按弦主要调整音色的差异，按弦技法会对按弦的力度造成影响。右手的弹弦主要是调控古琴发音的振幅和强弱。右手弹弦的变化较大，弹弦时亦有手指与手指之别、指背甲弹与指面肉弹之别。

琴师可根据乐谱及古琴的形制、结构、指法、音色等因素，弹奏出静态的、淡雅的、含蓄的、抒情的、古典的等乐曲。它的散音（空弦音）嘹亮、深厚，泛音透明如珠、丰富多彩。高音区清脆、尖亮，中音区明亮、铿锵，低音区浑厚有力。一代宗师吴景略，在弹奏上创造了"虚弹"的指法，赋予了清代中期以来左手指法进退技巧以新的生命力。

古琴弹奏指法复杂，这就要求习琴者拥有超凡的毅力和良好的手指协调能力。

中国琴会会长赵家珍先生在张家港市文化馆教授吴派古琴

传承关系及代表性人物

吴景略是吴派古琴艺术的创始人。第二代传人为翁瘦苍（1916—2002）和赵家珍。第三代传人陈尉华，1961年生，师从翁瘦苍。目前，张家港地区吴派古琴的代表性人物有孙海滨、张品忠、朱海涛和李湘等人。

吴派古琴代有传人

主要价值

吴派古琴艺术的内涵远远超出了音乐的范畴，它是中华文明精神的象征，是衡量城市文化厚度的标尺，是研究我国音乐历史发展的活教材。传承、推广由吴景略开创的古琴文化，对于丰富人们的业余文化生活、陶冶人们的情操、打造城市文化品牌具有重要的现实意义。1977年，管平湖的古琴曲《流水》被美国"旅行者"号送上太空，说明吴派古琴艺术传遍了全世界，并且传到了浩瀚的宇宙空间，具有划时代意义。

目前保护情况

按照"保护为主，抢救第一，合理利用，传承发展"的方针，吴派古琴艺术已由责任单位市文化馆有效保护起来。具体保护措施：一是每年举办一次全国性古琴文化活动，邀请全国古琴名家前来交流、指导、演出；二是投入资金筹备成立赵家珍古琴艺术工作室和吴派古琴艺术展示馆；三是每年有计划地走进一两所中小学校开设吴派古琴艺术的培训或讲座；四是每年不少于4次进入社区、企业、单位，开展古琴演出活动。

中国古琴理事会在张家港召开

传统舞蹈

张家港市非物质文化遗产

摸壁鬼

历史沿革及分布情况

舞蹈"摸壁鬼"流传于沙上地区已有近四百年的历史。它是由南通随移民传带过来的。最初，在长江边年旺街（现属大新镇）建有江神庙（又称神王庙，今为双杏寺），每年农历十月初，都要举行抬"江神"巡行庙会，前边有喝道开路的仪仗，这便是舞蹈"摸壁鬼"的雏形。大约二百年后，有个来沙上围垦沙地的南通人顾七斤，又在新涨起的沙上毛竹镇捐资修建了一座"神王庙"，每逢农历十月初一至初五举办庙会，抬神出巡，以求神灵的保佑。作为喝道开路的仪仗按苏北的习俗，增添了各种动作。最后形成了民间舞蹈"摸壁鬼"，不仅作为庙会抬神出巡的护卫仪仗，而且，逢到沙上各地的节场，也有民间艺人单独表演舞蹈"摸壁鬼"。

"阿丑寻乐"

"饿虎扑食"

"长蛇出洞"

基本内容及特征

"摸壁鬼"是由一种具有傩舞色彩的庙会仪仗演变而成的民间舞蹈。由于它有吆喝开道的功能，民间称之为"喝道"。由青壮年男子扮演，人数8至16名不等。他们头戴绘有符咒的"无常"或高帽，脸套画着青面獠牙、血盆大口的面具，颈佩缀着六枚铜铃的项圈，肩搭叶片状披肩，身穿黑色紧身衣裤，胸前绘有黄色鬼脸，腰间围着形似树叶的围裙，脚着黑色布鞋，手腕、脚踝也套有六只响铃的铜圈。庙会那天，四乡

八里善男信女汇聚神王庙庙场。抬神巡行开始时，负责开路喝道的"摸壁鬼"手执钢叉、竹棍，舞叉弄棍，令观众纷纷避让。

"摸壁鬼"舞蹈的基本姿态是马步蹲、鹰爪掌、蛤蟆蹲。主要的舞蹈动作有"蛤蟆出水""阿丑寻乐""八仙醉酒""饿虎扑食""长蛇出洞""欢天喜地"等六种。

"摸壁鬼"虽然造型狰狞、动作吓人，但在表演上还有娱人逗趣作用，因此，他们的表演在威严、神秘、恐怖之外，也有夸张、风趣、机灵、可爱的一面。

"摸壁鬼"面具、服饰与道具

第二代代表性传承人姜理新在指导复排"摸壁鬼"

传承关系及代表性人物

　　"摸壁鬼"舞蹈已有三百多年的历史，民间艺人靠口授身带一代代传承。近百年的传承谱系是：第一代顾金才、范坤、沈爱生；第二代姜理新、包文灿、顾柏岐，师承范坤；第三代茅逢林、王慧，师承姜理新。当前代表性人物是姜理新，男，1954年出生，长期从事群众文化工作，擅长舞蹈编导、戏曲表演。

第三代传承人茅逢林

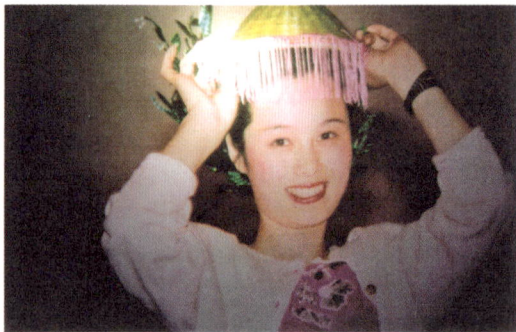
第三代传承人王慧

主要价值

　　传统民间舞蹈"摸壁鬼"，表演人数众多，形式独特，舞姿强悍遒劲，场阵磅礴恢弘，既有深厚的历史文化底蕴，又具有鲜明的地方民俗特色。它的表演体现了祭祀型、劳作型、娱乐型的民俗风情，具有较高的审美价值和研究价值。这个舞蹈曾参加1988年民间舞蹈大赛，获得二等奖。1988年改编为三人舞"驱鬼"，曾赴埃及参加国际民间艺术节，受到外国友人的好评。

兆丰农民艺术团根据"摸壁鬼"改编的三人舞"驱鬼"

目前保护情况

　　民间舞蹈"摸壁鬼"于20世纪80年代初由兆丰文化站发掘抢救，后由乐余镇文体中心作为重点非遗项目进行保护、传承，多年来搜集、整理出相关的文档：曲谱、舞步、动作、道具、服饰，并积极培养年轻一代的传承人。

"摸壁鬼"参加中国长江文化艺术节开幕式特色民俗展演

纪念第二十八届世界遗产大会在苏州召开十周年
苏州市非物质文化遗产传统音乐舞蹈类项目专场展演

参加苏州市非物质文化遗产传统音乐舞蹈类项目专场展演

马灯舞

历史沿革及分布情况

香山马灯舞源于南宋时期的祭祀文化。具体依托江南民间广为流传的"泥马渡康王"典故。表演马灯舞，以及唱马灯山歌，长久以来是当地民众元宵节的一项主要文艺活动。

据传，南宋景定元年（庚申年，1260年），马灯舞表演过程中揉进了类似后世"活报剧"样式的广场剧，戏目称"扫秦打贾"（地方文化人解释：秦、贾，指南宋两个奸臣——秦桧、贾似道）。这一针砭时弊、讽刺权贵的戏文，受到民众欢迎。

排练马灯舞

元代，江阴副使陆涣是本地宝池乡人，为迎合蒙古族马上得天下的主题，推许调马灯、马灯舞及马灯山歌等民间表演，将马灯舞正式列为闹元宵的主要节目。

马灯舞的正式表演，延续到20世纪50年代。其传播地区，以香山为中心，南至横河，北至长江，东至后塍，西至仓廪桥。

马灯

基本内容及特征

马灯舞的表演内容，基本以调马灯的民间舞蹈为贯穿，杂以其他表演样式，不同时代各有所侧重。主要有这样几块：

1. 扎马灯，表演调马灯群舞，表现"泥马渡康王"故事。

2. 表现蒙古人铁骑席卷天下的气势；唱香山山歌，用"十二月花名"唱古人，唱地方风物。

3. 揉进"扫秦打贾"的戏文。配唱山歌"东南风起涨潮天，呒不奸臣好种田"等。

香山马灯舞是传统舞蹈，但在某种程度上反映了时代信息与民众的愿望。

马灯舞造型

瞿涌晨指导复排马灯舞

传承关系及代表性人物

扎马灯，跳马灯舞，在香山地区过去比较普遍，而以瞿高村（瞿高村，在历史上还有真山村、石牌村、邢庄、黄家巷等别称）的传承谱系为最明晰。

瞿高村，清代康熙年间传至瞿佑、瞿佐后裔，各系轮值任承办。再传至"三立堂"凤哆公。凤哆公以下传承关系是：

马灯舞传承人瞿涌晨

——瞿敦仁（擅长扎马灯），为领队、宗信、学智，善唱与表演；

——瞿孔武、孔昭及孔文、世芳；

——瞿奉先及锦昌、银昌；

——瞿根照、廷照、洪照；

——瞿春全、春南；

——瞿松林、汉林、金林、桂林；

——瞿其宝（扎马），瞿永宸（唱）

当代代表性传承人是瞿永宸（又名涌晨），1957年曾经参与排练，并到江阴县城演出。

香山马灯山歌、云灯舞民间艺人座谈会

主要价值

马灯舞及马灯山歌，是扎根于民间的草根文化中的一朵鲜花。其价值主要表现在：

（1）艺术价值。马灯舞动作夸张、奔放，讲究形体表现；马灯山歌曲调豪放、粗犷，具有感染力。歌与舞结合，会产生一种鼓舞力、号召力。

（2）历史价值。马灯舞的产生和演变，是研究江南民间舞蹈产生发展的珍贵资料。

（3）认知价值。马灯舞形成与演化包含着民俗学、社会学的研究内容。

马灯舞造型

目前保护情况

金港镇文体中心采取以下措施：

调查，搜集资料，扶助代表性传承人，做好记录和资料的整理工作；尽快整理出一套完整的马灯舞及马灯山歌的表演范本。

投入经费，组织人员进行排练，通过展演，不断完善。

云灯舞

历史沿革及分布情况

香山地区的云灯舞，相传起源于"鹿女飞天"的典故。传说，南北朝梁代，长山村民韩文秀入山樵柴，获一由母鹿哺乳的女婴。鹿女长成后，不愿出嫁，愿修行。梁武帝闻知，特敕建女真观。陈代，后主好色，欲强娶鹿女，鹿女遂驾彩云升天而去。此后，每年七月十五"中元节"，当地民众便编制彩云灯，载歌载舞以纪念这位节女——鹿娘。

香山一景

宋代尚武，民众将民间武术表演揉入云灯舞中。元明清历代，云灯舞长演不衰，且将大众喜闻乐道的大禹治水、目连救母、邱崇抗金等故事与人物穿插在云灯舞表演程式中。清代，地方戏曲家李天根、王浮照热衷于搜集民间山歌，编辑《香山十韵》，瞿洪照、瞿铭轩、瞿翰卿、张文海等教唱香山小调，并将多种曲调融入云灯舞表演，深受士农工商喜爱。

1946年8月15日，是抗日战争胜利一周年纪念日，适逢中元节，香山地区盛演云灯舞。这也是上代人记忆中最大规模的一次演出活动。

云灯舞分布在旧时香山十道香会里，中心是鹿娘典故发源地瞿高村及潘龙村、邱施村、大圩村、三甲里、邬家巷、占文桥、七房庄，约20平方公里范围内，现属金港镇南沙街道办事处。

云灯舞道具

基本内容及特征

云灯舞基本内容以舞、唱为主，配以锣鼓、杂耍。其组合形式及表演程式为：

1. 起灯，狮舞开场；

2. 云灯队，由12或24名女青年组成，手提云灯舞蹈，串场；

3. 山歌队，分男女两队，各队5至8人；

4. 小调队，亦分男女两队，各队5至8人；

5. 杂耍，扮演故事、神话，通常有如下内容：大禹治水，目连救母（以"摸壁鬼"舞蹈打头），鹿娘飞天，邱崇抗金，抗倭英雄；

6. 梅花灯，展示节庆条幅，如：天下太平、国泰民安、五谷丰登等。

云灯舞的演出，旧时是香山地区乃至江阴东乡最红火的"秋社"群众文艺活动。其深受群众喜爱的传统舞蹈、民间小调以及带有戏剧因素的杂耍表演，含有赞扬善良、歌颂美好、追求和谐的愿望。

排练云灯舞

瞿涌晨在指导复排云灯舞

传承关系及代表性人物

境内主要传承地是瞿高巷、邬家巷。

邬家巷传人，前有丁京红、邬玉安，今有邬忠英。

瞿高巷，以凤哕公为第一代，今传至第十八代，代表性传承人是瞿永宸。瞿永宸记录整理的云灯舞表演内容、表演程式与相关资料，是现今最具权威性的资料。第十九代传人是瞿心君、瞿建德。

主要价值

云灯舞的产生及发展演化，渗透着一种追求真善美的人文精神。

云灯舞的表演，糅合丰富多彩的传统舞蹈、民间小调以及含有戏剧因素的杂耍表演，为广大群众所喜闻乐见。

因而，云灯舞具有文化价值、艺术价值以及民俗学价值。

目前保护情况

鉴于距离云灯舞的正规演出已时隔多年，当年参与组织和表演的人已渐稀少，服饰道具也大多流失，因此金港镇有关部门的当务之急是抢救、保护这一文化遗产。近年来，经过调查，取得初步进展。目前主要措施是：

1.由镇文体服务中心承担责任，进一步做好调查、采访工作。

2.重点配合传承人做好资料记录整理工作。

3.投入一定的人力、财力，组成编演班子，进行排演，同时摄像、录音。期望在不久的将来，让云灯舞重展风采。

云灯舞造型

传统戏剧

张家港市非物质文化遗产

锡剧

　　锡剧俗称"滩簧"，是江苏省主要地方戏曲剧种之一。起源于常州、无锡农村。开始以曲艺形式的"常州滩簧""无锡滩簧"演唱故事流传于苏南农村，清道光年间"滩簧"已相当普遍，到辛亥革命前后搬上舞台。流传在苏州的一支称苏锡文戏，常州一带称常锡文戏，无锡地区称无锡滩簧。1952年统称常锡剧，1955年定名为"锡剧"，主要流行于江苏苏州、无锡、常州、南通，上海、浙江一带及安徽的部分地区。锡剧自诞生起就流传张家港全境，深受群众喜爱。

非物质文化遗产

张家港市

荟萃·传统戏剧

97

锡剧在江南农村受到普遍欢迎

沙洲县锡剧团剧照

基本内容及特征

锡剧在发展过程中，吸收了昆剧、京剧、苏滩、苏州文戏、维扬文戏以及弹词等演唱艺术，逐渐形成了富有水乡音腔特色、泥土气息浓厚的地方剧种。

沙洲县锡剧团成立于1964年，1986年更名为张家港市锡剧团。张家港市锡剧团演出剧目丰富，演出的主要传统剧目有《梁山伯与祝英台》《珍珠塔》《秦香莲》《狸猫换太子》《恩仇记》《桐江雨》《三篙恨》《玉蜻蜓》《半把剪刀》《三试浪荡子》《玲珑女》《真假驸马》等。创作演出的现代戏有《要塞迅雷》《双桥联姻》《不是父亲

的父亲》《小镇风流》《恨爱都是情》《厂长和他的妻子》（又名《巧云》）《金盾情》《星河情》等。近年来创作演出的剧目有历史传奇剧《荒唐王爷》《玉飞凤》，现代题材及小锡剧《胡二赖讨田》等。2010年在"长江流域戏剧节"上演出了根据河阳山歌《赵圣关还魂》改编的大型锡剧《彼岸花开》，后又改创为《一盅缘》。

锡剧曲调主要分大陆调、簧调两大系统。锡剧以"锡胡"（二胡）为主要演奏乐器，配以琵琶、扬琴等。

锡剧根植在农村，生活气息浓厚，

它所演唱及表达的剧情贴近农民群众生活，感情朴实，语言生动。表演方式富有乡土色彩，既是地方戏曲，也可以说是通俗的农民戏曲、农民文艺。

国家一级演员高惠法

高惠法剧照

传承关系及代表性人物

锡剧自诞生起就在张家港境内流传，20世纪40—50年代，民间有自发组织的锡剧小戏班。南沙高峰村曾被命名为锡剧村。合兴也有锡剧演出队，名称为"卫星锡剧团"。1964年成立"沙洲县锡剧团"，它是由江阴县锡剧团划分组建，其前身为40年代的"李家班"（系李根洪、李根兴兄弟为主组成的锡剧小戏班，后改为称"兄弟锡剧团"）。1986年改称"张家港市锡剧团"。50多年来演职人员不断更替，始终保持着整齐的演出阵容，目前剧

有国家一级演员2人，二级演员（演奏员）6人，三级演员20多人。

主要代表性传承人有：

高惠法，师承彬彬腔创始人王彬彬，唱腔铿锵有力，吐字纯真，形成了自己的表演风格。从艺30多年来，塑造了许多栩栩如生的人物形象，如《不是父亲的父亲》中的周永浩、《厂长和他的妻子》中的江教授、《荒唐王爷》中的王爷弘昼、《玉飞凤》中的勾践等，曾荣获江苏省首届"百花奖"和第三届中国戏剧节演员奖。为国家一级演员。

董红，毕业于常州市文化艺术学校，师承锡剧老前辈姚澄弟子吴小英。工花旦，小花旦。她扮相俊美，嗓音甜润，从艺十多年来扮演了许多人物形象。曾荣获江苏省首届"茉莉花奖"、全国戏曲大赛"红梅奖"演唱大赛金奖、全国"群星奖"金奖，2008年在"长江戏剧节"上获优秀演员奖。为国家一级演员。

国家一级演员、梅花奖得主董红

董红剧照

主要价值

　　锡剧是传统戏曲园地中散发出泥土芳香的一枝鲜花。锡剧中的传统剧目（古装戏）宣扬的伦理道德观念，有其健康积极的一面，如讲忠义、孝道、诚信，追求真挚的爱情等。新编历史剧及现代戏则更注重思想道德教育，塑造正面人物和先进人物，起到了寓教于乐的作用。

　　锡剧作为地方戏曲，丰富了广大群众的业余文化生活，满足了不同层次观众的艺术欣赏需求，繁荣了境内的文化娱乐生活。

锡剧现代小戏《吴二赖讨田》

锡剧传统剧《孟姜女过关》

国家一级唱腔设计冯石明（右三）与张家港市（锡剧）艺术中心主创人员讨论大型锡剧《杨家碾坊》唱腔设计

小锡剧《开心天堂路》参加"文明百村欢乐行"大型公益巡演

锡剧进校园

其中有不少人员已成为剧团的骨干，为我市的锡剧艺术的推广传播打下了扎实的基础。锡剧团每年邀请外地锡剧团举办"锡剧节"，已连续举办五期。组成锡剧艺术承继和推广领导小组，搜集、整理老艺术家流传下的优秀作品、传统剧目。2006年，张家港市政府投入4000多万元，建造了张家港市锡剧艺术中心。

目前保护情况

锡剧深受我市广大群众喜爱，拥有众多的锡剧迷，这些爱好者成立了锡剧票友社。剧团和少年宫还联合开办了少儿戏曲培训班。为传承锡剧艺术，弘扬民族文化，市锡剧团重视剧目生产，更新演出设施，还建立了锡剧展馆，前后投入近400万元。1993年和2003年在常州戏校和省戏校培养了40多名演奏员。

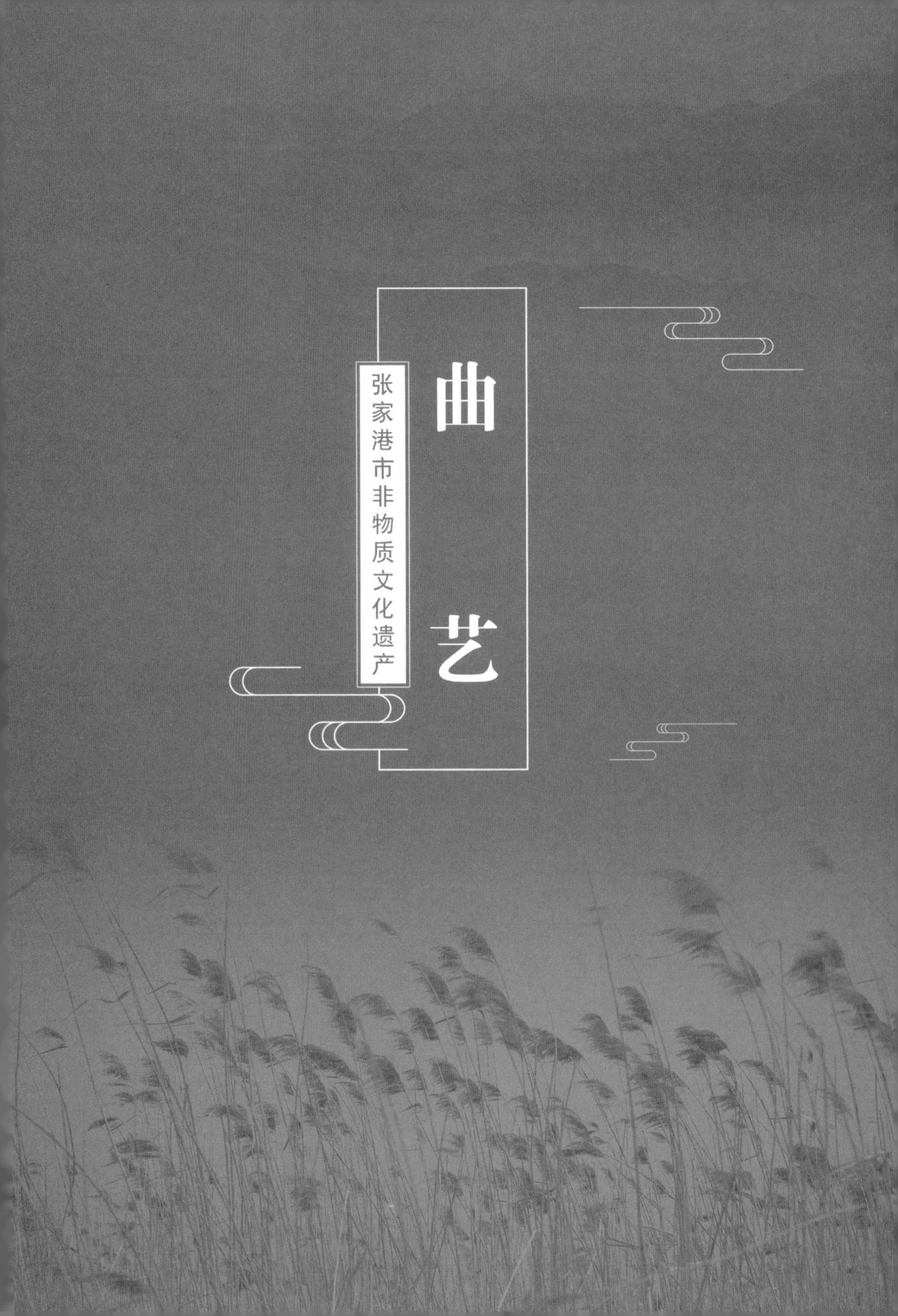

曲艺

张家港市非物质文化遗产

苏州评弹

历史沿革及分布情况

　　苏州评弹诞生于明末清初，距今已有300多年历史，后发展流传到吴方言区域的江苏省的苏州、无锡、常州、南通，以及上海和浙江的杭州、嘉兴、湖州等地区。苏州评弹在张家港境内有着深厚的群众基础。清乾隆年间，著名苏州评弹艺人王周士被乾隆皇帝请到京城"说书"，还封为"七品书王"。清代中叶，苏州评弹走向鼎盛。王周士1776年创建了第一个评弹行会组织"光裕社"。

杨舍镇书场（摄于20世纪70年代）

基本内容及特征

苏州评弹是"苏州评话"和"苏州弹词"的合称，"苏州评话"俗称"大书"，"苏州弹词"俗称"小书"。艺人被称为"说书先生"。

"苏州评话"只说不唱，通常为一人，是采用以苏州话为代表的吴方言徒口讲说表演的曲艺形式。表演以第三人称即说书人的口吻来统领叙述，中间插入第一人称即故事中人物的语言进行摹学，摹学故事中人物的语言举止叫作"起角色"，第三人称的说演称"表"，第一人称的说演称"白"，表

三弦

琵琶

长春园书场

和白以散文为主，也有用作念诵表演的部分韵文，包括赋赞、挂口、引子和韵白等。表演注重制造喜剧性的噱头，有"噱乃书中宝"的说法。又因演员的语言运用和"起角色"等方面的不同特色，形成不同的风格流派，有"方口""活口""快口""慢口""评说"，等等。

苏州评话的节目形态多属长篇故事，分回逐日连说，每天说演一回，每回约一个半小时，通常一部书能连说月余，长的可达一年半载。其艺术表演以单线顺叙为主，常用"未来先说，过去重提"的方法进行前呼后应，同时用不断设置"关子"的办法来制造悬念，吸引听众。

苏州弹词既说又唱，唱时用三弦、琵琶伴奏，演唱采用的音乐曲词为板腔体的说书调，即所谓书调。因流传中形成了诸多的音乐流派，故书调又被称为"基本调"。

苏州评弹的艺术传统非常深厚，经过长期的锤炼，形成了以说、噱、弹、唱、演为主要手段的表演体系。"说"指叙说；"噱"指逗人发笑；"弹"指用三弦、琵琶进行伴奏；"唱"指演唱；"演"，通常指"起角色"。在审美追求上，形成了"理、味、趣、细、技"的美学特征。"理"指贯通，"味"指耐思，"趣"指解颐，"细"指典雅，"技"指功夫。

苏州弹词自20世纪30年代以来，进入繁荣时期，节目丰富，流派纷呈。

演出的书目题材种类丰富，有史书、公案书、侠义书及爱情书等，叙说人情世态、伦理道德，劝人为善。书目及表演凝结了诸多元素，成为寓教于乐的一种传统曲艺，也是一部研究、探索历史文化和人文信息的百科全书。

传承关系及代表性人物

苏州评弹在张家港境内流传较早，杨舍镇的长春园书场创建于清同治年

国家一级演员、牡丹奖得主季静娟

苏州评弹国家级代表性传承人 —— 张国良先生

间，距今已有150多年历史。张家港市评弹团成立于1965年。50多年来，团内涌现出了像评话艺术家张国良及张少伯、李子红、王楚人、周佩华、徐文兰等一批著名评弹演员。

苏州评弹的传承方式数百年来都是口授心传、师徒相袭。以评话《三国》为例：有陈汉章——朱春华——许文安——黄兆麟——张玉书——张国良——陈希伯之谱系。

张国良，1929年出生，13岁师承父亲张玉书，太先生黄兆麟，15岁登台演出，专注讲演评话《三国》。全本《三国》通过张国良先生60多年的潜心钻研

演练，可连续演出整一年，并整理编写出620多万字的14部《三国》评话。张国良艺术功底深厚，60多年书坛的艺术实践，形成自己独特的表演风格，说表清、台风稳、人物刻画逼真，被评弹界赞誉为"活鲁肃""三国王"。另外，还

拜师

创作演出了《长江风云》《球拍扬威》《生命线》《刀劈胡汉山》《飞夺泸定桥》等十多部中、短篇评话书目。张国良先生传承弟子甚多，有张翼良、王玉良、吕也康、姚二澄、马宏梁、杨玉林、金见良、陈卫春、陈希伯等人。2009年7月，张国良被列为国家级非物质文化遗产代表性传承人。

李子红是苏州弹词李（仲康）调的继承者，师承祖父李文彬，又师承父亲李仲康。家传书目《杨乃武》系李文彬原创。"李调"音调铿锵、节奏明快，行腔吐字刚劲清脆，拖腔别有韵味。李子红所弹琵琶有特色，指功有力，指法

评弹表演唱《送果篮》

娴熟，滚的点子清晰，擅用三四弦的上把，被评弹界内誉为"琵琶一怪"。弹唱的双白开篇《一粒米》脍炙人口，深受群众欢迎。

中篇弹词《牵手》剧组

中国曲协党组书记董耀鹏（左一）视察张家港市评弹艺术馆

主要价值

苏州评弹是曲艺园地中的一枝奇葩。其演出的书目及表演形式，既凝结了诸多艺术元素，又蕴含着丰富的人文信息；既有雅俗共赏的艺术审美价值，又具有不可忽视的历史文献价值。如评话书目所反映的中国历史，跨度达三千多年，称得上是一部通俗而形象的历史演义，而弹词书目所涉及的各朝各代、各乡各地的生活习俗、饮食起居、岁时节令等，又是研究吴文化区域民风民俗的一份珍贵的材料。

张家港市评弹艺术馆展厅

目前保护情况

　　为进一步保护和发展这一曲种，特别是对非物质文化遗产开展普查以来，政府和主管部门加大了对评弹事业的投入，并制定了一系列保护措施。2003年，市评弹团为张国良举办了"苏州评话家张国良先生从艺60周年专场演出"。2007年，政府投入2000万元，易地重建新"长春园书场"，建立了评弹展馆。从2006年起，每年对全市书场给予5000至10000元的补贴，还制定了对评弹演员的奖励制度和培养引进演员的规划。2014年，成立张家港市评弹艺术传承中心。2016年，张家港市政府将暨阳中路一幢1400平方米的楼房配拨给市评弹艺术传承中心用作办公大楼。

折扇是苏州评弹演出的重要道具，这是张国良先生演出用的折扇

张国良长篇评话《三国》音像资料

张国良先生编著的长篇评话《三国》

河阳宝卷

河阳宝卷是国家级"非遗"保护项目，是流传于张家港市境内以河阳山为中心的民间讲唱文学。它的传布区域，主要在凤凰镇的港口、恬庄、西徐市、周家码头、西张、栏杆桥以及塘桥镇的妙桥、鹿苑。清末民初逐渐外延。

宝卷是由唐代寺院中的"俗讲"发展而成的一种说唱文学。宋人开创宝卷文体。河阳山地区收集到的《香山宝卷》

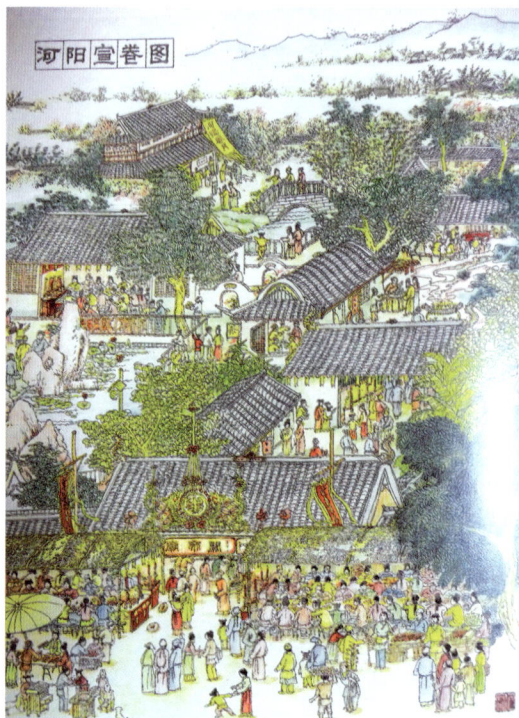

河阳宣卷图（包文灿绘）

南京大学高国藩教授（中）采访河阳宝卷讲唱人张咏吟（左）

木刻本中记载："宋普明禅师崇宁二年（1103）八月十五日一历览耳，遂编成此卷。"可作印证。宝卷的讲唱活动，历经元、明、清、民国，至今绵延不绝。

编纂河阳宝卷集

清康熙年间，河阳里人钱陆灿、钱朝鼎编纂的《永庆寺志》中录有"讲经公启""讲经会约"，可以推想当时永庆寺等寺庙中讲经活动的盛行。从前，河阳山地区春秋两季农村里都要举行"社集"，讲唱宝卷是其中广受群众欢迎的一项活动。

基本内容及特征

在河阳山地区，称讲唱宝卷为"讲经"，称呼宝卷讲唱人为"讲经先生"。讲经有一套班子，通常由师徒组合，人数有3人、6人或更多。讲经班子的人，都是主唱，又是乐手。讲唱时，要进入故事角色，有白有表，有人物对话。唱时根据情节或情绪选用各种不同的曲调。讲唱人手拿木鱼、星子按节拍，伴奏乐器主要有二胡、笛子，复杂一点的加上板胡、三弦、笙、箫、锣鼓等。

讲唱时，要有人和唱，又叫和佛。讲唱宝卷时，先要搭好经台（又叫佛台），挂相应的图，用四五张八仙桌南北向排在中堂（当地称大前），最北面一张上再叠上一张，然后依次把纸马排列在桌上。纸马有荤素两种，追念亡灵时用荤纸马，其他场合用素纸马。纸马前置茶、糖、糕点、水果，仪式隆重的要摆放鱼、肉、鸡等。复杂的讲经活动其中有许多讲究的程式。一般讲唱一天一夜。

河阳宝卷讲唱仪式主要有：

1. 祈求平安与丰收。通常讲唱《土地卷》《猛将卷》《刘神卷》等。

2. 消灾驱疫。通常讲唱《香山卷》《八仙卷》《纯阳卷》等。

3. 祭祀先人、追悼亡人。一般讲唱《七七卷》《祖师卷》《地狱卷》。

4. 庆寿、延寿。一般讲唱《八仙上寿卷》《桃花延寿卷》《开关卷》《解结卷》。

河阳宝卷按其基本内容，可分为三大类：

1. 道佛叙事本（指讲唱道教佛教著名人物本生故事的卷本），如《悉达

河阳宝卷代表性传承人胡振兴

卷》《香山宝卷》《地藏宝卷》《灶君宝卷》。

2. 民间传说故事本（指以民间传说故事、传统戏曲故事为载体宣讲道佛经义的卷本），如《目莲救娘》《济公宝卷》《孟姜女宝卷》《黄糠卷》。此类数量最多，约占60%。

3. 道佛经义仪式本，如《打莲船宝卷》《指路宝卷》《八仙上寿宝卷》。

河阳地区农村佛会

按表现形式分，主要有两种类型：一类是讲唱本，如《关帝宝卷》《二郎神卷》《梁祝宝卷》；一类是全唱本，如《目莲救娘》《贤良卷》。

传承关系及代表性人物

河阳宝卷的传承谱系有代表性的有：

陆筱迷（1885—1948）——陆根宝（又名鹤文，筱迷之子，1910—1960）——陆月琴（根宝之女，1943—2006），陆月琴的徒弟有陆正祥、陆进保、陈宗明等。部分又是山歌手。

王元先（1886—1965）——朱炳炎（1896—1977）——徐士兴（1915—1982）——胡正兴（1934—2017），虞关保（1930—2017）——卞秀兰，陈雪珍。

王元先另一支为——李元（1908—1993）——顾洪洪（1910—1989）——钱筱彦（1932—）——张咏吟，夏根元，秦进良，金惠平。

陆筱迷、陆根宝父子班，20世纪20年代至40年代在常熟西北乡很有名，主要讲唱《香山宝卷》《地藏卷》《地狱卷》《高神卷》《翠莲卷》《神童卷》等，陆月琴承继家传，六七岁时就学唱宝卷和山歌，还喜好收藏和抄录宝卷本，如《百花台卷》《洛阳宝卷》《小

虞关保在讲唱宝卷

猪卷》《螳螂卷》等。

张咏吟早先当过音乐老师，能用简谱记录宝卷曲谱，喜收藏、抄录，她的丈夫蒋祖恩帮她抄录的宝卷有200多本。

虞关保是苏州市级"宣卷"代表性传承人。他7岁进私塾，17岁拜徐士兴为师学唱宝卷；50岁以后重操旧业。会唱多种"老爷卷"和"凡卷"，会唱符合调、夯调、九六调、平调、游春调、苏州景等10多种曲调，又会拉二胡，会多种打击乐器。虞关保授徒多人，他的徒弟组建了六个讲经班子，近几年每年要讲唱宝卷1000多场。虞关保与胡正兴于2017年相继去世，目前代表性人物有狄建新女儿狄秋燕会二胡、笛，收藏宝卷200余本，虞关保儿媳妇陈雪珍，徒弟杨舍的王昆等。

中国民协专家组考察张家港市创建"中国宝卷之乡"、"中国吴地山歌传承保护基地"情况

主要价值

目前搜集到的河阳宝卷有近千卷，含160多种文本。这160多种文本中，有51种为宝卷总目录类书中所未见（如傅惜华《宝卷总目》、李世瑜《宝卷综目》、车锡伦《中国宝卷总目》），如：《都督宝卷》《金神宝卷》《龙王宝卷》《雷神宝卷》《王仪宝卷》《小猪卷》《孟日红宝卷》《魏金龙宝卷》《张义宝卷》《红杏宝卷》《郭巨孝子宝卷》《妙郎宝卷》《度关宝卷》《磨刀宝卷》《勤俭宝卷》等。

这些属于本地独有的珍品，具有鲜明的地域特色。主要表现在两个方面：一是大多数是用吴方言、河阳山地区方言记录、讲唱；二是内容情节紧扣本地区的风俗，有的宝卷即是讲唱本地庙宇道观所祭祀的神道，如《高神卷》《刘神卷》《城隍宝卷》《纯阳卷》等。这些宝卷，具有明显的原创性特征或二度创作特征，应是本地"讲经先生"个人或几代人创作、加工的结果。这对于宝卷本的原创、演变、流播的研究，对于民俗风情的研究，均有极高的价值。

河阳宝卷中有中国四大民间传说的内容，有明清戏曲人物故事内容，这是研究中国民间文学发展史，研究地方戏曲发展史的重要资料。像《三汊宝卷》《纯阳卷》《磨刀宝卷》等，刻画人物、描写场景、叙述故事都十分生动流畅，具有很高的文学价值。

河阳宝卷的内容主旨大多是劝人积德行善、孝敬父母，因此具有一定的社会教化功能。河阳宝卷的讲唱，又具有娱乐功能，它丰富了民间的文化生活，为广大群众所喜闻乐见。

目前保护情况

2006年8月，由市委宣传部、市文联、市文广局联合组建了《中国·河阳宝卷集》编辑委员会。经过一年多的集中收集、采录和整理、编辑，《中国·河阳宝卷集》于2007年10月由上海文化出版社正式出版，全书分上下两册，共计210万字，收录河阳宝卷163卷（种），河阳宝卷曲谱24首，附有宝卷讲唱人31人简介、河阳宝卷总目700多个。

2007年11月，在第四届（张家港）长江文化艺术节上，市委、市政府隆重举行了《中国·河阳宝卷集》首发式暨河阳宝卷推介会。

"中国河阳宝卷馆"中，设置专门厅室收藏、陈列河阳宝卷刻本和传抄本。

2007年起四次参加吴江举办的长三角宝卷展演。2014年在靖江参加中国宝卷生态保护展演。河阳宝卷讲唱队多次获奖。

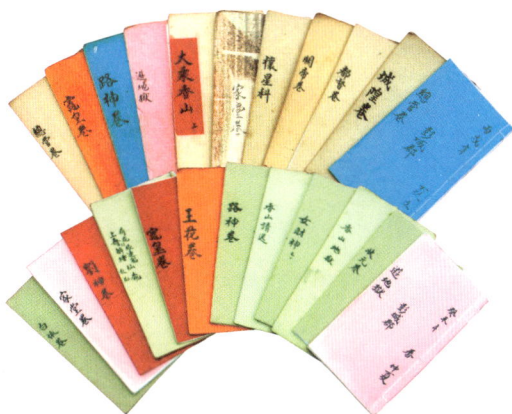

河阳宝卷传抄本

《中国·河阳宝卷集》（上下册）收录河阳宝卷163卷，计210万字

河阳宝卷传抄本

沙上宝卷

历史沿革及分布情况

所谓"沙上"，是指张家港市北部沿江地带，它是由长江里的泥沙陆续冲积而成的若干小沙洲并连成的陆地，故既有数百年的老沙地区，也有百余年的新沙地区。它包括双山、中兴、德积、晨阳、大新、合兴、三兴、锦丰、乐余、南丰、兆丰、东沙、常阴沙农场等诸乡镇以及南沙、后塍、东莱、鹿苑、妙桥之北端的部分地面，其面积约占张家港市总面积的五分之三，人口约占全市的半数。沙上地区乡镇的住民，均为外来移民，分别来自长江北岸的靖江、如皋、南通、海门、启东等地。各地的宝卷也随着最初的移民而带入了沙上。沙上宝卷即是流传于沙上地区的宝卷统称。

李月珍在讲唱宝卷

秦兰芬在讲唱宝卷

基本内容及特征

沙上宝卷的内容，大致可分成三类：

（一）故事传说本。这类宝卷是讲述劝人为善、念佛修行的民间故事，在总量中占的比重最大，约占70%。故事情节曲折生动，引人入胜。其代表性宝卷如《延寿宝卷》《赵五娘宝卷》《珍珠塔宝卷》《双珠凤宝卷》《陈世美宝卷》《小金牛宝卷》《磨刀宝卷》等。

（二）道佛传说本。这类宝卷是讲述道佛本生如何修行成佛、成神或道佛下凡如何度人脱离"苦海"修成正果的故事。其代表性宝卷为《大香山宝卷》《徐妙英宝卷》《玉皇宝卷》《地藏宝卷》《龙王宝卷》《目连三世救母宝卷》《观音十二圆觉全传》《何仙姑宝卷》等。

（三）经义仪式本。这是为民众家里解厄障、度关煞、驱邪禳灾求平安的

讲唱宝卷伴奏乐器：木鱼　铃子　二胡

经义卷。如《请送佛灯科》《结缘宝卷》《请送荷花》《莲船宝卷》等。

宝卷是一种独特的讲唱文学，它的艺术特征有：

（一）宝卷文本基本上是韵、散相间，唱的是韵文，讲的是散文，也有全本皆是韵文的。佛头（沙上称宝卷宣讲人为"佛头"）唱时，由和佛人跟着和

民间法会讲唱宝卷现场

宦纪臣（右）、宦姚兵父子

杨美兰在讲唱宝卷

三称"南无佛阿弥陀佛"，外加胡琴伴奏，木鱼敲笃，小铃轻击，场面氛围十分肃穆、祥和。

（二）宝卷唱的曲调是本地民间熟悉的曲调，有老沙调，有常阴沙调，也有江南调，并皆用方言唱。曲调朴实、清丽，深受沙上民众喜爱。

（三）宝卷讲与唱用的都是沙上方言，即"老沙话"或"常阴沙话"。这是沙上所特有的两种方言。还融入沙上的俗语、谚语，通俗易懂，具有民间口头文学的鲜明特征。

传承关系及代表性人物

沙上宝卷讲唱人有30余人，且以四五十岁的中年妇女居多，其代表性人物有宦纪臣、李玉珍、杨美兰、秦兰芬、许秀芹、朱庆妹、朱明玉等。她们大都是20世纪80年代以后才开始拜师学讲唱的。只有锦丰镇联兴村的宦纪臣家是五代传承关系：宦春林——宦仪良——宦惠先——宦纪臣（1927—2011）——宦姚兵。秦兰芬师从秦兰方，徒弟张兵。李玉珍师从季连发，徒弟蔡志芬。杨美兰师从季连发，许秀琴师从陆友章，徒弟姚仁琴。朱庆妹师从袁庆凡。

主要价值

（一）道德教化。宝卷的基调是劝善惩恶，倡导讲人伦、重孝行、美风俗、求和谐，有助于社会主义核心价值观的树立与践行，在当今道德教化中可发挥辅助的、间接的、积极的作用，对当今构建和谐社会是有益的。宣卷法会，已成为民众信仰、教化、娱乐的活动。

（二）学术研究。沙上宝卷为宝卷的文化研究，为非物质文化遗产的保护研究，为乡土文化的传承研究，为地域性特色文化的建设研究，提供了一份特殊的资料，也为文化遗产的理论研究和应用研究提供了课题。

目前保护情况

　　沙上宝卷经历"文革"的浩劫，藏本已不多。至20世纪80年代讲唱人重又活跃起来，互相传抄。冶金工业园锦丰镇政府十分重视非物质文化遗产抢救、保护工作，于2009年就开始组织人力搜集沙上宝卷，到目前为止，共完整地搜集到102卷，若包括异名、异文和重复的文抄本，总数在400卷以上。并于2010年10月组织沙上宝卷编辑组进行整理、校注，2011年10月由上海文艺出版社出版《中国·沙上宝卷集》，收录宝卷102卷，约140余万字。

沙上宝卷传抄本、刻印本

《中国·沙上宝卷集》

第三届沙上文化艺术节开幕式暨《中国·沙上宝卷集》首发仪式

塘桥唱春

历史沿革及分布情况

早在春秋时代就有迎春的礼仪，中央一级由帝王带领群臣在郊外举行，地方上由亭长带领村民共同举行迎春之礼。迎春之时有舞、有唱，唱的是郊庙之歌。到了汉代，"立春之日，迎春于东郊，祭青帝勾芒"。青帝即春神。于是在立春之日唱着春歌，载歌载舞，迎接春天的到来。这种远古的礼仪大部分消失，在某些地区的农村被简约传承下来，叫作"唱春"。到了明代，由于凤阳花鼓的传布，民间对唱春一类形式的活动更加重视。正德皇帝封洪阁老为"唱春官"后，唱春之曲艺甚为兴旺起来。

塘桥唱春主要分布在塘桥镇以及妙桥、河阳山、鹿苑等地。

黄雪林收藏的春书手抄本

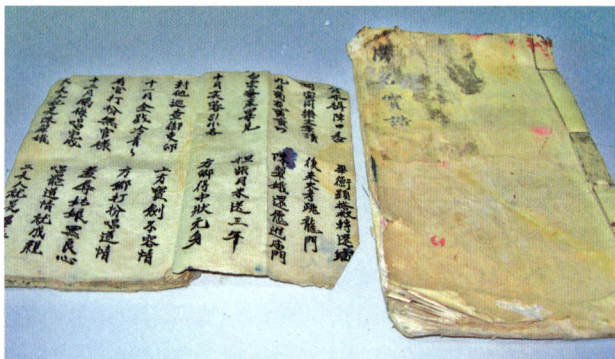

张维民收藏的春书手抄本

基本内容及特征

唱春有一定的时间段，还有一定的程式、一定的曲调。

时间：一般在立春前后半个月内，也就是大寒至立春节气内。它是用春调来歌唱的。它的程式是先敲杏锣，到农家后，必须离大门六尺左右站立，然后行礼，讲祝词，再开唱，唱词有长有短，主人家喜欢听，就唱长一点；不喜欢听，或有忙事、愁事，则随时顺其情绪而结束。唱毕，主人家必有赏钱，或赏物，这是规矩，也是吉利之钱、物。唱的人用杏锣接钱或物，不能数也不能嫌少，总要乐意地倒入褡裢内。

使用的乐器有杏锣，又名春锣，敲板形似朝笏，身背褡裢，后盛物，前放钱。敲板上刻字，正面"龙凤春官"，背面"天下太平"。它的唱词大多是七言四句为一节。主要抄本有《祝寿歌》《十张台子》《十杯仙茶》《十杯仙酒》《十把算盘》《十二月花名》等。曲调有杨柳青调、滩簧调、四季调等。基本唱调轻快喜庆。

唱春道具：敲板、春锣

塘桥唱春艺人黄雪林（右）

陆永良

传承关系及代表性人物

塘桥唱春有两种形式传承：

一是社会传承，拜师学艺。主要一派是季梁生——钱周保——陆永良——庞组泉、苏元兴、杨兴根、朱来妹。

二是家族传承，祖孙相传。祖辈顾连司——父辈顾凤章——孙辈顾芳保、顾恒保、顾根生，有四五十年的历史。

代表性传承人是陆永良。他15岁学艺，师从钱周保，从事唱春60余年，先

(从左至右)陆永良、张永清、徐雪英组合

后收徒4人,现仍在唱春。但他年事已高出门危险,经研究,决定由他的徒弟、文化程度较高、擅长即景编唱的庞祖泉为他的接班人。

主要价值

唱春是一项民俗活动,也是一种民间曲艺。它具有一定的文化价值。通过唱春传递各种信息,祝福新的一年万事如意,在传统道德教育层面,一定程度上起到潜移默化的作用。同时,唱春的表演形式及其载体(包括唱本及道具)为社会学、民俗学的研究提供了一份资料。

目前保护情况

塘桥镇政府重视该项非物质文化遗产的保护,文体中心组织人员做好唱本的收集,采录传唱人的小传,并在塘桥文体中心史志馆成立展室,其中有唱本、道具等。文体中心还经常组织传唱人参加各类文艺演出,如参加张家港市申报"曲艺之乡"的汇报演出,为长江文化艺术节到上海摄影棚拍摄唱春专题录像,现资料存放在张家港博物馆。

唱春艺人王章明演唱毕,接受主人家酬金

东莱唱春

　　明代武宗正德年间，有个唱春官叫冯金银。他地位低微，闲来无事，常拿起小铜锣、竹板，边敲边唱起山歌来。这年春天，正德皇后患病，经御医多次医治无效，常年卧床不起。一天，冯金银的歌声飘入皇后寝宫，皇后听后心情顿觉舒畅，于是命太监把冯金银找来为自己唱歌。皇后接连听了几天，身体居然一天天好起来，不久痊愈了。事后，皇后请皇上封冯金银为阁老。在受封仪式上，冯金银当场随口编唱道："冯陈褚卫第一姓，阁老立地唱新春。常州城内唱一阵，一直唱到午朝门。惟愿娘娘千千岁，恭祝皇上万年春。"皇上听后龙心大悦，立即下旨：凡是唱春之人，不受州县阻挡，到处可以演唱。从此，江南一带唱春这一曲艺兴盛起来。

　　民国时期，东莱地区唱春作为一种民间曲艺长盛不衰。其时，较有名气的唱春人有季毛宝、钱宝森、蔡惠庆等。他们有的拜师学艺，属社会传承；有的祖辈相传，自成一派。东莱唱春主要分布在东莱镇以及乘航、合兴、南丰、塘市等地。

基本内容及特征

清光绪二十四年（1898年），精通考据之学的诗人金武祥在他的著作《陶庐杂忆续咏》中记载：入唱者有两人，沿门唱歌，随时编曲，皆新春吉语，此谓唱春。唱时轻锣小鼓，击之以板。板绘五彩龙凤，上书龙凤官春。这段文字描述了唱春的基本内容及其艺术特征，与现在的唱春基本相同。下文分唱春道具、曲调、唱词和程序四个方面介绍。

一、道具

春锣：又叫"马"。直径10—20厘米不等，一般重约2斤。2斤谐音"两京"，暗指北京、南京，意含唱遍四方，唱到北京、南京。

敲板：上宽下窄，形似朝笏。长十三寸，暗指南方十三省。其正面刻有"龙凤官春"，背面刻有"天下太平"。

褡裢：长条形状，用布缝制成，紧挎在肩腰间，前后均可放物品，一般前面放赏钱，后面放赏物，如米糕、馒头、花生、糖果等。

春书：是唱春的文字脚本。大多数是手抄本，错别字较多，一些难字都用同音字。

二、曲调

唱春曲调都是在江南山歌、江南小调的基础上发展起来的，常用的有四季调、滩簧调、杨柳青调等。

东莱唱春艺人"行头"

三、唱词

唱春在古代一般在春节前后唱，大多是新春祝语。到了现代，唱春一年四季均有，唱词有扬善除恶的，有尊老尽孝的，有宣传说教的，有历史知识的，等等。唱春能人见景见物，即时编唱。统观唱词，大体分为两类：一类是传统唱词，如《十张台子》《十杯仙茶》《十杯仙酒》《十二月花名》《十把算盘》《白蛇山歌》《十字歌》等；另一类为创新唱词，有的是即景编词，如：

1. 婚宴唱词

南风习习送春来，贵府堂上喜洋洋。
新郎文武世上少，新娘貌美赛玉环。
喜结良缘真福气，天生一对好鸳鸯。
生得儿子高官做，喜得千金孝爹娘。

2. 喜事唱词

踏上府门看清爽，老板家里喜事忙。

亲眷朋友来贺喜，左邻右舍来帮忙。

看清爽，唱名堂，八仙台子摆厅堂。

红漆长凳铮铮亮，亲朋好友坐满堂。

3. 建房唱词

新建洋房四角翘，落地金砖全铺好。

八路神仙择佳日，紫薇高照合拢腰。

4. 庆寿唱词

大丈夫们看清爽，寿堂摆在好地方。

男子庆寿活五百，女子庆寿合一千。

……

四、程序

唱春不同于讨饭的，它有它的行规。唱春可以单人唱、双人唱或多人唱。如果有两帮人同时到，可合唱；也可依次唱，先来先唱。

东莱唱春代表性传承人蔡惠庆

1. 到了一户人家，站在离户主大门6尺远的地方，先敲春锣再开唱。不能靠近户主大门口，更不能踩在门槛上唱。一曲完了，可另换一曲，全凭户主高兴。

2. 户主赏给的钱或物不能嫌少，且要用春锣去接，然后放到褡裢里，切不能用手去接钱或物。

3. 领了赏钱或赏物，要唱谢春词，如果主人没邀请接着唱，就应有礼貌地离开；如果主人点曲唱，就按主人点的继续唱，直到主人满意为止。

传承关系及代表性人物

东莱唱春以社会传承为主，门派众多，全镇约有40余人，其中以季毛宝、蔡惠庆一派为最。

第一代传人为黎民村的季毛宝，生长在民国时期，已故。

第二代传人为钱宝森，1930年生，师从季毛宝，已故。

第三代传人为蔡惠庆，1932年生，32岁时师从钱宝森。35岁时独立门户，周游本地唱春，一般从每年农历十月开始，一直唱到翌年春末。他还出远门到无锡、江阴、常熟、南通等地唱春。

第四代传人为蔡惠庆收授的四个徒弟：王国祖、钱友生、蔡正林、李洪生。

第五代传人为福前村的严秀芹，师从蔡正林。

当前"东莱唱春"代表性传承人为第三代传人蔡惠庆。

主要价值

东莱唱春作为一门民间曲艺，是传统文化宝库中的一朵奇葩。无论其曲调、唱词，还是表演形式、演出效果，都有值得研究、挖掘、整理、传承的文化价值。其次，唱春的唱词内容大多为劝人为善、接喜纳福、吉祥喜庆的祝颂话，赢得社会上不少人的欢迎和肯定，这对构建和谐社会，营造邻里祥和的氛围有着现实意义。

目前保护情况

随着时代的变迁，唱春这一民间曲艺逐渐淡出人们视线，后继乏人。针对

蔡惠庆的春书手抄本

这一情况，杨舍镇文体服务中心已将"东莱唱春"这一市级"非遗"项目重点保护起来。镇政府已投入资金，对唱春进行全面普查、登记、造册；并扶持老艺人物色年轻人，招徒授艺，使这门艺术传承下去。同时，利用报刊、广播和电视，加大宣传力度，使这一濒临消失的曲艺能被后人了解和接受，能传承下去。

香山宝卷

历史沿革及分布情况

香山地区，历史文化积淀丰厚。自南北朝梁代以降至明清，香山地区所建寺庙观庵众多，素有"一观二院三寺四殿五庙六堂七庵"之说，著名的有：女贞观、兜率禅院、毗陵寺、采香禅院、涤凡寺、清福寺、柏林庵等。这为宝卷的讲唱与传播提供了文化空间。

据地方文史资料记载，宋代，大悲殿雪尼师太倡导凡皈依佛门的信徒，一律参与宣讲经卷，称"皈依宣卷"。这是香山宝卷的地域特色。明代宣德年间，皈依宣卷中加入三弦、二胡、笛子伴奏。清代，柏林庵的仁德和尚被延至富家做斋，在讲唱经卷时用唢呐作引。清末民初，由泰生和尚等住持，将宝卷的讲唱从寺庙向民间扩展。民国二十一年（1932年），长法和尚（俗姓瞿）因

香山地区寺庙之一——涤凡寺

庙业难以为继，同师兄弟、徒弟入村进户，靠讲唱宝卷度日，一直延续至1952年春。

20世纪90年代，信徒瞿涌晨、袁翠玉、秦金荣等到镇江焦山寺修炼，皈依茗山大法师名下，后回香山建观音殿。1994年，香山寺建成。自此，皈依宝卷得以重新延续、传承下来。

基本内容及特征

香山宝卷的基本内容有两大类：

一是皈依宝卷。皈依宝卷的主讲（唱）人及"和佛"者必须是住庵居士或在家居士。讲唱的宝卷主要有《观音出世》《玉皇大帝得道》《关云长入圣》《戴定光成佛》《地藏王宝卷》《目连救母》《男女延寿》《拜月宝卷》《迎日宝卷》《镇宅宝卷》《鹿娘宝卷》《三官宝卷》《东岳大帝宝卷》《散冤解结宝卷》等40余种。主旨是通过宣讲神佛本生故事，劝人为善。其形式讲唱合一，配以丝竹及打击乐器。

二是大众宝卷，又称"白衣宝卷"。由民间（农村）宝卷讲唱人讲唱，有男掌门或女掌门主持。服装不规范，"和佛"者以老年妇女居多。大众宝卷讲唱人的文化水平较之皈依宝卷讲唱人要低一些。讲唱的宝卷主要类型有神话宝卷、圣人宝卷、名宦宝卷、戏文宝卷、延寿宝卷等，约60余种。

宣卷时，需设置供台，安放手制经盘、莲花、五层纸斗、纸锭（元宝）、纸马和疏头、拜斗、通诰等。皈依宝卷是以佛教仪式结缘而结束，大众宝卷是采用正一道教仪式结缘而结束。

传承关系及代表性人物

香山地区皈依宝卷的传承关系，大致脉络是：宋代，大悲殿雪尼师太为开讲祖师；元代，涤凡寺住持陶仁寿居士、陆胡伦居士承袭之；明代有清福寺（又

"白衣宝卷"讲唱现场

宣卷供品

香山宝卷张家港市级代表性传承人瞿胜尧（左一）

名惠凝庵）住持顿临和尚；清代有柏林庵住持霄树和尚；民国时期，有巫山寺泰生和尚，东宝林庵长法和尚，老素堂居士郁张氏，新素堂居士郁汝舟。延续至20世纪50年代初中断。1991年由居士瞿通仁承袭，奉通泰和尚为始祖。瞿通仁由长法和尚传授，并再传于居士瞿胜尧。

主要价值

香山宝卷的价值，一是文史研究价值。香山宝卷的讲唱活动历史悠久，代有传人，这对于考察与研究香山地区佛教、道教的产生和沿革具有重要的价值。

二是民俗学价值。旧时宝卷讲唱有一定的教化功能，既讲又唱，故往往能为群众所接受。香山宝卷的卷本和讲唱形式，是了解和研究本地民俗的第一手资料。

三是艺术价值。宣卷作为传统曲艺的一种样式，具有寓教于乐的特征。香山宝卷的讲唱，用丝竹乐器、打击乐器伴奏。特别是香山宝卷中，有极具地域特色与个性价值的卷本，如《戴定光成佛宝卷》《鹿娘宝卷》《猛将宝卷》等，具有鲜明的原创性，价值极高。

"白衣宣卷"送佛现场

目前保护情况

金港镇政府责成文体中心为主管机构，组织人员对全镇的宝卷收藏情况进行全面调查、摸底，登记造册。

广泛收集宝卷卷本，包括刻印本、手抄本、影印本，特别重视收集孤本及珍本，然后分类整理。

调查宝卷讲唱人情况，厘清传承谱系；对代表性传承人采取适当措施进行保护，做好传承工作。

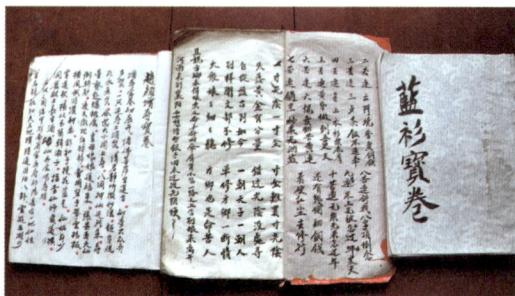

香山宝卷传抄本

金村宝卷

历史沿革及分布情况

金村宝卷是中国民间文学中的一种讲唱文学，是集教化、信仰和娱乐于一体的特殊的民间文学形式。它是由唐代的"变文"发展而成。早期作品的题材多为佛教故事，宣扬因果报应，以七字句、十字句的韵文为主，间以散文。明代以后，取材于民间故事和现实生活的宝卷日益流行。"宝卷"之名始于宋元，明清时期非常盛行。民国以后，金村宝卷仍在乡间和城镇流行。金村宝卷从基本内容看，应属于河阳宝卷派系。

金村宝卷主要分布在金村及其周边地区，包括妙桥、塘桥、鹿苑、乘航、塘市、福山、大义等地。

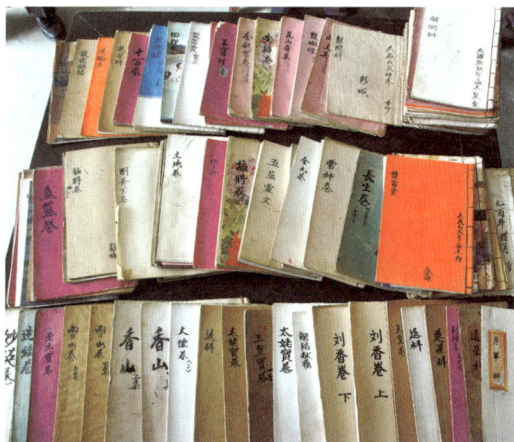

金村宝卷传抄本

基本内容及特征

金村宝卷的内容大体上分为两大类。一类是佛教经义类，如《弥勒颂》《玄娘圣母经》《佛祖宝卷》《金锁洪阳大策》《金童宝卷》《龙王宝卷》《千圣小王宝卷》《玉皇宝卷》《如如老祖宝卷》《香山宝卷》《财神宝卷》《雷神宝卷》《三宫宝卷》《高上玉帝宥罪赐福宝忏》《太上赦罪天地宝忏》等。这一类最高崇拜对象是玄娘圣母，奉弥勒佛为掌教始祖。第二类为传说故事类，包括神道故事和民间故事，如《猴王宝卷》《沉香宝卷》《总管宝卷》《甘露宝卷》《刘香宝卷》《金钗宝卷》《状元宝卷》《琵琶宝卷》《百鸟宝卷》《百花宝卷》《药名宝卷》，以及《白蛇传》《孟姜女》《还金镯》《双珠凤》《梁祝》《王宝钏》等。

金村宝卷讲唱称"讲经"，一般以6人或8人为一个团队。一人为主唱，称讲经先生，其余和唱，运用不同的曲调，配以木鱼、星子、笛子、笙、箫、小铜锣等乐具。讲和唱都用本地方言，一般以虞西话为主。

金村宝卷的艺术特征：

一、宝卷的故事都较长，短的有几千字，长的有数万字。传统认为抄卷是积功德，有文化的人都愿意抄，抄了自己保存，也可赠送亲朋好友，不识字的请人抄，靠它镇妖避邪。也有少数是木刻本、石印本的。

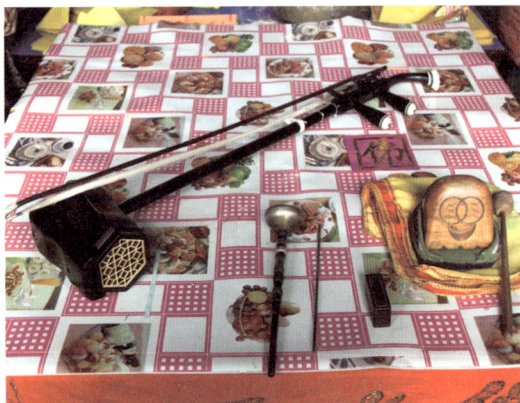
金村宝卷讲唱人使用的乐器

专家考察金村宝卷

二、宝卷以韵文为主，间以散文。韵文十字句居多，七字句次之，还有五字句、四字句的。句子有一定的平仄韵律，并配以曲调。

三、曲调大量使用当地民间曲调，常见的江南小调、杨柳青调，还有莲花落、浪淘沙、打宫调、哭五更等。曲调的使用没有严格的规定和限制，念唱人可根据情节的发展、内容的不同灵活安排，随时转化。这常常给宝卷注入新鲜血液，使唱调常青不老、娓娓动听。

传承关系及代表性人物

金村宝卷讲唱人有50余人，大多为50岁至70多岁的中老年妇女，少数为男性。金村第一代讲经人为清末至民国年间的郭叔保，妙桥吹鼓人，是有名的讲经先生。第二代传人为金村后巷人金寿生，16岁师从郭叔保，他继承和发展了金村宝卷讲唱技艺。第三代传人为金正球、易金元、易亭华、曹雪良四人，他们师从金寿生。第四代传人金霞，1973年生，师从父亲金正球。

代表性传承人为金正球，金村后巷人，1951年生，从小跟师父金寿生学艺。他收集宝卷200余卷，熟读所有常用宝卷，并掌握宝卷的各种讲唱技艺。

金正球在整理《金村宝卷》

主要价值

一、金村收集到的200余卷宝卷中，不少都是七言、五言或四言体的韵文，句子讲究平仄韵律，实际上都是优美的诗歌、散文。另外，此类宝卷使用当地的民间曲调讲唱，配以各种乐器和唱，优美动听。由此看出，金村宝卷具有较高的文学鉴赏和艺术欣赏价值。

二、金村宝卷从内容上看，当地群众视它为风调雨顺、五谷丰登的及时雨，有的当它为惩恶扬善、伸张正义的无私棒，有的当它为忠孝仁义、信义和平的百宝经。有的家庭儿女不孝、媳妇不贤、家事不顺、人丁不和，用"念宝卷"的方式使家人受到教育、幡然醒悟。金村宝卷一定程度上担当了人们思想道德教育的载体，对于当前构建和谐社会有促进作用。

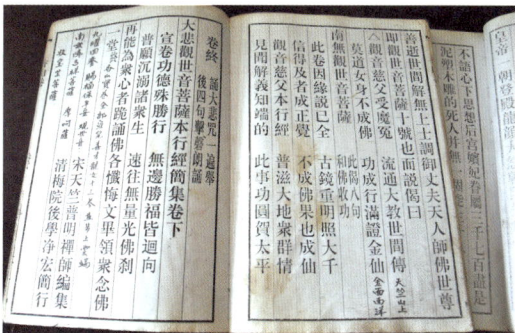

金村宝卷手抄本、刻印本

目前保护情况

从2013年开始，镇、村两级投入资金3万元，用于遗产的抢救、保护工作。组织人力搜集金村宝卷。至2016年末，以金村为中心，包括妙桥、塘桥、鹿苑等周边地区，共收集到宝卷近300卷。在此基础上，对宝卷加以整理、分类、拍照，然后统一收藏在文体中心史志馆。近年来，金村文化研究会对宝卷进行分类研究、校注，做好《金村宝卷》出版前的准备工作。

金正球在总管佛会上讲唱宝卷

大新唱春

关于唱春的历史源远流长，大新地区流传着这方面的故事：传说弘治皇帝认为老的黄历有的月天数不同，隔四年还有一年十三个月，记忆麻烦。就下旨规定：每年12个月，每个月都是30天，没有闰月。谁知这样一来，气象与四季矛盾了，以至出现了六月降霜下雪的现象。到了正德皇帝时，大臣冯阁老为了纠正气象与节气的混乱，上奏正德皇帝同意，将月份与节气、节气与农事相对应的内容编成唱词，在春节期间，走村串户，向老百姓宣传，故叫唱春；又因为是朝廷大臣冯阁老首创，所以唱春又叫官春。

大新镇地属沙上老沙地区，先民大都是从江北沿江一带如靖江、如皋、南通等地迁徙过来的移民，从而也把唱春这一习俗传带过来了。

大新唱春主要分布在大新、金港、锦丰、乐余、南丰、农场等沙上地区，而以大新为兴；唱春人，以大新为众。

旧时民间唱春艺人兼唱道情

基本内容及特征

唱春的时间主要在一年的春节期间，平时是不出去唱的。唱春人都是穷苦人，为了生计，趁春节期间家家都备有过年物资，唱春人就上门唱，主家给予年糕、馒头乃至糖果等年货。一个春节约半月余下来，唱得的年货可够一家人吃上两三个月的。

唱春人的乐器十分简单，一面春锣（古人称"马"）、一块春板（古人称"鞭"）。春板似朝笏，上面刻有字画：正面刻的字是"龙凤春官"，刻的画是一条蟠龙；反面刻的字是"天下太平"，刻的画是一只凤凰。还有一个褡裢，存放主家赠送的年货。

唱春的内容可分为两种类型：一种类型是即兴唱词，叫"门套"，是唱春人走到主家门口开口所唱的第一段唱词，往往是见啥唱啥，唱的是喜庆，是吉利话，祝福主家在新的一年里生活向上，万事如意。虽有"门套"，但也需根据眼前所看到的主家实况即兴套编。

第二种是文本唱词。唱春人都互相传抄，都拥有十多个文本，都能烂熟于心，内容均为历史故事、民间传说、戏本故事。形式都是以十字序数与十二月花名来表现的，如《十张台子》《十把扇子》《杨家将十字》《孟姜女花名》《许仙官花名》《二十四孝花名》等。十字序数有十段唱词，每段四句；十二月花名有十二段唱词，每段亦四句。这

大新唱春艺人使用的春锣与敲板

十段、十二段唱词都能唱出一个完整的故事，可谓高度概括。故唱春文本没有长篇。唱春人唱完一只，主人即送年货，唱春人即转到另一家。这是唱春所特有的特征。

唱春有固定的曲调，是用本地老沙话唱的，中间还加上本地特有的过门衬词，是沙上独有的，人们一听这曲调就知道是唱春，深受当地老百姓的喜爱。

传承关系及代表性人物

大新唱春主要是社会传承，即拜师学艺。唱春不拜师，即使能熟背几只文本，也是不敢单独出门去唱的。当前代表性传承人是丁仲明。他师从同窗学友杨梅山，唱春已几十年，大江南北都去唱过。

主要价值

唱春的内容大都是历史故事、民间传说、戏文故事，传播的是忠孝节义、民族英雄，教人忠诚，教人向善，积淀着深厚的中华传统文化与传统美德，故有认识价值、历史价值和道德教化价值。

唱春是一项民俗活动，它能结合老百姓的生活、爱好，即兴编曲，增添了吉祥、喜庆、和谐的春节气氛，给人们以娱乐。故具社会学与民俗学价值。

目前保护情况

唱春这一习俗已面临失传的危险。年轻人不愿学，年老的唱春人已不出门唱春。政府已把唱春文本搜集起来，组织人员编辑成书（见沙上文化丛书第二辑《沙上山歌》，凤凰出版社，2014年版）。

丁仲明

传统美术

张家港市非物质文化遗产

沙洲对称剪纸

历史沿革及分布情况

剪纸是中华民族古老而优美的民间艺术，已有1500多年的历史。沙洲剪纸在当地民间流传较早，到了民国初期，沙洲地区剪纸比较盛行，尤其是沙洲剪纸结合苏州刺绣，使沙洲剪纸的花样得到了发展。传统的剪纸有三种方法，即描誊法、临摹法、烟薰法，而沙洲剪纸还有对称法。

沙洲对称剪纸是沙洲地区民间剪纸中最具特色的传统美术，它利用简单的折叠等方法和原理来剪出各种画面。

沙洲对称剪纸主要分布在杨舍、塘桥、大新、金港的德积等地区。

剪纸艺人龚保文

基本内容及特征

沙洲对称剪纸是民间传统的美术艺术，它具有江南水乡苏绣的韵味，以"剪、刻、贴、裱、糊、描、画、誊"为八字要诀，在单色、双色、彩色的纸品上以手工的方法，通过折叠的形式，剪出或刻出各种图案。有三瓣至九瓣的花型图案，有方形、圆形、团花形等的各种"喜"字和"寿"字图案，有各种节庆图案、蝴蝶图案、十二生肖图案，等等，表达的皆是喜庆与祝福的内容。沙洲剪纸在城乡有广泛的群众基础，特别是在婚嫁、节日等各种喜庆场合备受人们推崇，是人们表示吉祥如意、寄托希望的一种民俗文化。它从最早的家庭实用装饰发展到目前的欣赏艺术。

对称剪纸源于民间传统剪纸，它利用简单的折叠、对称的原理和各种构图制作，剪出丰富多彩的画面来，色彩鲜艳、形象生动、线条流畅。它传播具有广泛性，实践具有多样性，内涵具有深刻性，知识具有融合性，给人一种多角度的审美性。

方国智编著的《对称剪纸》

学校里开展剪纸活动

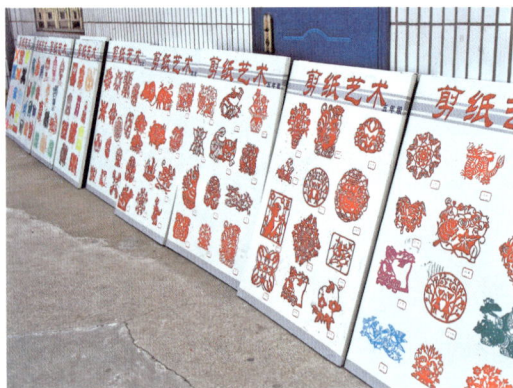

学生剪纸作品

传承关系及代表性人物

沙洲对称剪纸的代表人物之一是钱坤和女士，她从小就描画绣花、剪纸作画，形成了带有苏绣韵味的剪纸作品，以中国红为主色的单色剪纸发展为双色、多彩色剪纸，形成了特有的剪纸风格。其中，各色蝴蝶三套，每套200只；

十二生肖十二套，每套50—100只，是其典型的代表作品。

方国智老师是又一名沙洲对称剪纸的代表人物。他对沙洲地区民间的对称剪纸开展多方调查研究。根据他本人对对称剪纸实践经验的技艺总结，2002年编著出版了《对称剪纸》（上下册）。其个人获得"苏州市高级工艺美术师"、"苏州市首届民间工艺家"、"苏州市第六届精神文明建设五个一工程入选作品奖"等荣誉。

剪纸艺人钱坤和

钱坤和剪纸作品集

沙洲对称剪纸代表性人物方国智

方国智在教学生剪纸

主要价值

沙洲对称剪纸与其他剪纸相比，最主要的特征是讲究造型艺术的对称。折叠的简单化和多角度折叠层次，使其表现的物祥作品注重构图的"轮廓"和"精剪"，其剪纸作品具有较高的文化价值、收藏价值和艺术审美价值。

沙洲对称剪纸在地方小学中与课程改革相结合，成了学校的美育特色教学内容，并推广到社区业余美术活动之中，对剪纸的普及和传承有着十分重要的作用。

目前保护情况

2000年举办了"剪纸作品展"，主要展出钱坤和的剪纸作品，市博物馆收藏了其60多幅剪纸作品。在社区主办剪纸培训班，在部分学校作为美育特色教育课，普及和传承剪纸艺术。加强对剪纸艺术的研究工作，方国智老师已出版了《对称剪纸》（上下册）和《儿童认读剪纸游戏》（均由上海人民美术出版社出版发行），对沙洲对称剪纸的学习、研究、传承、利用和保护起到了重要作用。

对称剪纸

首届元丰杯新春剪纸艺术比赛

塘桥木雕

历史沿革及分布情况

　　木雕工艺有着悠久的历史渊源。早在原始社会时期就有了不少初具雏型的木雕工艺品。殷周时木雕已盛行。到战国时期，木雕工艺已由商代用于制陶工艺中的简单刻文和雕花板的阴刻，发展到圆雕工艺。汉代动物木雕用整木雕制，将中国木雕艺术推向高峰。唐宋时期，木雕工艺日趋完美。明清木雕则是中国古典木雕艺术成熟时期，小型木雕件、建筑木雕装饰和木雕日用器物大为发展，除了花卉、动物，还有人物。在建筑装饰木雕上，出现了不少以民间传说、戏曲、历史故事为题材的作品。

塘桥木雕艺人

塘桥木雕最迟始于民国初年。鹿苑港上（今刘村）人王生保拜江阴北漍王培卿为师，六年期满后回家自立门户从事木雕手艺，塘桥从此有了自己的木雕艺人（俗称"雕花匠"）。当时，木雕工艺主要用于房屋梁柱及门窗装饰，寺院佛龛、案台、供桌的装饰，以及家庭木制床花板、八仙桌、太师椅等日用品的装饰。

木雕分布范围，东至福山，南至港口、凤凰，西至北漍、塘市以及江阴地界，北至南丰、兆丰、农场一带。在整个常熟以北地区，塘桥木雕是享有盛誉的。

木雕刀具（部分）

塘桥木雕：建筑物上的木雕装饰

基本内容及特征

一、木雕的传统工艺流程

首先是画创意稿，并将创意稿用墨线勾画放大到木材上。

其次是打粗坯。粗坯是整个作品的基础，它以简练的几何形体概括全部构思的造型，要求做到有层次、有动势，比例要协调，重心稳定，整体感强，初步形成作品的外轮廓。

再次是雕细坯，俗称"出细"。先以整体着眼，调整比例和各种布局，从高到低，由浅入深，将具体形态逐步落实成形。

第四是修光。运用精雕细刻及薄刀法修去细坯中的刀痕凿垢，使作品表面

塘桥木雕：家具上的木雕装饰

细致完美。要求刀迹清楚细密，或圆滑，或板直，或粗犷，力求把作品意图、神态准确地表现出来。

最后是打磨。即是将木雕用粗细不同的木工砂纸搓磨，使作品光滑、精致。

二、木雕的材料选择

木雕在选择其材料上也十分考究。材质有的松软，有的粗硬。要选择适合于所表现的材质，如红木、黄杨木、花梨木、扁桃木等。木质坚韧、纹理细密、色泽光亮，是木雕的上等材料。选好的木雕材料，必须进行干燥处理，才能保证木雕作品不开裂、不变形。其方法有自然干燥法和人工干燥法，而以自然干燥法为优。但一般要经过数年或数月，才能达到一定的干燥要求。

三、木雕的传统工具

传统工艺雕刻中，木雕工具多达百余件，制作一般工艺至少也要30余件。雕刻工具一般统称"凿子"。常用的木雕工具有圆凿、平凿、斜凿、玉婉凿、中钢凿（印凿）、三角凿等。木雕的辅助工具有敲锤、搜弓、木锉、斧子、锯子、钳子、钻子、刨子、矩叉、直尺、曲尺等。

四、木雕的艺术价值

塘桥木雕具有形式多样、题材广泛、形象生动、线条简练、覆盖面广等特征。特别是其整体艺术造型设计完美，雕刻技艺精美，纹样图案具有古典美，具有很高的艺术价值与审美情趣。

精雕细刻

传承关系及代表性人物

塘桥木雕的第一代传承人是王生保，曾带徒弟5人；第二代是邹永根，曾带徒弟9人；第三代邹根祥，其徒子徒孙达上百人；第四代邹龙兴。第五代杨仁元、陈正祥、钱掌林。由于杨仁元、陈正祥、钱掌林三人先后离世，当前代表性传承人为李惠刚。李惠刚，67岁，16岁师从陈正祥，出师后在常熟木器厂做红木雕刻，1988年后在福山台资木器厂做加工。代表作品有"狮子滚绣球""二龙戏珠""松鼠采葡萄""观世音菩萨""红色娘子军"等。

塘桥木雕传承人钱掌林

东渡苑内的塘桥木雕艺人作品

主要价值

塘桥木雕工艺是很古老的一种手工技艺，具有制作精良、古朴典雅的艺术特点，有着很高的观赏性。塘桥木雕中的文化、科技内涵十分丰富，可以为中国工艺史、科技史、文化史提供实证材料。同时它又有相当的实用价值，为人们所喜爱。

目前保护情况

塘桥镇政府十分重视对塘桥木雕技艺的保护。首先，对境内从事木雕的艺人进行全面普查，并形成信息体系。其次，对木雕工艺品资料进行搜集整理，在文化中心建立了工艺品陈列馆。第三，与相关企业合作，建立木雕生产基地。第四，保护木雕老艺人，成立以身怀绝技的老艺人为主体的塘桥木雕工艺顾问小组，培养新人。

河阳纸马

历史沿革及分布情况

纸马，也称"甲马"，旧时祭祀所用，以五色纸或黄纸制成，上印神像。据史料记载，早在唐代就有了纸马的雏形。清代王棠《知新录》载："唐玄宗渎于鬼神，王玙以楮为币，今俗用纸马以祀鬼神。"赵翼《陔馀丛考》记："昔时画神像于纸，皆有马以为乘骑之用，故曰纸马也。"河阳纸马的产生年代如今难以考证，从河阳地区寺庙和民间祭祀活动兴盛的背景考察，纸马的流行应当不会晚于南宋。明清时期为盛行时期。

河阳纸马的分布，主要在河阳山周围的西徐市、港口、恬庄、周家码头、西张、栏杆桥等处。

河阳纸马

永庆寺

基本内容及特征

纸马的种类有多种。民间通常分为荤纸马和素纸马两大类。

荤纸马，用于追悼亡灵的仪式，一般是讲经中讲唱《地狱卷》时用，张挂绘有玉皇大帝、十殿阎王、城隍老爷等图像的纸马，祈祷亡灵在地狱中少受苦，求得解脱。素纸马，用于祈求仪式，通常在庆寿、起屋、造桥等场合，一般是讲唱《香山宝卷》《延寿宝卷》等相关的宝卷时使用，张挂绘有如来佛、观音菩萨、土地神、灶家老爷等神佛图像的纸马，祈求人寿年丰、风调雨顺。

河阳纸马，作为一种传统美术样式，具有朴素、简明的特点。在木料上雕刻出各种神道的图形，套色印制在黄纸上。笔触简洁，往往寥寥数笔就能勾勒出不同的神道的容貌，或威严，或慈祥，或勇猛，或和善。河阳纸马多用红、黑两套色，表现红脸、黑须，也有红、黑、绿三套色的。

河阳纸马

传承关系及代表性人物

以前，河阳山地区有几位雕刻印制纸马的匠师，流传下来多种木刻模版，往往一位神道刻有三块，为一套，共计五六十套。但这些老版的雕刻师难以考证。现今主要传承人有：

胡正兴，1934年生，港口庄泾村人。幼时读过私塾，做过讲经先生。保存有一套模版，印制过纸马。

狄建新，1928年生，凤凰镇恬庄村人。读过两年私塾。16岁时拜师学习讲唱宝卷。有一套模版，现今仍在印制纸马，但已年老体弱，由金惠平、狄秋燕传承。

河阳地区民间佛会

河阳纸马

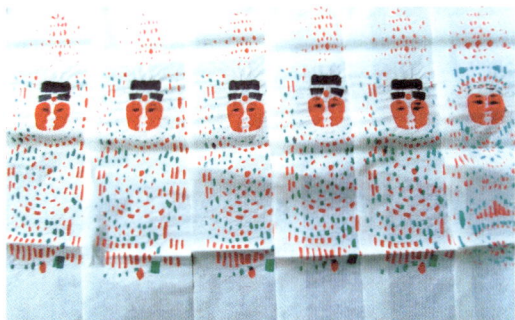
三套色河阳纸马

主要价值

河阳纸马的价值主要表现在两个方面：

一是宗教学和民俗学价值。河阳地区的宝卷讲唱人把纸马分为荤纸马和素纸马两大类，既是从其功能出发，也是由其图形区分。纸马所描绘的各尊神佛图像以及使用方式，对于研究本地区的民间信仰及仪式，对于道教佛教的传播，有着重要的参考与研究价值。

二是美术研究价值。作为一种传统木刻艺术，扎根在农村，大多出自民间工匠之手，其简洁朴实的笔触以及大写意的风格特征，是研究民间美术及传统木刻艺术的有价值的资料。

目前保护情况

凤凰镇有关部门、当地文化工作者目前正抓紧搜集整理河阳纸马的实物资料和图片资料，调查河阳纸马现有模版的保存与使用情况，建立档案。河阳山歌馆现搜集保存有两套完整的纸马。准备邀请省内外专家前来作考察与研究。

河阳烙画

历史沿革及分布情况

古代河阳市（方志载，旧时河阳山南建有"河阳市"）的能工巧匠都有自己的特长：泥水匠会画灶花；木匠使用火钳或自制火烙铁，在家具上烙上简单的山水花鸟鱼虫等装饰图案；竹匠也会在竹篮上、竹榻上、竹制的楹联上烙制各种花纹、诗句等。如果器物上涂上一层清漆则更加光彩夺目，更受广大民众的欢迎。河阳地区，这种工艺在清末民初达到鼎盛，在"文化大革命"后逐渐消亡。

河阳烙画主要分布在港口、恬庄、西张、徐市、塘桥、乘航一带。

凤凰湖

基本内容及特征

港口家具厂工人陈友忠传承了烙画工艺。他在老师傅原工艺的指点下有所创新，不但保留了传统工艺，而且发展、创新了立体工艺小摆件制作，使烙画技艺创作的产品广泛进入寻常百姓家，成为老、中、青、少均喜欢的烙画工艺产品。

河阳烙画代表性人物陈友忠

古代以铁钻、铁条、火钳，用木炭或煤碳烧红，使其达到一定温度后在家具上作画。现代用电烙铁更加方便。烙画的材料可用木板、三夹板，不同形状、大块小块的材料都可利用，可制作各种烙画产品。可在家具上作画，也可制作许多小摆件。其题材也更加丰富，除了花鸟山水画外，还可烙漫画、仕女、书法、楹联等烙画。

传承关系及代表性人物

现知名的有民国时代的河阳街上的陈永春（艺名谈司）、专做家具小木作的陈和尚，他们大部分时间生活在民国时代，以木作烙画闻名。以后由他们的徒弟钱玉骐继承。钱玉骐在烙画的基础上创作了玻璃灯的木模，即在灯饰上以花鸟结合现代几何图案木模，受到华东地区灯饰企业的欢迎，在山东、江苏、上海、福建很有名气。主要工场设在小山村。但这些烙画制作艺人，大多在最近几年先后过世。

陈友忠，港口人。他继承并发展了河阳的烙画技艺，如今成为河阳烙画的代表人物。通过十余年的业余劳动，制作了一千余件烙画作品，在恬庄老街设专卖店，供人欣赏或出售。

主要价值

河阳烙画工艺并不复杂，但对艺人的文化素养要求较高。它用材方便，创作空间很大；画面比纸质的保存长久，不会褪色。而且又发展成立体烙画，以

陈友忠的烙画作品

表现农村的山水、农舍、道路和村庄。还可制作成竹木的抱柱联，适合现代高品位的文化装潢。

目前保护情况

主要继承人陈友忠。凤凰镇为他提供了展示兼售卖的店面，供旅游者观赏或选用。为了传承这项技艺，凤凰镇决定在学校里把烙画技艺作为校本课程进行教育，使广大青少年对烙画艺术深入了解，让学生学会烙画制作，让烙画技艺传承下去。

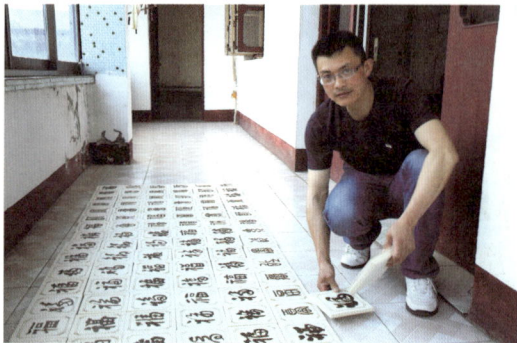

传统体育、游艺与杂技

张家港市非物质文化遗产

香山民间武术

历史沿革及分布情况

　　香山地区素称尚武之地。香山雄踞长江南岸，历来为兵家必争之地，香山周围历代军事设施甚多，如：春秋战国时期的藏军洞、烽火台，汉代彭越军屯戍所，魏晋时期的石虎门关隘和长山水寨，唐宋时期的石牌军寨，还有石头港巡检司以及长山、巫山、稷山、凤凰山的炮台等。据《常州府志》《江阴县志》记述，历史上发生在此地的兵事有50余次，如：周穆王东征，西楚霸王北渡抗秦，西汉彭越东征，南唐江阴令张可琼石虎门大战，南宋韩世忠据江抗金，元代赵武举义杀鞑子，元末朱元璋、张士诚巫子门大战，明代石头港抗倭十八战，明末抗清斗争，清代香山拳勇击杀"红毛鬼"（指从长江入侵的英法军），太平军大战白头军于牛槽路等。现代有后塍、占文桥农民暴动，王才郎刀劈日酋等。

马鞍石传人徐玉奎（右）与其子徐中一（左）

三节棍、石担、石锁、刀、枪

习武练武强健体魄，尚武明志保卫乡土，是香山地区民众的优良传统。历史上，香山有四大拳场：

瞿高巷拳场。以石牌寨为中心，含瞿家巷、高家巷、张家巷、郁家埭、龙家湾、王家埭等自然村。地方志载：明代，石牌寨有驻军，士兵500名，部分由本地习武的乡勇充任。明弘治六年（1493年），宝池乡招募民壮210，充入地方武备。嘉靖二年（1523年），江苏巡抚陈延恩举议，每男丁犒银七两二分，充入习武之费。宝池乡得银甚厚，措办拳场，为地方武备。隆庆二年（1568年），革民壮营，措办拳场，并开设竞技（比武）活动。由此可见，拳场的兴办，得力于政府的倡导及经济上的扶助。瞿高巷拳场沿袭数百年，至清初，出了一位武艺高超的庄主邢三宝，人称"猴拳王"。康熙元年（1662年），在一次比武中，三立堂瞿氏第十三世奉云公以大洪拳胜邢氏猴拳。传至十九代三友公，入嵩山少林寺习武，以罗汉拳立台为场主，传于侄儿瞿万金、瞿万镒、瞿

万钰。江湖上人称"瞿氏三杰"。瞿氏三杰遵循"传子不传婿"的家规，将本门祖传武术传续下来，直至今日。

邱施村拳场。以老张家港街为中心，含潘家埭、冯永埭、施家埭、邱家埭、唐家埭、张家埭、大圩埭等自然村。明代隆庆年间，邱、施村是香山北面的大村。宋代施家埭出了一位大官邱崇，后代簪缨不绝。明代，邱家以拳勇充任家丁。拳场以"长拳"立台。嘉靖年间，倭寇屡屡入境抢掠，地方上改进拳场套路和拳种，用竹制矛，设竹桩、竹签、竹篱笆护村。农家所练之功称"竹笆拳"。竹笆拳传承至今已有400余年历史。

马鞍石传人徐中一

瞿兴尧打马鞍石

邬家巷拳场。以渡船庵庙场为中心，含三甲里、周家弄、陈家埭、半埭头、殷家埭、唐坊圩、七房庄、邬家巷、西庄、窑上、二甲里等自然村。邬家巷拳场创办于光绪二十年（1894年），先由香山土地堂道士悟伦主持。悟伦俗姓梁，袁州人。教习八仙拳。后本地习武壮士蒋根延请香山采香禅院智坤和尚（？—1919）下山，与悟伦比武，智坤打败悟伦，即在邬家巷拳场执教，教习五虎拳（又称黑虎拳）。民国十五年（1926年），拳场解散。但巷上村民仍自教自习，沿至如今。

香山拳场。以古香稷坊为中心，含大桥巷、占文桥街、许家巷、卞家桥、河南巷、小圩里、石柱头、香山前后湾等处。香山拳场是一个古老的拳场，历

季协清

马叉传人印长明表演滚马叉

代拳师都由拳场到外地延聘名师。清道光年间，"涪川堂"张氏玉廷公以梅花拳立台，配以通臂拳、小洪拳等，延续至1949年。

除四大拳场外，还有几个以自然村为单位的小拳场，如：窑上吴乐田的罗家拳，黄君埭黄士铨的铁冲拳，瞿家巷蒋添黄的长拳，等。

香山民间武术分布区域总面积有60余平方公里。

邬家巷拳场传人邬忠英

邬家巷拳场传人刘祥奋表演八仙拳

晨练

香山民间武术界人士座谈会

基本内容及特征

香山民间武术，依托众多拳场而兴盛。拳场有一定的规矩，其共性是武德与武术并举。武德的养成，一靠宗族的宗规、家训，二靠拳场内部的武德修炼条约。如：三立堂瞿氏的家训是"立德、立信、立功"。以"立德"为首位，是很有见地的。

武术的内容，主要有拳功和器械功。有外家功（硬功）、内家功（气功）、拳术套路等。基础习武器具有：石担、石锁、石笋、石磙、石坨、石臼、马鞍石、皮砂袋、铁砂盆、黄沙桶、纸篷砖、千斤石等。

基本功锻炼的内容有：扎马步，前踢腿，搁腿，后踢腿，踢飞腿，旋子腿，大运手，鹞子翻身，起霸，跳跃（腿上绑铅坨），等等。

石器具的套路有：石担开四门，面背花，青龙缠腰，白蛇吐信，苏秦背剑，当庭一支炮，回马一支枪，风车转顶等。

石锁套路有：翻烧饼，里倒锁，外倒锁，雪花盖顶，日落西山，黑虎穿裆，老僧拜佛，吸顶等。

石笋套路有：五爪玉笋，三指捏螺，黄鳝吐丝，黑鱼潜水，翻印祭天，二龙抢珠等。

石臼套路有：老和尚拷水，铁道士戴帽，美猴王抛果，玉美人托盘等。

马鞍石套路有：猿猴探怀，抓盗归案，石匠问斩，宋公明遭劈，送尔入膛，双手抓角，活捉黑鱼，翻手看肚等。

八仙拳套路口诀有："脑筋独立起擂台"（起式），"王母娘娘过海来"，"铁拐白马出身低"，"翻钟独跪汉钟离"，"何仙姑劈袖打蓝采和"，"腾云再飞韩湘子"，"燕子双飞曹国舅"，"善爱倒骑张果老"，"精怪头低吕纯阳"等。

各种拳术套路及器械套路，均可配上音乐习练。

荟萃

传统体育、游艺与杂技

张家港市

157

传承关系及代表性人物

境内拳场谱系，元之前不详。明代瞿家拳场由邢氏为台主。清初，蒋添黄任台主。康熙初，奉云公任台主，后传嫡孙瞿元兴、瞿元法。乾隆年间，由瞿氏敦仁、遵义、学智、宗信继承，时称"四虎"。再传至孔文、孔武、孔才、孔昭、彩文、学文、祥、世芳、世美，时称"九狮"。道光年间，瞿氏十九代三友公精习少林寺罗汉拳，为掌门，结合猴拳、大洪拳等，传于瞿万金、瞿万镒、瞿万钰，时称"瞿氏三杰"，开台于"七子园"（城东头上），始传为第八代，分台为第二代。瞿氏三杰再传瞿春南、春全、永安、春扬和张国珍，为分台第三代传人。瞿会林、金林、汉林、桂林、松林、翰林为第四代传人。瞿昌宸、元宸、通宸、永宸为第五代传人。第六代传人瞿鑫尧、胜尧及王品洪、施和坤、赵阿龙等。第七代传人瞿增豪、栋豪、金钟等。

邬家巷拳场，光绪年间由悟伦道士为教练，教习八仙拳，后由邬蒋根聘智坤和尚为教练，教五虎拳。邬蒋根为第一代。其子邬勤生、佳生为第二代传人。丁（邬）京仁、邬玉官、邬建文、邬坤洪、邬坤宝为第三代。邬忠英、刘祥奋等为第四代传人。

邱施村竹笆拳传人：第一代施玉富，第二代施进高，第三代施品赞、冯久宝，第四代施和坤。

香山拳场传人：第一代张廷玉，第二代张得魁，第三代张俊云，第四代汤和云、程瑞如、程相吾、潘岳皋，第五代何自强、秦仰山。

后塍拳场传人：第一代徐玉奎，第二代徐中一、印长明、季协清，第三代徐冰清。

瞿氏拳场第五代传人瞿涌晨

施氏竹笆拳传人施和坤（左）

香山拳场传人汤和云

石锁传人王品洪（右）

王品洪演示猴拳

目前保护情况

金港镇政府对保护与传承香山民间武术十分重视，近年来通过走访知情人、召开座谈会，进行全面的调查摸底。首先是厘清香山地区民间武术的产生与沿革历史，确认各拳场代表性传承人，建立人事档案；其次是普查现有民间武术项目、现有练武各种器材器械（如石担、石锁、石笋、马鞍石及大刀、长枪、三节棍、叉等）；重要的一项工作是对代表性拳术套路、器械教习套路等，进行详细记录和科学的整理。

在此基础上，计划提供必要的资金，建立培训基地。

主要价值

香山民间武术的主要价值是：

在练武的教习与传承中，贯彻武德武艺并重的思想，这是中华传统武术的精髓所在。

内容丰富，既有多种套路的拳术，又有器械训练套路，如进行系统整理，可成为健身的有价值的教材。

香山各拳场的产生与沿革，是研究江南民间武术活动及民风民俗的重要资料。

香山民间武术演出照

非物质文化遗产 张家港市

荟萃·传统体育、游艺与杂技

沙上儿童游戏

历史沿革及分布情况

凡有人群处就有儿童；有儿童就有儿童玩的游戏。沙上地区除全国各地共同玩的游戏，如"猫捉老鼠""老鹰捉小鸡""跳绳""踢毽子""滚铁环""滚弹子""造瓦屋""锵咚哩锵"（石头、剪刀、布）等等，还有独具沙上特色的儿童游戏，也有四百多年的历史了。

沙上儿童游戏，分布在沙上各地区，如双山、中兴、晨阳、德积、大新、合兴、三兴、锦丰、乐余、兆丰、南丰、东沙、常阴沙农场等地。

水上游戏

"打铜板"

基本内容及特征

沙上儿童游戏除了玩全国各地共同玩的游戏外，具有沙上地区特色的儿童游戏主要有以下几种。

一、吹芦叶叫子。沙上地区有一百余里长的芦苇沙滩。用芦叶做成叫子，能吹出像军号似的"嘀嘀大，大大嘀，嘀嘀大大大大嘀"的富有节奏的悦耳声音。制作简单，只要将一张芦叶卷在食指上，再勒下就成。关键是掌握吹的技巧，才能吹得出响亮悦耳的声音，不然就只能吹出"扑扑"的声音，甚至没有声音。谁卷折的叫子能吹出最响亮悦耳的声音，谁就是胜者，就可以做小孩们

的头头，其他的孩子则乖乖地排着队跟着芦叶叫子的节奏学着军人正步走。

二、洗冷浴。沙上江河港汊纵横，是沙上八九十来岁的小男孩夏天洗冷浴（游泳）的好地方。他们在河水中比谁游的远，比谁潜入水底时间长。其中最热闹的是水中玩"猫捉老鼠"的游戏。一人做"猫"，其余为"老鼠"，"猫"捉到"老鼠"，这只"老鼠"就换做"猫"，如此往复。这时，水面上不断发出空隆空隆的声响，不时溅起阵阵浪花，笑声不断，热闹非凡。

还有一种是最有趣的"数青蛙"游戏，是一种益智的游戏。三四个，或七八个小男孩一字儿排立在河岸上，大家齐声念："一只青蛙一张嘴，两只眼睛

"石头剪刀布"

"叉铁环"

四条腿，扑通跳下水。"当念到"扑通"时，排头第一位即随声跳下水，起来后仍站在原位。接着大家又一齐念："两只青蛙两张嘴，四只眼睛八条腿，扑通、扑通跳下水。"当念到第一个"扑通"时，第二位即随声跳下水；当念到第二个"扑通"时，第一位即陪着跳下水，起来后仍站在原位。如此依次念数，挨次跳水。数跳到最后一位结束，则从头开始，轮番交替。哪一个念错，或者跳错，如念到三只青蛙时，应念三个"扑通"而只念了两个"扑通"，

或该跳不跳、不该跳而跳，则为输家。可是总会有人念错、跳错，尤其是念数到四只青蛙以上，差错就更多起来，不是念错，就是跳错。故此时大家神情专注，唯恐念错、跳错。这是益智启思、锻炼思维的好游戏。

三、蜜蜂叮瘌痢。这种游戏简单易行。玩具可以自作，材质不论，可用硬纸，可用桃核，可用瓦片，可用木块。一副为五张牌。只要在它上面分别写上或画上蜜蜂、瘌痢头（形为黑熊）、枪、老虎、人即可。玩者每人手握一副，轮流出牌。它们之间的关系是：蜜蜂叮瘌痢，瘌痢头掮枪，枪打老虎，老虎吃人，人捉蜜蜂。游戏规则是：如果一方出蜜蜂，一方出瘌痢头，出蜜蜂的就吃进瘌痢头；如果一方出蜜蜂，一方出老虎，那就各自收回，重新出牌。谁先将对方的五张牌全部吃进，谁即为胜者。

四、打砖板。每人出一个铜板，叠放在一块砖头上，抓阄挨着次序轮流用手里的铜板用力掼打，打下砖头上的铜板归打者所有；砖头上尚有铜板，即下家打，直到把砖头上的铜板全部打下为止，接着开始下一轮。另一种是在地上画一个直径一尺余的圆圈，在圆心处每人放上一枚铜板叠在一起。打出圆圈线外的铜板即为自己所得。另有叫打牌结的，是将纸牌折成四角方的牌结，以代替铜板。

五、乩小锹。沙上八九十来岁的小男孩放学后即去挑羊草、猪草，挑到差不多时就玩起"乩小锹"的游戏。一端用三根树枝搭成三叉架，每人放上一把等量的青草在三叉架旁边；然后距三叉架30米（有的50米）远的地方画一条线，每人轮流站在线外用小锹瞄准三叉架乩去。如果乩中三叉架倒下（不倒不算），则为赢家，几把青草全归胜者。

以上是几种具有沙上地区特色的儿童游戏。这几种游戏都与沙上的自然环境和沙上人的生活环境紧紧相连。

传承关系及代表性人物

生活在沙上一带的儿童都会玩这种游戏，他们是在成长过程中看着、学着而世代传承的。当前代表性传承人是葛德本，他收集了沙上所有的儿童游戏，约三十来种写成了文字传世。

主要价值

1. 锻炼了身心，培养了兴趣，有健身及培养心理素质的价值。
2. 有益智启思的文化价值。

目前保护情况

在互联网、信息化时代，手机、电脑取代了以前儿童的传统游戏，故这些传统的儿童游戏大都已不为现在的儿童所玩，正慢慢地在消亡。

"老鹰捉小鸡"

河阳儿童游艺

历史沿革及分布情况

　　游艺、游戏的产生，可以追溯到数千年前。劳动之余，人们就地取材，如用树枝在地上划格子，用小石子进行博弈。有些成年人的活动，儿童们也会模仿，譬如投掷、射箭、下棋等。

　　从河阳山地区的考古发掘中证实，"扫六房"秦汉时代就已经有了。专家论证"辖计"（即剪刀、石头、布），可上推到春秋时代。河阳儿童游艺不少于20种，保持着原始先民的各种模式及它的发展轨迹。

　　这些游艺主要分布在港口、西徐市、西张、塘桥、妙桥、塘市、乘航一带。

"打缸"

基本内容及特征

河阳儿童游艺主要有：扫六房、打缸、投壶套圈、跷跷板、车铁环、爬竹竿、荡秋千、踢毽子、跳绳、捉踢子、摸羊妈妈、伴羊妈妈、移六直、哺小狗、老鹰抓小鸡、打弹子、抢四角、辖计、乒令兵郎起、骑木马、斗草、玩竹针等。还有流传比较普遍的跳绳与踢毽子等。

许多游艺都是就地取材，自己会做、会用，并不复杂，但游艺中需手、脑、脚并用，潜藏着许多智慧和趣味，发挥儿童自由想象的空间，从小培养儿童好动、机灵和睿智的性格。

"乒令兵郎起"

"摸羊妈妈"

"扫六房"

"抢四角"

传承关系及代表性人物

这种儿童游艺，主要是家族传承，是父母、祖父母、外祖父母的传教；还有是儿童之间互相的传播，这是社会传承。大多上了年纪的人，童年生活部分时间都是在游戏中度过的。但是目前的儿童已被现代的新式玩具吸引了。一些古老、简单然而更适合儿童的游艺被遗忘了。

当前在河阳地区，主要代表性传承人物有赵关虎、杜惠英、夏根元等。

从小喜爱游戏、开展一些力所能及的健身益智的活动，能锻炼儿童的体能、智力及勇敢精神；培养儿童诚实、诚信的品质及争强好胜的性格，锻炼儿童的眼力、智力，培养儿童对事物的敏感认知及判断能力；能唤起我们无限的乡愁。

目前港口学校正在编写一套培养低年级学生体能、智力的乡土教材，其中有不少是儿童游戏，作为保护好这项非物质文化遗产的载体。凤凰镇还将在本镇其他学校推广这套乡土教材，使这些看似简单却富含乡土气息、能培养学生智力的游戏传承下去。

"老鹰捉小鸡"

"移六直"

非物质文化遗产

张家港市

荟萃

·传统体育、游艺与杂技

166

传统技艺

张家港市非物质文化遗产

沙洲哨口板式类风筝制作技艺

历史沿革及分布情况

中国人放风筝的历史悠久，源于2000多年前的春秋时期。墨家创始人墨翟和鲁国的能工巧匠公输般（鲁班）就都制作过木鸢："墨子为木鸢，三年而成，蜚（飞）一日而败。""（公输般）削竹为鹊，成而飞之，三日不下。"早期多用绸、绢粘糊竹、木框架，后来用纸代绸绢，故称纸鸢。五代时，李邺在其上装置竹哨，风吹竹响，其声似筝，所以被称为风筝。

沙洲哨口板式类风筝流传于乐余镇、南丰镇、大新镇、常阴沙现代农业示范园区（原常阴沙农场）等地，已有100多年历史。

清代同治、光绪年间，随着境内长江南岸滩涂逐渐形成陆地，各地移民来到这块"沙洲"围垦生息。在辛苦耕作

放飞

之余，农民们也在寻找着适合自己的文化娱乐方式，而制鹞子、放鹞子、听鹞音，恰是一种自然的选择。每年农历正月半至清明节和重阳节前后是放风筝的最佳时节。

制作哨口

九串菱板鹞

制作工具

基本内容及特征

风筝的门类很多，有硬翅类、软翅类、板式类、串类、桶形类、立体类、复合类等。沙洲哨口板式类风筝属硬翅板式类。在制作技艺上同部分移民的故地

（如南通、海门、崇明）固然有着千丝万缕的联系，而在百余年的本土传承过程中，又形成了自己鲜明的风格特点，有别于别处的样式。

根据造型不同，沙洲哨口板式类风筝可分为九串菱风筝、八角风筝、七星

八角板鹞

七星板鹞

六角板鹞

苏州市非遗办主任龚平（左三）、副主任王燕（左二）参观乐余风筝馆

风筝、六角风筝等四大类型。其中以九串菱风筝为代表，其形状外表直观是由9只八角形小风筝组成，实质上9只八角风筝互相关联，密不可分，细细观赏，它是由9组八角72个三角形图案构成，"九串菱"因此得名。

沙洲哨口板式类风筝与众不同的最大特点，就是风筝上缀有大小不一、形状各异、用材繁多、音阶不同的各种各样哨口。根据材质，有竹筒哨口、葫芦哨口、核桃哨口、桂圆哨口、栗子哨口、银杏哨口、蚕茧哨口等10来种；根据哨口的组合及发出的音色、音阶不同，又可分为嗡声哨口、哒子哨口、排

箫哨口三种类型。风筝升空后，各种哨口迎风发出或嘹亮或浑厚的立体音响，犹如交响乐在空中奏鸣，美妙的乐音响彻方圆数公里，有着撼人心魄的音响效果。

沙洲哨口板式类风筝在制作上十分讲究，有一套世代传承的特定的手工技艺。大致可分三个步骤：

（一）制作风筝面身

1. 劈料。选择生长多年的当地青竹或毛竹，按照需要将竹子劈成厚薄均匀、宽窄划一的篾片，用文火烘干，砂纸打光，再涂上清漆。

2. 绑扎。选择干燥之日将篾片按构思绑扎成风筝骨架。

3. 裱糊。在风筝骨架上用纸、布、绸、绢等面料进行裱糊，裱浆须加入明矾，以防虫蛀。

4. 固化。面料裱糊后用清漆涂抹，以防雨水潮气浸渗变质变形。

5. 绘画或上色。上色的图案通常用色彩对比强烈的八卦图、旭日图，绘画的种类丰富，较普遍的有牛郎织女、八仙过海、钟馗、红楼梦人物等。

6. 系鹞苏（系引线）。这是制作过程中至为重要的一环。九串菱板式风筝的鹞苏有47根，粗细、长度、角度同鹞身的比例都要恰到好处，47根鹞苏须根根着力，因为它涉及风筝的驭风能力和姿态稳定。

7. 搓鹞尾。鹞尾的长短、粗细取决于鹞身的大小与形状，鹞尾的材料一般用蒲草或稻草。

8. 搓鹞绳。材料普遍选用当地的柳麻，小尺寸的风筝则用家纺纱线。

9. 制鹞叉（鹞托）。鹞叉的用处是当风筝从空中落地的一刹那将其托住，使其"软着陆"。

（二）雕刻哨口

1. 备料；2. 固化定型；3. 雕刻哨盖；4. 粘接。

（三）拼装合成

乐余镇风筝队赴连云港参加江苏省全民健身运动会风筝赛

传承关系及代表性人物

制作沙洲哨口板式类风筝的能手，目前在乐余镇有30几位，其传承方式主要有两种：

1. 家传。代表性家庭有：

岑学明——岑志良——岑国龙

沈文华——沈林祥——沈彩林

张光华——张宝和——张盘林

2. 师徒相承。代表性谱系有：

褚文彬——周志明——王金祥

黄金德——袁凤祥——张立新

沈彩林扎制风筝技艺精湛，他既得益于家传，又虚心向本村及邻村高手学习。沈彩林曾任乐余镇风筝队队长，五次在国际、省市级风筝比赛中获奖。他最擅长制作九串菱哨口板鹞。

团结村农民王金祥同女儿分工合作，用三个月功夫制作了一只大型哨口板鹞，精心描绘了8幅"红楼梦仕女图"，美轮美奂，2002年参加南京国际风筝邀请赛，获得三等奖。闸西村岑国龙，

沙洲哨口板式类风筝扎制能手袁凤祥

扎制风筝系四代家传，家中藏有其曾祖父手制的各种哨口100多只，其中一只大型嗡声哨口，直径有25厘米，制作于光绪年间，现由乐余镇风筝馆收藏。1999年，岑国龙用10个月的业余时间制成了一只直径一丈三尺、缀有1999只用多种材料雕刻成的哨口拼成"喜迎澳门回归"文字图案的大型板鹞，放飞之时，引起轰动，多家媒体纷纷作了报道。

当今代表性传承人是冯太根。自幼嗜好扎制哨口板鹞，向众多高手学习板鹞扎制技艺和哨口雕刻技艺。他家中藏有多年来精心制作的各种材质哨口300多

代表性传承人沈彩林（右）、冯太根（左）在制作风筝

只。多次在省级比赛中获奖。他近年扎制的近4米的九串菱哨口板鹞，已被苏州市非物质文化遗产馆收藏。

主要价值

1. 娱乐健身价值。沙洲哨口板式类风筝，体型大，一般直径都在2米至3米左右，有的在3米以上，重量普通的有10来公斤，特大型的可达25公斤，风力需在5级以上才能放飞升空。放飞这样的大型风筝，需要多人在户外原野上长距离奋力拔拉，有着十分明显的运动功能，而美妙的哨音又能给人带来愉悦和精神享受。

风筝展

风筝爱好者座谈会

沙洲哨口板式风筝参加省级赛事

2. 文化艺术价值。沙洲哨口板式类风筝的制作，集传统手工技艺与绘画、乐器于一炉，堪称综艺品。不放飞挂在室内，就是一件精美的工艺品、装饰品。

3. 科学价值。这种风筝无论制作还是放飞均涉及均衡、平稳以及空气动力等科学原理。

4. 民俗价值。每次放风筝就是一次热闹而隆重的集会，气氛欢快而热烈。放风筝、风筝赛，既是风筝爱好者大显身手的机会，又是全村人的自发聚会，它体现了一种原始的民间习俗和朴素融洽的民俗行为。

乐余镇年年组织风筝比赛

目前保护情况

乐余镇多年来致力于培育和发展本地特色文化，很早就组建了镇风筝队，投入经费，有组织地参加省级、国家级和国际性的风筝比赛，锻炼了队伍，提高了制作技艺。

2000年，镇上成立了风筝协会。2003年，镇政府专门拨款10万元，建立风筝陈列馆，并对全镇的风筝家庭和风筝艺人进行调查摸底、登记造册。目前全镇代表性家庭有60多户，每年进行评比，对优胜者给予物质和精神奖励。

多年来，乐余镇用于组织本镇风筝比赛、组织参加省内外各种风筝比赛的费用就有10多万元。

乐余镇计划在镇上建造沙洲鹞子放飞广场，提供展示和交流平台。计划编辑出版"沙洲哨口板式类风筝"画册，为"风筝之乡"进一步造势、添彩。

后塍黄酒（沙洲优黄）酿制技艺

历史沿革及分布情况

在明代中晚期，后塍当地农家酿酒已很普遍，至清咸丰、同治年间，一些掌握较好酿酒技艺的酿酒户逐渐成长起来，酿酒的糟坊日益兴盛，酿酒技艺臻于成熟。清光绪十二年（1886年），后塍南街开办汤恒元糟坊，后又有鼎源隆、自然、允聚、永源丰、永义丰共6家糟坊生产、销售优质黄酒。周围地区，晨阳、三甲里、护漕港等地也相继开办了多家酿酒糟坊。1953年，由5家私营酿酒糟坊联营更名为五新糟坊，1956年公私合营，1962年更名为后塍酒厂，1963年更名为国营沙洲酒厂，生产"沙洲优黄"。

沙洲酒厂（摄于1978年）

基本内容及特征

后塍黄酒（沙洲优黄）恪守数百年代代传承的生产操作工艺，从优质粳米（或糯米）的选用、过筛、浸渍、摊冷、落缸、发酵、压榨、澄清、煎酒，到调酒师调成优质黄酒后市场出售，过程繁多，要求严格，且有特定的季节性，如：农历七月制酒药，九月制麦曲，小雪时节淋饭（制酵母），大雪时节摊饭（投料发酵），前后发酵时间约100天，都要根据季节和气温变化安排不同的工序。翌年立春时节榨酒，再将酒煮到100℃沸点，然后灌入陶质酒坛，坛口用清香的荷叶裹紧，再用和了猪血或糯米的黏黄土封坛口，送入酒窖储藏。

后塍黄酒（沙洲优黄），酒色橙红、清亮透明、醇厚爽口、芳香浓郁、甜而不腻、口感舒适，含有21种氨基酸，富有营养，适量常饮，具有舒筋活血、延年益寿之效。后塍黄酒为半甜型黄酒，口味较甜厚，有别于浙江古越龙山为代表的半干型黄酒。

锡壶煮酒

推坛

传统酒缸

传承关系及代表性人物

清代光绪年间以葛亮玉及其子葛金洪为后塍黄酒酿酒代表性人物。后塍黄酒酿制技艺的代表性人物，20世纪60年代有胡协加、赵富元，七八十年代为沙进才（被评为中国黄酒博士）。当今代表人物为黄庭明先生（2005年任全国黄酒协会副理事长、副秘书长，2006年江苏黄酒专业委员会会长）。后塍黄酒制作工艺的传承单位为2009年公布的张家港酿酒有限公司。

后塍黄酒（沙洲优黄）的代表作品，1949年前主要是黄酒、杜酒、甜水酒。20世纪70年代中期后，在传统工艺的基础上，优化和完善了半甜型黄酒的生产工艺，形成了新的黄酒品种，即为"沙洲优黄"，并推出沙洲优黄二年陈、三年陈、五年陈、六年陈、八年陈、十年陈和二十年陈等新品。

后塍黄酒酿制技艺传承人黄庭明

主要价值

黄酒是中华民族的特产，它以曲酿酒，有别于国外的酿造酒，是古代劳动人民的智慧结晶，给几千年来发酵工艺和酿制工业带来深远影响，被称为中国的第五大发明。

黄酒不仅有烹饪、营养功能，而且有保健药用功能。李时珍在《本草纲目》中记载："诸酒酿不同，惟米酒入药用。"它具有互通曲脉、厚肠胃、润皮肤、养脾气、扶肝、祛风、下气等治疗作用，适量常饮，延年益寿。

后塍黄酒酿制工艺流程复杂，每道工序的细腻程度较高，蕴涵着丰富的科学技术元素，具有较高的工艺价值和科学价值。

张家港酿造有限公司

目前保护情况

强化知识产权措施，经国家工商行政管理总局批准"沙洲"牌商标为注册商标，使"沙洲"商标成为全国黄酒行业的重点品牌。

强化内部管理，公司通过并实施IS9001：2000质量管理工作体系和HACCD食品安全管理体系，并获得食品出口卫生注册证书。

积极投入资金，进行黄酒技术改造，建成年酿制和储存3.5万吨黄酒酿造基地，及4万吨能力灌制车间和设备安全的检测中心。

努力聘请各类专家教授，成立黄酒研究所，从事黄酒工艺改进、技术攻关和产品开发，建成了一支有12个中级以上职称的研发队伍，不断培养酿酒技术传承人，并实行师傅带徒弟的传承办法，对大师傅、师傅、学徒三个层次实

灌装线

行晋升办法，努力培养人才，传承技艺。建立后塍黄酒博物馆，弘扬、保护、传承后塍黄酒的传统工艺。

沙洲优黄

后塍竹编

后塍地处长江下游南岸，在距今千余年的北宋时期，江中游沙积涨成陆后，移民来此开垦时必种竹子，故形成域内"家家载竹，户户笋香"的自然环境。人们用竹编制出各种家具、日用品、工艺品等，从而形成一帮特殊群体——竹艺工匠。明代之前是自编自用，并形成专业编织工匠。清代以后，竹编工艺精细化、工艺化，形成具有特色的专业匠人，统称竹篾匠，开起了竹器作坊及门店。精细的专业分工使竹篾制品更具有实用性、观赏性，工艺水平有了质的提高。工艺技高者开始收徒授艺，使竹编工艺不断传承下去。至今已有600多年的历史，新中国成立后，仅后塍

后塍竹编制品

地区就有20多家竹器店，后联合创办后塍竹器社。70年代成立后塍竹器厂，其产品跻身广交会，出口美国、日本及东南亚各国。天然竹编工艺品受到了外国人士广泛青睐。

后塍竹编技艺，主要分布在后塍地区及沿长江一带的南沙、中兴、德积、大新、晨阳、三兴、乐余、南丰、合兴等地。

六角篮

基本内容及特征

非物质文化遗产
张家港市
荟萃
·传统技艺
180

竹编技艺流程多变繁杂：选竹、断料、铰节、劈竹、劈条、劈篾、撕篾、拣篾、刮篾、蒸篾、钻孔、铰孔、穿篾、编织等。它形成了选料本地化、编制工艺化、作品实用化等特色。竹编中劈篾、撕篾是一个工艺很高的技术，一条竹篾，可以劈或撕成10多条薄篾，像纸片一样薄。编制技艺，由基本的横、竖编制，再加上插编、合编等各种技

摇篮

艺，可编制成各种特色的工艺品。篾条的着色和蒸煮可增加篾制品的美感并防蛀，提高其使用寿命。

竹器编织源于人们对生产、生活的需要，是以竹为主要原料进行加工生产的传统工艺。其制品可以分为生产工具、生活用品、文房用品、工艺装饰、渔猎器具、游艺玩具等类型。用途广泛，具有实用性和观赏性。

拦床席

后塍竹编制品

编制竹器使用工具主要有：竹刀、锯子、拣刀、刮刀、砍刀、凹刀、铰刀、篾针、钻头、打板、篾扣、作凳等。后塍竹编因原料产地的本地性、编制技艺的独特性、成型和装饰风格的艺术性、使用工具的多样性，具有人文之美和自然之美高度和谐的特征。

传承关系及代表性人物

工艺师宦道忠和陶永飞是后塍竹编技艺的代表性人物，具有作品图纸的设计和打样制作的技术。他们设计制作的花瓶、啤酒篮等工艺品出口美国、日本及东南亚各国。尤其是陶永飞制作的巨

后塍竹编代表性传承人陶永飞

龙，长30多米，由龙头、龙珠、龙身、龙尾等几部分组成。龙头是整条龙最复杂的部分，包括眼睛、眉骨、龙腮、龙嘴、龙角等，工艺复杂，技巧性强。还有一件松梅竹篾屏风也是他们的代表性作品之一。一些作品参加全国、省、市级各种民间工艺展览，获得一等奖、金桂奖等荣誉。

主要价值

后塍竹编制作技艺，为人们的生产、生活制作出丰富多彩的作品，有其实用价值。其技艺的制作流程，器物的各种造型、装饰和使用都凸现出当地民间文化的特色和民间工艺的智慧。它的工艺特征，生产和生活内涵都具有重要的历史价值、科学价值和艺术价值。

目前保护情况

目前在当地政府的重视下，已对境内竹园的生长状况进行全面调查和统计，加强培育和发展竹园基地。对竹篾匠老师傅的生活和生产情况进行摸底、登记，开设新一代青年人学习竹篾手工技艺培训班，传承竹编工艺。

集市上

教室里老师向学生介绍后塍竹编

雷沟大布织染工艺

雷沟，宋、明时期属江阴县城东二十里的宝池乡管辖，清代康熙三年改属大桥镇。民国十二年（1923年）前后由大南乡、大桥乡等行政机构管辖。1949年为雷沟乡，乡政府设在七房庄。1956年改后塍乡，七房庄划归占文乡。1957年雷沟乡划归后塍乡和南沙乡。雷沟有东雷沟和西雷沟，西雷沟比东雷沟大，明代设西雷沟堡的建制。雷沟大布的区域为东至陈沟（闸上），南至陶城、散墩、前白丰，西至岐山村、仓廪桥，现属江阴市，北至王家埭、糖坊圩、张家港街（张家埭）、大于埭，占地约20平方公里。

雷沟纺织婆

张家港市

非物质文化遗产荟萃·传统技艺

183

雷沟大布织机（摄于20世纪70年代）

境内东山村石器时代遗址出土中，已有原始纺织工具"陶纺轮"。到了元代，棉花在我国推广普及，江南棉纱织品逐渐开发。据史家研究，明清时期江南已有简单的手加工棉纺工艺。到明代，雷沟地区已广种棉花，并引进黄道婆传统工艺，学的木制织机，织出土布，即是雷沟大布的雏形。由于在雷沟堡的范围内，故称"雷沟大布"。

雷沟大布至今已有500多年的历史。到了明清期间，雷沟大布为江南一绝，饮誉海内外，北京的"瑞蚨祥"布庄，南京的"恒源大"布庄，扬州的"老协升"布庄等均畅销雷沟大布。南北布庄将其运销到东南亚一带。雷沟地区周围的各集镇都设有布庄，据不完全统计有布庄40—50家，每天收购雷沟大布1.5万匹到2万匹，每月就有50多万匹，还有染坊、燃料店林立。清代诗人陶孚尹曾有诗记此盛况："横河东去接雷沟。侵晓行人抱布稠。珍重寸缣休浪掷，寒岁龟手数更筹。嘉湖平原共争艳，邑产土布数雷沟。"新中国成立后1958年组建了后塍、南沙、闸上等棉织社。随之，大队（村）办纺织厂兴起，几乎村村有纺织厂。1974年一部分雷沟大布的技术骨干和管理人员用棉织社分流出来16台织布机建立了后塍三化纤，1997年企业更名为"张家港市金陵纺织有限公司"。

基本内容及特征

雷沟大布至今已有500多年的历史，它的传统工艺比较讲究，以手工制作为主，技艺精湛，有"一朵棉花做到头"的美称。从种棉花、收棉花、去棉籽、弹絮棉、卷棉条、纺纱锭、屄纱、浆洗、染色、晾晒、经纱、做筒管、穿棕到织布。初始为手穿，后改为手拉，经"杜经杜纬"，织成"杜布"，也称大布，因地处雷沟地区，故名"雷沟大布"。

雷沟大布的制作工具主要有：手工去籽机、弹花弓、屄车、棉条板、经床、木纱盘、浆纱绞棒、浆缸、颜料（分老青、蓝青、浆黄、黑料等）、锭子机（即车锭子）、手工纺车、穿梭织机、抽拉织机、脚踏铁木机等。制品有大布匹、小布匹。雷沟大布的品种有：白色、青色、蓝花色、芦菲片等。

雷沟大布系纯棉制作，天然植物染料染色，花色繁多，质地紧密，布身厚实，柔软耐磨，极具保暖性。可用来制作衣服、袜子、头巾、围裙、车袋、手巾、手套、床单、被面、夹里、肚兜、台毯、书包、包袱等。

雷沟大布的销售分"庄收"和"庄销"，时谓"布庄"或"布行"，其次是沿行收购和自行销售两种。境内80%以庄收庄销为主，主要销往扬州、高邮、泰州、北京、东南亚等地。

雷沟大布陈列馆展品

雷沟大布的主要特征有：

1. 纯棉制作，天然染料；

2. 手穿织机到手拉穿梭；

3. 门幅较窄，长度定尺；

4. 花色多种，用途广泛；

5. 庄收庄销，运销国内外。

传承关系及代表性人物

1. 代表性人物：黄胜良，现为张家港市金陵纺织有限公司董事长。徐建东，为西雷沟七房庄纺织世家传承人，现为张家港市三佳纺织有限公司董事长。

2. 代表性作品：大布布匹、小布布匹、白胚布、格子匹、条子匹、芦花匹、芦扉匹等。

雷沟大布织染工艺代表性传承人黄胜良

雷沟大布纺织能手

雷沟大布织染工艺传承人徐建东

主要价值

1. 工艺价值。雷沟大布有一套从棉花到纺纱织布的传统工艺，尤其是采用的原生态自然色染工艺更值得借鉴。

2. 历史价值。雷沟大布是研究中国纺织史的重要参考资料。

3. 经济价值。雷沟大布以其天然纯色、经用耐磨的实用赢得市场，很值得推广。

雷沟大布在上海世博会上

雷沟大布保护传承研讨会

目前保护情况

1. 对现有的雷沟大布品种进行搜集、拍照、登记、保存、存档。

2. 对原织染工艺工具、流程，如晒帘、弹花、絮弓、纺车、纡子、锭子、综、筘、屄纱车、织布机作文字记录，并收藏实物保存。

3. 建立一个雷沟大布织染工艺、工具的陈列室。2010年，雷沟大布陈列馆被苏州市人民政府公布为苏州市非物质文化遗产示范基地。

4. 在代表性人物黄胜良带领下，有计划地培养新的传承人。

5. 召开雷沟大布研讨会，出版论文集。

雷沟大布制成品

金属抬凿錾刻工艺

历史沿革及分布情况

金属抬凿錾刻工艺又称錾花工艺。它主要是利用金、银、铜等金属材料的延展性，直接在金属物体上錾刻人、物、花、草等浮雕图案。这种工艺始于春秋时期，盛于战国时期，至今已有2000余年历史。

山东淄博出土的秦始皇三十三年造的鎏金刻花银盘，盘内外錾刻龙凤纹，花纹活泼秀丽，线条流畅，布局疏密相宜，韵律性强，可见秦代的錾刻工艺已相当成熟。东汉以后，金银器制作已从青铜器制作传统工艺中分离出来，成为一门独立的工艺。唐代，錾花工艺有了新的发展，錾出的点、线、面与金银表面的光泽相映增辉。清代，錾刻工艺空前发展，金银器更是遍及祭祀、冠饰、生活、鞍具、陈设和佛事等各个领域，成为人们日常生活中的必备物品。

在张家港地区，历来都有金银匠人，以家族个体作坊形式经营，在金银器上錾刻一些简单图案或刻上主人的姓名等。"文化大革命"中，金银作为一种管制物品，不能在市场流通，錾刻匠人也转行经营别的生意。改革开放后，金银制品重回社会进入市场，金属錾刻

2014年7月，江苏省文化创意设计大赛参赛作品"迪拜精致点心盒"

2014年7月，幸运金属有限公司抬錾錾刻作品"夏日荷韵"

的工匠也重操起这门手艺。

张家港市幸运金属工艺品有限公司，是一个专门从事为顾客錾刻、加工、销售金属器具的公司，在市步行街创建了"幸运银楼"。几十年来，该公司已拥有资产上亿元，各类技术人才60余人。目前已成为国内以錾刻为主，同时专业生产镀金、银餐具的最大规模的企业之一。先后为北京人民大会堂、上海世博会、上海亚信峰会、北京APEC、南京青奥会、乌镇"互联网十"会、杭州G20峰会等定制高端的金银餐具。近几年不断开发国外市场，给迪拜皇室定制餐具、用具，阿联酋几个酋长国都可以领略"幸运"金银器的高贵与奢华。

抬錾錾刻工具（部分）

基本内容及特征

錾刻工艺中运用的錾刻技法，就是在金属表面刻出间槽线，使纹样形成凹凸面，造成明暗差异，呈浅浮雕效果，表现其立体感和空间感。

錾刻工艺主要技法：

勾：勾錾就是在预先准备的物品上进行素描，用不同形状的勾錾刻成图案，然后将其黏结在金属上，用勾錾沿线描处二次勾画。

台：台是在胎型背面，用不同形状的台錾顶出所要图形的边缘。它是一种浅浮雕的处理方法。台錾过程中，根据纹饰的面积和层次来确定台出的高度、深度，对需要再继续细化的突出部位可通过串、点手法来完成。

采：也称"落"，在胎型的正面操作。制作中，通过不同的采、落处理，找出花纹的结构，分出不同部位的层次，以体现出翻转折叠的艺术魅力，使器物更具有立体浮雕效果。

平錾：平錾是用不同形状的錾刀在器物正面錾刻的一种方法。

丝錾：丝錾是细化各个部位纹样的主要表现手法，一般用小型錾刀，刀刃分单一和组合两种，对于一些纹饰的细部刻画，如花瓣的筋脉、小鸟的羽毛等部位，通过丝錾把纹样的线条处理清晰，使图案更具动感。

戗：戗也称刻，戗刻出的纹饰呈浅浮雕效果。

脱：脱分镂空錾和脱底錾两种方式。镂空錾又称透雕，将图案的底子或背景用錾子脱出，使器物呈现玲珑剔透的艺术效果。脱底錾是指在器物上的花纹錾刻完毕后，用特制的錾刀沿外缘将底子脱出。

錾刻操作前，必须将加工对象固定于胶板上。胶板一般用松香、大白粉和植物油，按一定比例配制后敷在木板上，使用时将胶烤软，金银铜等工件过火后即可贴附其上，冷却后方可进行錾刻，取下时只需加热便能脱开。一个熟练的匠人师傅，按工作台上的加工对象，左手持錾，右手持锤，不停地敲打在錾顶上，同时左手慢慢地按花纹移动錾子，錾出不同的花纹。对一般的常用的图案，技术高超的匠人师傅，可以不用印花直接在原材料上，錾刻出如龙、凤、梅、兰、竹、菊等图案。錾花工艺品的造型，主要分为平面的片活和立体的圆活。片活是平装在某些器物上或悬挂起来供人欣赏，圆活则供实用器皿使用。

2013年11月16日，阿联酋皇室成员在巨型食盒发布会现场发言

2014年7月,国家版权局版权管理司司长于慈珂莅临幸运公司指导工作

2014年5月,深圳文博会上,省委常委、省委宣传部王燕文部长参观幸运金属展区

錾花工艺的核心是"錾活"。完成一件精美的錾刻作品需要10多道工艺程序,除了要具备良好的技术外,还要能根据加工对象的需要,自己打制出得心应手的錾刻工具。

錾刻的主要工具是各式各样的成套錾子。这些錾子都是自制的,是用工具钢或弹簧钢过火后锤打成10厘米长、中间粗两头细的枣核坯子,之后将其前端锤打、错磨出所需要的形状,再经焠火处理,并在油石上反复打磨、调试。常用的錾子有大小不等的勾錾、直口錾、双线錾、发丝錾、半圆錾、方踩錾、鱼鳞錾、鱼眼錾、豆粒錾、沙地錾、尖錾、托錾、抢錾等10余种。

錾花工艺的板料,无论是金银还是铜,操作中要把碎料装入坩埚,熔化、去除杂质铸为坨锭,而后反复过火,用锤锤打,成为合适的板料。它的薄厚,依作品的大小而定。最常用的厚度在2—5毫米,过厚的板材使用中往下踩和往上抬都有困难,太薄则容易錾漏。

传承关系及代表性人物

王永业(1899—1974),原名王耀中,又名王中良,生于清光绪二十五年,浙江余姚卫埭人,为錾花工艺第一代传承人。时宝良(1931年生)、金和宝(1941年生)为第二代。黄建良(1970年生),为第三代传人。第四代传人为赵海荣(1975年生)、赵建国(1966年生)和蔡玉娟。蔡玉娟师从高级工艺美术师、苏州市非物质文化遗产金属抬凿錾刻工艺代表性传承人姚士荣。

2015年5月25日,抬凿錾刻传承人蔡玉娟(右)参加在塘桥金村举办的张家港市第三届"非遗"展示传承大赛并获得金奖

主要价值

鉴刻是民间一门古老的工艺技术，制作各种金属制品离不开它。在金银器上鉴刻的图案纹饰能反映不同年代各民族的不同风俗习惯，因此，具有一定的历史文化价值。

鉴刻的艺术价值主要表现为鉴刻技术的精湛和色彩运用的绚丽。在金属制品表面体现出的艺术效果立体感强，是纸张等载体无法与之媲美的。完美的鉴刻制品，不但具有欣赏价值，在人们日常生产、生活中更具有实用价值。

目前保护情况

张家港市幸运金属工艺品有限公司是金属抬凿鉴刻工艺的保护、传承责任单位，近几年来十分重视保护、传承工作。

2015年建立了金属抬凿鉴刻研究小组，由公司董事长黄建良担任组长，聘请苏州市金属抬凿鉴刻工艺传承人姚士荣为公司的高级顾问，并专门设置了姚士荣抬凿鉴刻工作室和陈列室。公司还接收了高级鉴刻工艺师蔡玉娟为徒，精心传授技艺。

2016年，公司耗资上千万元，建立苏州美院金属抬凿鉴刻传承基地，设在公司大楼的三层楼面上。其中专项陈列室有1000多平方米，陈列了上万件金银鉴刻工艺品，供人们参观鉴赏。

外宾观摩蔡玉娟鉴刻技艺

珍珠养殖与加工技艺

历史沿革及分布情况

　　张家港地区很早就有淡水珍珠养殖和加工小农经济模式。20世纪五六十年代，当时相当部分生产队的农民响应上级号召，发展副业，开始涉足淡水珠养殖与加工，并在泗港、闸上、后塍、朱家桥等小集镇上自发形成了一个个珍珠交易市场。由于货真价实，交易兴起，引来了美国、欧洲、印度等国和香港等地区的商人前来采购。当时主要以淡水珍珠为原料生产珍珠首饰，随后又兴起了珍珠粉生产工艺。这些珍珠的深加工产品出口到美国、欧洲、东南亚等地。到了80年代中后期，受国际金融危机影响，珍珠市场出现萎缩，出口珍珠锐减，市场进入低谷。淡水珍珠养殖和加工逐渐消失。

南沙河蚌育珠

采集蚌珠

张家港大秦珠宝有限公司秦环虎夫妇坚持走自己的路，在传承传统的珍珠养殖与加工技艺的基础上，加大了自主研发，加强了生产规模拓展和销售模式革新，逐渐成为张家港地区乃至全苏州唯一一家专门从事养殖和加工珍珠的基地。其中位于双山岛的养殖基地水域面积达1000亩。岛内四季分明、气候温和、日照充足、雨量充沛，地理环境独特、自然资源丰富、生态环境优美，特别适合淡水珠养殖业的发展。大秦珠宝有限公司珍珠养殖和加工为苏州地区独一的传承者。主要制品有两类：一类是养殖采殖的珍珠有米形珠、圆珠；另一类是珍珠加工及珍珠粉。

基本内容及特征

传统的淡水珍珠养殖和加工技艺分述如下：

一、传统淡水珍珠养殖技艺主要过程为：

1. 蚌的培育。

（1）选择4—6龄无病无伤、贝壳珍珠层较厚、体质健壮、体长16厘米以上的三角帆蚌为亲蚌。

（2）在秋季把雌雄亲蚌按2:1进行性比组合，集中吊养在水层中育苗。

（3）选无病无伤、膘肥体壮的采蚴鱼，将成熟的母蚌洗净，阳光下晒1小时后，采蚴鱼将钩养蚴虫全部附着到鳃和鳍等部位后，放入繁殖池中饲养。

（4）在常温下经10天左右培育，变成稚蚌，稚蚌在繁殖池中经50—60天培育，达到1—5厘米左右时，转入仔蚌管理。

（5）选择晴好天气，将蚌苗倒入网箱中，均匀自然沉入网底。

观测水情

夹养

2.蚌的接种。

（1）选取达到6—8厘米、健壮、无病伤、内脏饱满、外套膜较肥厚的仔蚌为手术蚌。选取腹圆形和圆鼓型的仔蚌作植片蚌，余下的做小片蚌。

（2）在相对无菌状态下，把小片蚌两侧边缘外套膜切下，将内外侧上皮组织撕开，弃去内表皮，取外表皮制成细胞小片。细胞小片制取后即可滴注保养液，杀菌保湿，促进珍珠囊细胞的增殖。

（3）小片制好后立即插植到片蚌的外套膜中，其步骤是：开壳固塞、挑片、创口选片、整圆、拔塞、刻号。

3.育珠河蚌的饲养和管理。

手术后的蚌进行网笼吊养、调节水质、投入各种粪肥、合理调控、抑制病菌，增加水体中浮游生物量，提供充足的天然饵料，定期巡查。

4.珍珠的采集。

选养殖时期3—5年的育珠蚌，一般在每年冬季的10—12月，春季的1—3月两季为适宜。

二、传统珍珠加工技艺分为：珍珠加工和珍珠粉。

1.珍珠加工步骤：用超声波清洗、筛选、打孔清洗、烘干、增光漂白、抛光、串籽。扁珠、异形珠、土豆形珠等能制成各种颜色的珍珠，另一类是用珍珠加工制成珍珠项链、珍珠手链、珍珠耳饰等各种饰品。

2.传统珍珠粉加工：取5mm以下小颗粒异形珍珠洗净，放锅里用100℃水煮24小时，取出晾干、捣碎、放入水中沉淀大颗粒后，将浑水倒入另一容器沉淀24小时，淀出的粉末取出晾干后碾磨、沉淀，反复几次后，用纱布包好，放入豆

珍珠养殖场

腐中煮6小时，使之去除腥味及重金属后，将粉末刨出晾干即可成珍珠粉。珍珠粉有医药价值，可内服，可外敷。

传承关系及代表性人物

关于人工养殖珍珠，我国宋代的庞云美所著《文昌杂录》就曾记载："谢景温云：有一养珠法，以今所作假珠，择光莹圆润者，取稍大蚌蛤，以清水浸之，伺其口开，急以珠投之。频换清水，夜置月中……经两秋即成真珠矣。"史料显示，我国古代就已出现人工养殖珍珠的技术。

江浙一带很早就有珍珠人工养殖及加工史。在20世纪50年代，在长江以南太湖地区开展淡水珍珠人工养殖试验并成功孕育出第一批中国淡水珍珠。我市的后塍、南沙、泗港、闸上、朱家桥等地成为淡水人工养殖珍珠及加工的重要产地。20世纪80年代中后期珍珠养殖大幅度缩减，但是大秦珠宝有限公司在20世纪90年代继承和发展了传统养殖与加工技艺。

当前代表性传承人为张家港市大秦珠宝有限公司董事长、总经理秦环虎先生，他掌握了珍珠养殖的整个过程和珍珠加工技艺，并培养和传带了一批人才。1999年成功研制了珍珠染色技术，弥补了世界空白，使珍珠变得五颜六色。2000年又自行研制了珍珠增光和漂白技术，弥补了国内空白，而且打破了日本在这项技术领域的垄断地位。2014年成功注册了"大秦·秦亿"珍珠品牌，对所产珍珠及珍珠产品进行品牌化保护，同时在双山岛建立了1000亩水面的珍珠养殖基地。

水上作业

珍珠市场

主要价值

文化历史价值。珍珠历来被视作奇珍至宝，它象征纯真、完美、尊贵和权威，与璧玉并重。《尔雅》把珍珠与玉并列为"西方之美者"。《庄子》有"千金之珠"的说法。秦昭王把珠与玉并列为"器饰宝藏"之首。视珍珠为权威至上、尊贵无比的象征，具有较高的文化历史价值。

保健养生价值。《海药本草》称珍珠为真珠，意指珠质至纯至真的药效功能。珍珠制成珠粉具有养身功能，可增强体质，达到治病、美容、延年益寿的功效。

经济价值。珍珠可以进行淡水人工养殖，其珍珠饰品可远销世界各地。给当地人们带来巨大的经济效益。

张家港市大秦珠宝有限公司已成为一家集珍珠养殖、自主研发设计、加工销售、自营出口于一体的规模型农业产业化龙头企业。开发了近万种款式的珍珠首饰，伴以金银首饰、半宝石首饰，远销世界各地。现有淡水珍珠养殖场，水域面积3000多亩，同时拥有专门的珠宝加工制作工厂，采用珍珠抛光、打孔、染色等先进技术，形成项链、手链、手环、手镯、吊坠、耳环、戒指、脚链、套装等9个大类，8000多个款式。已拥有305项专利，并成功注册"大秦•秦亿"珍珠品牌，采取知识产权措施，对珍珠及珍珠产品进行品牌化保护。准备出版关于珍珠养殖和加工技艺的专著，建立张家港珍珠文化馆。对其养殖、生产工艺加工进行全方位的展示。继续扩大珍珠养殖基地，创新开发珍珠新产品，对珍珠粉的功效进行进一步的研发。加强对淡水养殖珍珠和加工技术的宣传及推广力度。

珍珠

鹿苑鸡育养技艺

历史沿革及分布情况

鹿苑鸡已有两百多年的饲养历史。清代就被列为常熟四大特产之一。同治、光绪两帝之师翁同龢常把鹿苑鸡作为家乡特产带至京城，赠送亲友和同僚。鹿苑鸡曾被列为贡品驰名大江南北。鹿苑鸡又是名优特产"常熟叫化鸡"正宗的首选原料。

鹿苑作为传统农业高产区，水产资源丰富。农家饲养鸡，以农副产品和鱼虾、下脚料早晚补饲，故鹿苑鸡肉丰质美。鹿苑鸡主要分布在塘桥、鹿苑、妙桥等地区。

鹿苑种鸡（摄于20世纪70年代）

鹿苑种鸡体检选种（摄于1975年）

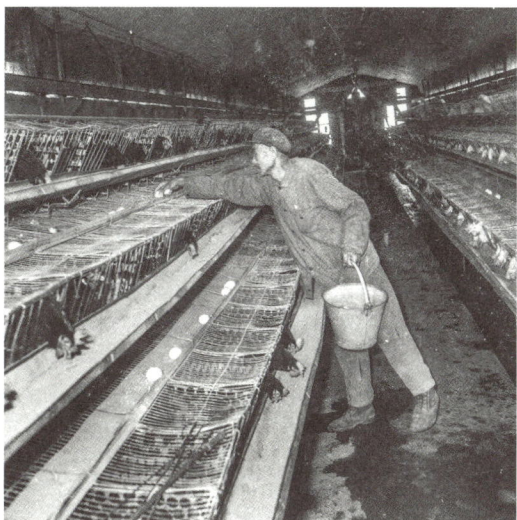

鹿苑种鸡场（摄于20世纪70年代）

基本内容及特征

鹿苑鸡具有"四黄三黑"的外貌特征：黄喙、黄脚、黄羽、黄皮，颈羽、尾羽、翅羽间有稀疏黑毛。以肉质细嫩、皮下脂肪丰富而著称。公鸡脚杆高壮、体型健硕，体重一般在3公斤左右；母鸡脚杆粗矮、浑重壮实，重2公斤以上，年产蛋140—170个。平均蛋重54克。

两百多年来，当地群众积累了极其丰富的育雏和养鸡经验。对种鸡选苗要求甚高，以体型高大、体格粗壮结实、勤于觅食的"四黄"品种为主要标准，选择雄、雌鸡1∶10—1∶15的比例饲养，自然交配和孵养。鹿苑鸡就巢性强，每年每只鸡可孵四窝，可孵出60余只雏鸡。将雏鸡饲养10多天后，再销售给当地农民饲养。因为不引进外地鸡种，纯正鹿苑鸡品种得以传承。

鹿苑鸡饲养管理，以内育外养为主，舍饲和生态放养相结合。鹿苑鸡耐粗饲，觅食能力强，适应性广。特别适

鹿苑鸡

应于生态放养，白天放牧在田野、竹园、果园、宅基空地，任其自由觅食，觅取谷粒、昆虫和青饲料，早晚补进农副产品和鱼虾与下脚。故鹿苑鸡肉质丰美、细嫩、酥软、鲜美。

鹿苑鸡蛋

传承关系及代表性人物

鹿苑地区的广大农民历来就有家家户户养鸡的习惯，他们积累了丰富的育雏养鸡经验，通过不断的选种和传承，形成了鹿苑鸡的自身特点——"四黄三黑"，这种个体选育和传承的方式使鹿苑鸡得以传承。20世纪60年代末、70年代初开始，外来鸡种不断进入市场，杂交品种越来越多，使地方良种鹿苑鸡的保存和传承受到了极大威胁，纯鹿苑鸡种几乎灭绝。江苏省农林厅和苏州地区多管局要求张家港对鹿苑鸡进行提纯复壮。在扬州大学和中国科学院家禽研究所等科研院校的大力支持下，张家港市畜禽有限公司组成鹿苑鸡协作组，通过深入调查、添置设备、采用蛋选、雏选和种鸡选等措施，去劣弃杂，经过十多年努力，恢复了鹿苑鸡的本来面目。当前育养鹿苑鸡的代表性传承人为蒋建明、张一平（已故）两位畜牧师。他们撰写的《鹿苑鸡的保护和利用研究》分别获2003年、2005年市级科技进步奖。

鹿苑鸡选种、培育技术能手蒋建明

主要价值

一、历史文化价值。鹿苑鸡是我国著名的地方良种鸡，是制作"叫化鸡"的最佳鸡种，在清代就被列为贡品，成为常熟历史上的四大特产之一，声誉驰名大江南北。

二、科技价值。鹿苑鸡的品种选育、提纯复壮的有关资料已载入《江苏省家畜家禽品种志》和《中国家禽品种志》，被许多科研单位作为育种素材，为研究鸡的保种、育种技术，积累了丰富的经验。

三、经济价值。长期以来饲养鹿苑鸡已成为当地重要的家庭副业之一。它不但满足了本地市场禽类的供应，还销往海外，成为出口产品之一。鹿苑鸡具有可观的经济价值。

目前保护情况

从1990年起，由张家港市畜禽有限公司开始承担起保护鹿苑鸡优良种质资源，对其进行了提纯复壮、繁育扩群的研究工作，并得到了扬州大学、中国家禽研究所、江苏农学院有关专家的指导和帮助，取得了显著成效，使濒危的"名特优"品种鹿苑鸡得到了保护、开发和利用。该公司已成为农业科技（鹿苑鸡）示范基地，被江苏省质量技术监督局公布为江苏省地方标准《鹿苑鸡》DB32/T801—2005和江苏省地方标准《鹿苑鸡（肉用）生产技术规程》DB32/T802—2005。"鹿苑鸡"已成为国家注册商标，被农业部评为无公害产品。该基地被江苏省农林厅评为无公害产品产地和苏州市名牌产品、苏州市知名商标。

江苏省委常委、副省长黄莉新（前右）考察鹿苑鸡展销点

高庄豆腐干制作技艺

历史沿革及分布情况

凤凰镇高庄的豆腐干、豆腐制作技艺，在清末的光绪年代，就由高庄村的谢氏先人从北方传入高庄。谢氏又根据常熟山塘上南方豆腐干的制作工艺取长补短，制作出了有特色的豆腐与豆腐干。由于它与众不同，就被大家以生产地为名，称高庄豆腐干。由于豆腐不能远销，所以销售到上海、无锡、苏州一带的主要是豆腐干。从清末到民国年间，高庄村农民把制作、经营豆腐干生意作为主要的副业。在那个年代，农民乘轮船或快船，先到常熟，再乘轮船到上海、苏州。故在上海高庄豆腐干早已出了名，一般老一辈的上海人，一听到高庄豆腐干，就争着购买。

20世纪50年代至80年代，高庄已无人做豆腐了，因被当作资本主义而禁绝。80年代末，在改革开放政策引导下，高庄谢氏村民又开始凭着自己的记忆，重新磨制豆腐，并得到了乡镇领导的大力支持。高庄豆腐干的名声才又响起来。

高庄豆腐与豆腐干的制作主要分布在凤凰镇的高庄村。

凤凰镇大豆田

基本内容及特征

制作高庄豆腐干，在几代人的传承革新下，已形成自己独特的工艺。他们讲究原生态的制作，不受现代化学工业的影响，发扬传统工艺的特色。

选料磨浆：首先是选取原料，要选粒大饱满、无虫蛀的大豆，用高庄地区富含矿物质的不受污染的纯净地下水浸泡，然后用人工石磨磨制成豆浆，磨得要细，豆浆以乳白色为上品。

滤浆：用细白的纱布做成四角方的滤浆工具，用竹木制成的三角架吊着布袋，下面放着盛豆浆的大缸，然后一勺一勺地将豆浆放在布袋中扯动过滤。

烧浆：过滤好的豆浆用木桶打起来，放入铁锅内烧煮，把握火候与豆浆的浓度是关键。然后冷却，使温度降至90℃左右，锅面就凝结成一半固体状，用两根稻柴，在锅里能穿起一张豆腐衣便开始出锅。

点卤凝固：从锅内取出豆浆，再回倒进大缸内，冷却到70℃左右。用装盐卤的茶壶点浆。一只手倒盐卤，一只手搅拌豆浆。直到豆浆中出现像棉花朵似的凝固成团的豆腐状时，才停止点卤。然后在缸面上铺两块木板，把豆浆焖入缸内。

上榨床轻压：豆浆已凝结成水豆腐，把它再舀进铺盖纱布的木框内，进行上架压制。第一次压制的是豆腐，必须轻压。然后用刀在板面上划成小方块。

上榨床重压：把一小块一小块的豆腐，再用纱布包起来，一块块地排列在木板上，压榨2到3小时，便成豆腐干了。

小石磨磨豆

滤豆渣

点盐卤

熟豆浆倒进滤布

剥包烧煮：压制完毕后，剥开小包，把白坯豆腐干放在清水内漂净，然后放入锅内烧煮，再在锅内焖半小时，即可出锅凉干。

回锅上色：把凉干后的豆腐干再倒入锅内，放上清水、糖油、细盐、茴香、桂皮、陈醋、味精等调料，一般烧煮3小时左右，便成又香又好吃的高庄豆腐干。

糖油是高庄豆腐干中主要的佐料，一般都是世代传承的老师傅调制，也是一行不传外的特色工艺。

高庄豆腐与豆腐干的特色是香醇鲜美，富有韧性，口感极佳。

传承关系及代表性人物

凤凰镇高庄村是制作高庄豆腐干的集中地，主要有三家：谢建明、谢建国、谢建忠。以家族传承为主。

主要价值

高庄豆腐干是凤凰镇的传统特色产品，是原生态、无污染、富有营养的绿色食品。它口味纯正鲜美，是居家或旅游的好食品。

凉豆腐

包制好的豆腐干

目前保护情况

　　凤凰镇政府选定高庄豆腐与豆腐干的几家生产基地，确立正宗的传承人，并为他们服务。在恬庄老街上，开设传统制作高庄豆腐的作坊，向游客展示制作高庄豆腐干的技艺。凤凰旅游发展公司准备扶植一家，制作真空包装的绿色土特产，进入各个景点。

包豆腐干

《传承百年的高庄豆腐干》

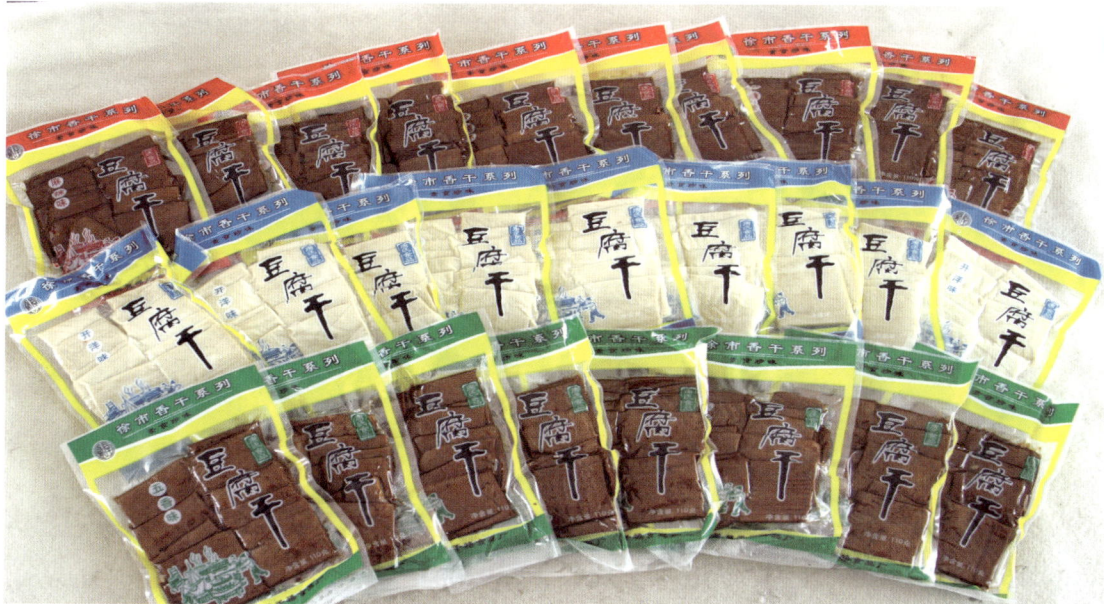
高庄豆腐干成品

沙洲花边制作技艺

历史沿革及分布情况

民国六年（1917年），"沙洲花边"就在张家港境内的港口、凤凰、西张、塘桥、杨舍等地流传，而杨舍地区还包括乘航、塘市、泗港、东莱、晨阳等乡镇，绣女达5万余人。20世纪50年代初期，杨舍地区各乡镇纷纷建立花边站，隶属所在集镇的手工业联社管理，组织发展外贸花边生产。1965年，沙洲县建立花边经理部，其所属乡镇相继建立花边站（发放站）。农村青年妇女几乎人人参与结花边，人数达十多万人。1972年，花边工艺从传统的提线花边基

交流花边钩结技艺

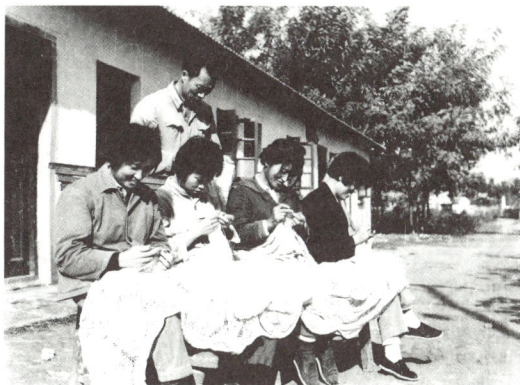
钩结花边

础上改为针织花边，也叫棒针花边，创造了具有地方特色的产品，叫"沙洲花边"，也称"沙洲针织花边"。该工艺产品立即走俏国际市场。1979年，"沙洲花边"生产达到高峰期，年产值达1300万元。20世纪80年代后，受国际市场的影响，沙洲花边产量不断下滑，乡镇花边站相继停业。到了90年代后期，"花边"生产落入低谷，主要原因是人工价格太低，无人愿做。到2004年，沙洲花边经理部停止营业。"沙洲花边"濒临失传的危险。

基本内容及特征

沙洲花边是在提线花边的基础上，将民间的棒针编织应用到抽纱上，结合钩针工艺而形成的具有地域特色的花边制品。

沙洲花边工艺流程较为繁杂，主要工序是：花稿设计——审核定样稿——实验打样——排样描样——刺样——印

花检验——下发乡村绣女钩结——回收毛坯检验——收仓——水洗漂白加工——烘干——干坯验收——烫平——光坯检验——包装外运。

沙洲花边基本原材料有208/3、218/3、102/3、208/4、608/2×3等织布，其布料有全棉布、涤棉布、棉亚麻布、棉苎麻布、色布等。在这些布上绣女按样将花线钩织出各种图案，再抽掉部分棉纱，形成镂空，利用镂空疏密度的对比，产生视觉上的艺术美感。产品具有整洁、雅静、纤巧柔和的感觉，具有多种功能，主要用于室内所有软装饰品上。

沙洲花边

沙洲花边

钩结花边工具

沙洲花边这项民间手工艺品，它的一幅作品的制作，是由一根根纱线钩结而成，钩结一根纱要花上十多分钟，较大的作品要花成千上万根棉纱线，故一件大型花边需要多个绣女花几个月钩结才做成。

沙洲花边的钩结工具很简单，只要有一根钩针、一把剪刀和结针就可。

传承关系及代表性人物

沙洲针织花边的创始人是夏小彬（又名小斌），他将传统的提线花边，结合流传于民间的棒针编织工艺，应用到花边抽纱上，再将钩针工艺应用到花边的钩结上来，利用镂空技艺，产生了具有地域特色的针织花边，经过不断的提炼和加工，创立了别具风格的沙洲花边，也称沙洲针织花边。沙洲花边的传承人还有工艺师赵秋凯、黄加平、聂品军等，主要负责样品的设计、打样，以及钩结技术的传授等工作。

沙洲花边

沙洲花边的主要产品大多用于室内装饰，如床上用品、餐椅用品、窗帘、门帘、沙发套罩等。

沙洲花边

主要价值

沙洲花边的艺术性较高，主要体现在花边图案的设计、钩结技艺的高超、镂空疏密的对比上，具有较高的艺术观赏价值。

沙洲花边大量出口到美国、日本、东南亚各国，发展了外贸生产，传布中国的民间手工技艺文化，既产生了经济效益，又传布了中国特色的民族传统文化，具有一定的经济价值和文化价值。

目前保护情况

在当地政府的重视下，加强对沙洲花边民间手工技艺的收集和整理工作，建立档案；开办沙洲花边钩结培训班，使沙洲花边手工技艺避免失传的危险，保护沙洲花边的民间艺术。

杨舍丁氏风筝制作技艺

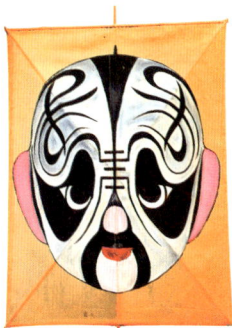

历史沿革及分布情况

　　杨舍镇风筝制作历史久远，明清时期就已盛行。每年"清明"前后，男女老少编扎风筝争相放飞。杨舍镇城东村风筝艺人丁浩清从20世纪40年代开始制作风筝，其艺出自家传，到丁浩清已是第三代传人。祖父丁佩贵和父亲丁连生都是扎制风筝、龙灯、花灯的好手，丁家在杨舍东街曾开有纸扎店，扎制各种灯笼、风筝出售。丁浩清在家庭熏陶下，自幼就随父亲学扎风筝，至今已有70年艺龄，手制各种风筝千余只。

　　杨舍丁氏风筝分布区域以杨舍镇城东村为中心，涉及周边村镇。

丁浩清绘制的风筝图案

丁浩清（左一）在第四届北京国际风筝会上（摄于1991年）

基本内容及特征

　　杨舍丁氏风筝采用多种面料。早年，丁浩清曾用麦秸编制过可以放飞的风筝，之后多用纸、布、绸以及化纤材料。其风筝造型丰富多样，几何图形的有：方形、长方形、六角形等。此种风筝多绘以彩色人物图像，丁浩清特别擅长摹绘钟馗图像，人物造型生动，色彩绚丽。禽鸟型风筝，扎制工艺更为繁复、讲究，常制的有凤凰筝、金蝉筝、蝴蝶筝、燕子筝、白鸽筝、苍鹰筝等，造型逼真，着色考究。此类风筝或大或小，

小的可置于掌中，直径不过10厘米，如"蝴蝶""蜻蜓""雏凤"；大的宽度可达4—5米，如"苍鹰""凤凰"。动物型风筝，有牛筝、羊筝、兔筝等。

　　丁浩清最拿手的是扎制大型、巨型龙筝。有100节、50米长的青龙筝，有152节、120米长的七彩巨龙筝。堪称风筝王国的煌煌巨制。

　　丁浩清创作思想活跃，不墨守成规，不断更新，不断开拓。20世纪90年代以来，他尝试制作过京剧脸谱方形风筝，用米色涤纶作面料，彩绘关云长、张飞、孟良等脸谱。制作过不对称的"热

带鱼"风筝、"企鹅"风筝，制作过"动漫人物"风筝。每有新品面世，均会赢得一片喝彩。

丁浩清不但扎制、绘图技艺精湛，而且放飞技术也十分了得。他放飞50米、100多米的龙筝常常一次放飞成功。他曾在一根线上放飞31只彩色蝴蝶风筝。丁浩清曾获得"华东地区风筝邀请赛放飞表演奖"。

传承关系及代表性人物

丁浩清是杨舍丁氏风筝当代代表性人物。丁浩清，1930年10月出生于"风筝世家"。祖父丁佩贵（生于清光绪年间），父亲丁连生（1893—？）都是扎制风筝、花灯、龙灯的好手。丁浩清自幼学习家传技艺，10岁即能独立操作，至今已有70年艺龄。丁浩清于2005年获得"苏州民间工艺家"称号。

丁浩清代表作："七彩巨龙风筝"。制作、首次放飞于1992年。长达120米，共有152节，龙身直径50厘米。从劈篾、扎制、裱糊到绘图着色，均由丁浩清独自完成。整条龙筝用竹篾788根（其中龙头用184根），龙身用绸布40余米。1992年5月，"七彩巨龙风筝"在张家港市体育运动会上亮相，创下中国巨型风筝之最，被列入《上海大世界吉尼斯之最》。该风筝于1993年参加北京风筝比赛之后，被中国体育博物馆收藏。

丁浩清制作的"钟馗"风筝

丁浩清展示他的"苍鹰"风筝

主要价值

　　杨舍丁氏风筝之制作工艺,可以说集江南风筝工艺之大成。种类繁多,色彩鲜艳,制作精致。有很高的艺术价值、观赏价值。放飞风筝作为一项传统的室外健身活动,可以愉悦身心、陶冶情操,深受广大群众喜爱。

目前保护情况

　　近年来,中央电视台、江苏电视台及张家港多家媒体对丁浩清风筝进行了报道介绍,这对于引起保护重视起到了积极作用。杨舍镇有关部门准备完整地记录整理丁浩清制作风筝的资料,建立文字与图片档案,收集实物。考虑在适当的场所(如公园)设"丁浩清风筝馆"。

丁浩清放飞百米长龙风筝

芦苇编织技艺

历史沿革及分布情况

据考,两三千年前芦苇就被人们利用,芦苇制品也随之产生。早期用来扎库作祭祀用品,后来出现了芦苇草棚、芦花蒲鞋,广泛应用于百姓的日常生产、生活中。

清中叶以后,南丰等地的江中沙洲岛屿逐渐并联成陆,移民迁入从事耕作。由于这里土壤和气候适宜,田边河沿,尤其是长江滩地适宜生长芦苇,人们便利用江滩芦苇从事芦苇编织,编制生产生活用品,产生了一批专门从事芦苇编织的匠人,使芦苇编织成为当地的副业。他们用芦花制枕芯、制鞋,用芦叶制玩具,用芦杆编制芦笆、芦扉等。随着社会的发展,现代生活用品和先进的建房材料替代了芦苇编织物品,芦苇编织也随着逐步减少和消亡。

长江芦苇

芦苇编织主要分布在张家港市沿长江一带，包括中兴、德积、晨阳、大新、锦丰、三兴、乐余、兆丰、南丰、常阴沙、东沙等地。

编芦席

基本内容及特征

芦苇编织技艺主要是选芦苇、断根、剥芦壳、割芦花、晾干、晒花、搓绳、整理芦杆、木棍压扁、滚筒压平、劈芦篾、经纬编织、串线纳沿、斧竹收口等。

选料是芦苇编织的一个重要方面，要选用结实粗壮的芦苇，粗细匀称。然后要将芦苇晒干晾干，不使霉变。劈芦篾也是一项技术较高的手艺，劈不好要浪费材料。其次是讲究经纬编织、串线收口等。

芦苇编织技艺使用的主要工具有绞绳器、木耙、针线、木尺、滚筒、剪刀、铡刀、石擂、锯子、蓬楼、墨斗、抽刀、折刀、割刀、包针等。

芦帘

搓芦花绳

芦苇编织品最具代表性的有芦笆房屋、芦笆床垫、芦头帘子、芦篾畚箕、芦席、芦扉、芦卷条、芦头扎库、芦花鞋、芦叶玩具（风车、篷船）、芦花枕芯等。其中芦花鞋是最具代表性的制品。芦苇编织制品曾经是沿长江一带人们日常生活中不可缺少的一部分。

南丰地区芦苇编织的传承方式，一是师徒传承，二是父子传承。胡瑞，年近90岁，已从事芦苇编织60多年，以编织芦帘子为生，还一直从事芦苇扎库。

朱小吾从小跟父亲朱宝根学习芦苇编织，是当地用芦苇建房的高手，为人家推笆、建房、盖房、扎库，做芦簌箕等，是推笆盖房的能手。吴锦明擅长编制簌箕、芦席等生产、生活用具。张万德是编芦花鞋的能手。

主要价值

芦苇编织制品是选用土生土长的芦苇作为原料，工序虽然简单，但是具有一定的技术含量。细工细活，成品精致美观，经济耐用，具有较高的工艺价值、经济价值和实用价值。

芦苇编织还涉及宗教祭祀、军用弓箭，具有一定的历史文化价值，对研究宗教、祭祀发展史也有一定的参考价值。

非物质文化遗产 张家港市 荟萃·传统技艺

215

张万德讲述芦花鞋穿帮技术

吴锦明和他用芦苇编织的簌箕

　　南丰镇政府十分重视该项非物质文化遗产的保护。目前正加紧搜集整理濒临失传的芦苇编织技艺，加强对芦苇编织老艺人的保护及其技艺的建档工作，发挥他们传帮带作用。在原有制造生产、生活用具的基础上，编织一些有市场前景的芦苇工艺品，如生肖、吉祥物、纪念物等，形成生产规模，扩大宣传，打出本地文化品牌，带动生态旅游。同时加强水源、生态环境保护，促使优质芦苇的生长和产出。2010年上海世博会上，南丰镇的芦苇编织老艺人展览了芦苇编织品，展示了芦苇编织技艺，深得外国友人的青睐。

芦花鞋

沙洲打油作坊技艺

　　传统手工打油，历史悠久，已有几千年的历史。北魏贾思勰的《齐民要术》一书中，就有压榨取油的记载。传统手工打油，遍布于民间。晚清、民国期间，沙上一带都有打油作坊，比较大型有名的在后塍、合兴、南丰等地。随着现代化的机榨油替代了农耕社会的手工打油，手工打油作坊也趋向消亡。近年来，南丰永联农耕文化园专门设有农副产品作坊保护基地，里面就有打油作坊。作坊里完整地保留着一整套的打油设备、工具，有老师傅进行操作演示。

江南农耕文化园内的"榨油坊"

基本内容及特征

手工打油是个技术与力气活,工序十分繁杂。它所用的工具有炒锅、炒把、蒸锅、竹箩、辅桶、铁圈、草阔、簸箕、油箱、板刀、石铁锤、托等。它的工艺流程如下:

(1)炒料。用炒锅、炒把炒菜籽、大豆、芝麻,既不能炒焦,也不能夹生。

(2)碾末。用石碾压原料成末,碾压得越细越好。

(3)铺单。将炒末均匀铺洒在布单上,放进炒锅蒸末。

(4)包饼。将蒸好的末料包实、包匀,固定在用草阔包扎的铁圈(竹箍)中间。

(5)踩饼。将包好的饼放在铁圈(或竹箍)内,用脚踩均匀,再把踩好的饼放在托上,把饼压紧。

(6)装榨。把一叠油饼放在板刀上,然后放到油箱内。

(7)压榨取油。在固定好的油箱间放入行桄、座桄,插入油尖(木楔子),用锤击打油尖,迫使行桄往前挤压油包,使油榨出来,注入地桶。

(8)沉淀。即将地桶里的油倒在缸里(称为毛油),三天后转到第二只缸里沉淀(称为净油),再三天后转到第三只缸里(称为纯净油),然后取出包装,即可食用了。

其中,榨油时,工人挥动大铁锤,一锤一锤地将一根根木楔楔入,一滴一滴地榨出油,是一件很费时、费力的重体力活。但是,当听到榨出的油汩汩地流出的声音,黄灿灿的油像瀑布一般地从木榨机里倾泻出来,却是一种劳动美的享受。

炒制

粉碎

蒸料

传承关系及代表性人物

作坊打油技艺通常为师徒传承。在南丰打油的师傅有：周天一、赵贵龙、高声国等。南丰籍打油师傅刘志洪被南丰永联农耕文化园聘为打油作坊的技师。手工打油有豆油、菜油、麻油等品种。

做饼

主要价值

手工打出的油色泽纯净，香气浓郁，味道纯正，富含营养，口感好、无腻味，无任何添加剂，食用安全，是最具原生态的绿色食品。

一套完美的手工打油工艺，是劳动人民的智慧结晶，是研究农耕社会的经济、生活以及民俗的重要原始资料。

搂饼装箱

打榨

目前保护情况

手工打（榨）油已被现代化榨油工艺所取代，故在沙上一带已无经营性的手工打油的作坊。但是，这套手工打油的工艺值得抢救、保护起来。南丰镇政府十分重视该项非物质文化遗产的抢救、保护与利用，现已在南丰永联农耕文化园内专门建了农副产品作坊保护基地，里面设有打油作坊。作坊里完整地保留着一整套打油设备与工具，并聘有专业技术人员操作与生产，让游客参观手工打油的设备与工具，向游客展现手工打油的工艺，出售手工打出的纯天然的原生态的豆油、菜油、麻油等绿色食油。并且有意识地培养手工打油的新一代传承人。

油槽出油

菜籽油、花生油、芝麻油

沙上农家草舍建筑工艺

历史沿革及分布情况

张家港市地处长江下游南岸，境内以南横套河、沙漕交界河为界，形成南北两片。南片是古陆，北片为沙洲积涨起来的新陆，俗称沙上。沙上地区成陆较晚，南宋时期才开始围建沙田，到了明代，开始大面积的围垦，形成了老沙地区，以后又逐渐扩展，到民国时期，新沙和老沙同南部古陆连成一片，移民纷纷来营生，这些移民大多来自苏北如皋、靖江、南通、海门，也有一部分来自江阴、常州、常熟。沙上人利用本土材质如芦苇、稻草、小麦秸、竹子等不断地改进和完善农家草舍的建筑工艺，使沙上农家草舍——漫屋与扑屋一度成为沙上地区最具代表性的民间居屋，也是沙上人家世代相传的生活方式。它经济适用、冬暖夏凉，是沙上人的创造，沙上人的智慧结晶。

旧时沙上农家草屋（漫屋）

沙上农家草舍已有四百多年的历史，主要分布在中兴、双山、德积、晨阳、大新、合兴、锦丰、三兴、乐余、兆丰、南丰、常阴沙农场以及后塍北部、东莱北部、妙桥北部。占整个张家港市的一半以上，面积约500—600平方公里。

基本内容及特征

沙上农家草舍的建筑工艺内容有两大部分：第一部分是草舍的主体建筑，第二部分是草舍的屋面工艺。

草舍的主体建筑工艺是：由泥瓦匠划汰灰线开夯沟、排石脚、夯柱和砌墙，木工做梁柱和桁条，最后是盖屋匠（一般兼推笆匠）推芦缠、弯竹搁和漫屋面或扑屋面。

沙上农家草舍的独创性主要体现在草舍的屋面工艺上。可分为两种造型：漫屋面和扑屋面。这是两种完全不同的造型工艺。

先说漫屋的工艺。漫屋的用料是当年的稻草。先要将稻草梳理齐整，俗话叫"杀"，即抓住一大把的稻草梢，用力抖动，使短小芜杂的稻草抖落，并将叶壳拉净，捆好备用。漫屋是将稻草梢向下，自屋檐层层向上后退漫铺至屋顶，且使后层覆盖住前层，故称"漫屋"。漫铺时，每一层的稻草根需拍齐整，要厚薄匀称。每漫铺一层，即用竹片上下夹住，并用竹篾连带竹搁收紧。这是第一道工序。第二道工序是网绳。绳是用稻草绞成，一般为食指粗细。每隔两三寸，前后左右、纵横交错地将稻草绳紧网于前后屋面，呈小方格格。故网三间草屋约需一百多根稻草绳。最后一道工序是包山脊和夹屋檐。新漫的稻草屋，远观，犹如披上了一件小方格子的黄澄澄的新衣。

生产队里压草帘

草舍屋顶的竹搁和芦网

再说扑屋的工艺。扑屋的用料是当年的小麦秸。也是先要将小麦秸"杀"一下，待梳理齐整后，将小麦秸根放进盛水的缸里浸润，再用铡草刀将小麦秸根部斜铡成鸭蛋形备用。扑屋刚好与漫屋相反，是将一小捆的小麦秸梢朝上，自屋顶层层向下后退，用专用工具——扑耙（规格为40×25×4厘米木板，正面装一把手，反面开有几条浅浅的平滑凹槽）将小麦秸根管拍实、拍紧、拍齐至屋檐，且使上层覆盖住下层，顺着屋面朝下拍成仰天状斜坡。扑屋不用绳网，但需另做一条屋脊。这是最费工时的。一条三间屋长的屋脊须占扑屋全程的三分之一的工时，且更是技术活。通常屋脊高出屋顶半米许，故扑屋的别名又叫"堆脊屋"，状如龙身平卧于屋顶。那飞翘于屋脊的两端屋尖，又比屋脊高出半米许，形似两个龙头相向昂起，称之为"扑风"。远观，犹如二龙相向平卧于屋脊，颇为威风；衬以金灿灿的密实、齐整、仰天蛋形的小麦秸根管，阳光照射，熠熠生辉，简直就是一件精致的油画艺术作品。

扑屋、漫屋工具：扑耙

传承关系及代表性人物

沙上农家草舍的建筑工匠主要是泥木工匠，尤其是漫屋和扑屋的师傅。泥木工匠比较多，能漫屋和扑屋的师傅则比较少，陈士兴是当前漫屋和扑屋的代表性传承人。家住张家港市大新镇中山村，出生于1942年，读过5年小学，放过牛，后跟师傅陆瞎子学艺，办过拜师酒。一直到学艺出师，自己开始独当一面。先是在大新本地盖草屋，因草屋盖得好、堆脊做得好，因而远近闻名，西到中兴，东到常阴沙农场，在几十公里内，请他盖草屋的人很多。陆瞎子的师傅是他的岳丈赵云才。还有市级代表性传承人施定相。

草舍屋顶

沙上农家草舍建筑工艺张家港市级代表性传承人施定相

　　沙上草舍就地取材，冬暖夏凉，经济舒适，精致透气。老沙人以居扑屋为主，新沙人（常阴沙人）却以住漫屋为常。草舍成为广大劳动人民的栖身之所，承载着沙上人世世代代的乡愁，具有很高的民俗学价值和文化价值。

　　沙上农家草舍近30年已被瓦房和楼房所代替，能见到草舍这种建筑，真是少之又少。大新镇除保护一两处漫屋与扑屋建筑外，还收集、整理有关资料，通过摄像和图片加以保存。

沙上草舍别有风情

沙上绳结技艺

　　沙上地区成陆较晚，它是长江和东海海岸地由泥沙冲积而形成的陆地。沙上人民根据生产劳动和生活的需要，因陋就简，就地取材，不断地更新绳结技艺，在长达四百多年的生产生活实践中，逐渐形成了一套属于沙上人民的绳结技艺。

沙上村居

张家港市 非物质文化遗产 荟萃·传统技艺 225

绞绳机机头

沙上民间绳结技艺的分布主要以大新德积等地为中心，分别向东、西、南三个方向辐射开去。如西面有中兴、南沙、双山等地，东面有锦丰、三兴、乐余、兆丰、常阴沙农场等地，南面有晨阳、后塍、合兴、东莱、泗港、鹿苑等地。分布范围约600平方公里。

基本内容及特征

沙上绳结技艺的基本内容包括两方面：第一是绳，它有两个要素：一是原材料，主要有稻草、麻丝和棉纱。二是绳的制作，人工制作的如搓稻草绳、棉纱绳，比较细的麻丝绳等，它负重较轻；木质绞绳机和铁质绞绳机制作的是比较粗，负重力大，如担绳、络绳、拉船用的绳索等。它具有牢固性、耐磨性和光滑性等特点。

第二是结，根据生产和生活的不同需要结成不同的结。通常把它分为两类：一类是生产性结子，如腰负结（用稻草搓打成的结，用以捆稻、麦的）、担钩结、络绳结、石结、熟绳、前秋绳等。另一类是生活用品结子，如琵琶结、蝴蝶结、瓶结等。绳结又可分为死结和活结（也叫抽结）。所谓死结，即打成的结子越收越紧，不易松开。死结也称老小家结，即雄结。所谓活结，是指比较容易解开的结子，如蝴蝶结。活结也称丫头家结，即雌结。

绳结的基本特征是就地取材、工艺简单、制作方便、使用广泛。

搓"腰负"（用于捆稻、麦的稻草绳）

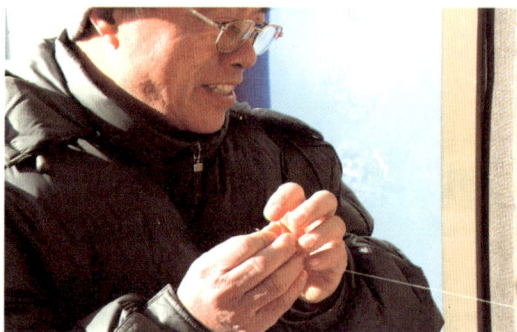

孙长富

传承关系及代表性人物

绳结技艺传承谱系为：师公张忠才，传给师傅张玉祖，张玉祖徒弟陈国民、严忠法、赵国民等。还有一组传人代表是孙长富，他的传承谱系为：孙仲清传给孙根元，孙根元传给孙长富，孙长富传给孙纶超。一般是在生产实践中互相学习中传承，有的则是拜师学徒传承的，如琵琶结、蝴蝶结等。

当前传承人主要是孙长富，1946年7月出生，1966年高中毕业，回乡参加农业劳动。早年跟孙根元学习绳结技艺，后又传给孙纶超。孙长富对绳结技艺有一定的研究，常向老农请教各种绳结技艺，并带了徒弟。他家中有绞绳机等工具。他的绳结代表作有：腰负结、搓鞋底结、担绳结、畚箕绳结、络绳结、石结、浆纱结、壶瓶结、钮头结、树叶结、琵琶结等。

裁缝师傅张玉祖会做多种衣服纽扣结

绳结

络绳结

主要价值

　　沙上绳结技艺原材料是选用土生土长的稻草、棉花、麻等，工序虽然简单，制作方便，但是它的技艺较精，有着很大的生产和生活实用价值及农耕文化价值。人们普遍用得着，用得起，离不开它。特别是衣服上的蝴蝶结、琵琶结，美观大方，至今还是十分时尚的饰品，具有一定的美学艺术价值。

目前保护情况

　　随着社会的发展、科技的进步，虽然绳结的材质多已被新的材料所替代，如稻草腰负绳已被淘汰，但在现代生产劳动和日常生活中，人们还是离不开各种绳结。故各种绳结技艺还在现实生活中相互传承。沙上还组织人员进一步挖掘、搜集、整理各种绳结的技艺汇编成册，使之保存下去。

琵琶纽扣结

树叶纽扣结

蝴蝶纽扣结

西施糕制作技艺

　　河阳西施糕的产生，或许与以下这则传说有关：春秋时期，吴国被越灭掉后，勾践占领了苏州。勾践这个人只可共患难，不可共富贵。"狡兔亡，良弓藏。"范蠡深知古训，并对越王的性格、脾气了如指掌，知道他容不下比自己能力强的人。于是偷偷地同西施离开了越王，在临行前关照好友文种，一起远走高飞到齐国去。范蠡与西施一路北行，来到河阳山东面的牧读墩边。但迟迟不见文种到来。为谋生计，西施就同当地老百姓一起做起糕点来。西施糕就是西施根据越国与吴国的制糕技艺制作的"打糕"。西施离开河阳后，河阳老百姓把这种"打糕"以其名而命之。

河阳地区优质稻田

河阳赤豆

蟹丽豆

河阳鸭血糯（又称"倭血糯"）

西施糕主要分布在以河阳山为中心的港口、恬庄、西徐市、码头、西张、栏杆桥、塘桥、妙桥等周边地区，很受民众欢迎。一般用作喜庆时办喜酒席上的点心。

基本内容及特征

制作过程：选用河阳山周围的优质糯米或鸭血糯，先浸泡一个星期以上，然后用石磨或石臼磨捣成水化粉，再用纱布把浆状的粉沥干。湿粉在蒸笼里蒸熟，再放进石臼里捣糯。然后摊在案板上压成1厘米厚的块状，备用。

选取优质红赤豆，烧制磨成豆沙，再用红糖炒熟。然后放在糯米粉蒸熟的块状上，两块合起来，拍打结实，上面铺切成丝的红绿果脯，再上水蒸片刻。然后切成菱形状的块，装在盆子里。

河阳西施糕糯而不黏，清香可口，洋溢着一片喜气。

后来还有一种简便的制法，即用糯米粉调成糊状，面上用豆沙条状排好，

上面再铺一层粉糊，放在一只瓷盆或方型的器皿内，上面再铺上红绿丝果脯，然后放在蒸笼上蒸熟即成。切成菱形状的块，一样美味可口。如上面再洒上桂花，则更加浓香扑鼻。

浸米

晒粉

传承关系及代表性人物

原来本地正宗的厨师都会做，一般不外传到其他地方。目前凤凰镇本地的厨师在60岁以上的都会做西施糕，主要传承人有清代的陆华司，陈大大，恬庄的陈正明、李晓峰，西张的朱卫忠、陈六宝，西徐市的曹天福等。

主要价值

西施糕是一道甜美的点心，它传承了两千余年，一般是农村办喜酒、婚宴、起屋酒、拜师谢师酒、佛会春秋社酒、年夜饭等作为一道有地方特色的点

心。如开发成旅游食品，会是一道味美有特色的产品，具有一定的经济价值。若用真空包装，可以保质几个月。民间食用，一般用微波炉加热软化一下即可。

目前保护情况

凤凰镇进行传承保护，一是在相关饭店宾馆作为传统特色点心长期生产、供应；二是把制作技艺的全过程拍摄照片与录像；三是对本地产的优质糯稻、红赤豆的原生态种植进行生产性保护。

恬庄的小李酒家有陈正明徒弟李晓峰专业制作西施糕，同时供应凤凰镇各个农家乐特色饭店。

铺上红绿果脯丝

河阳西施糕

菊花酒酿造技艺

历史沿革及分布情况

河阳菊花酒早在南朝时就有记载与传说，它是河阳山地区民间传统饮料，到了宋代与明清时有长足的发展，成为农村里民俗节日与待客的主要饮料。它主要分布在河阳山周围的恬庄、港口、西徐市、码头、西张、栏杆桥及其周边的塘桥、鹿苑、妙桥、大义、福山、谢桥、王庄等地。

宋代，河阳山地区酿酒作坊众多，而且有户部主管的司库酒坊专卖处及粮食基地，司库在山东塘边上（旧时称司库浜），酒坊分布在恬庄的坊池、港

河阳山地区的良种糯稻

河阳山野菊花

口 的 酒 店 弄 等 处 。 南 宋 建 炎 三 年
（1129）前后，抗金名将韩世忠率部守
卫江南，驻军庆安、西张、河阳山等
处。河阳百姓常用家酿的菊花酒慰劳抗
敌官兵，盛酒之陶壶人称"韩瓶"（在
近代考古挖掘时发现甚多）。兵士尝
云：喝了河阳菊花酒，既能解渴，又能
开胃、提神、添勇。

到了清代晚期取消户部官卖处，菊
花酒成为民间家家户户的酿制品。

基本内容及特征

河阳菊花酒的酿造原料是用河阳山
周围生产的糯米及名为"老来青"的粳
米相配比。在户部专管时生产的稻各有
专门定点的，如栏杆桥一带围垦胥湖的
圩田生产的，还有塘湾、金谷、白渡、
陈菜圩、夏市、吴甸、吴下等村落生产的。

菊花是用河阳山一带沿河高岸边自
然生长的野菊花，花黄色，有浓香，花
朵小而密。在深秋时开遍山坡、高冈、
田岸、河边，在河阳山一带到处都有，
漫山遍野，一片金黄色，空气里弥漫一
股浓郁的清香。当花全部开了，霜降以
后进行收割，扎成一个个小束，晒干备用。

收割野菊花

用秋后新收割的糯稻谷，牵砻成糯米。然后按80%为糯米、20%为老来青粳米配比，淘洗净，在河水中浸一夜。第二天阴干。使用的河水要选用上等的池水，即从铁屑黄泥中泄出的水为上，清如鸟眼。喝上去有一丝甜味与清凉，没有一点污泥气味。第二天把阴干好的混合米放蒸桶里，端到灶上蒸煮，锅里放菊花、水，锅上面放蒸笼，柴火用树柴，火头要旺。把蒸熟后的粢饭倒在匾子里，用冷水淋拌，使米粒松开，然后放酒药，比例是10斤米1斤酒药。拌和，装入酒缸。酒缸先用开水烫一下，外面用稻柴包一圈使它保暖，发酵10天到半个月，保持温度在20℃左右。到了一定的时间，先察看一下，若是发酵不足，再过几天。发酵完成，再用上等河水勾兑，1斤糯米兑10斤水。复盖几天进行第二次发酵，降低温度。两三天后即开始榨酒，先用篾丝做的长酒笼插入缸中，把酒舀出来，装入酒甏里，密封，过十天半月即可开缸饮用。其酒清香扑鼻，碧绿如琼浆。

浸米沥米

铺热蒸笼底

上木蒸笼

剩下的酒糟，再放入篾丝做成的榨酒箃榨干，全部酿造工艺完成。

菊花酒一般贮藏在20℃以下不会变质。若需长期保存则需窖藏：旧时在院堂里挖一个地窖，放入，再在寒冬腊月凿取冰块，装入缸中，一起放在地窖里，使温度保持在10℃左右。第二年陈酒取出，新酒再入窖，周而复始。开酒肆人家多用窖藏。

河阳村民保存的明清时期的酒甏

传承关系及代表性人物

因以前河阳菊花酒的家庭酿制比较普遍，代代相传，故而未有明晰的传承谱系。近来做菊花酒的人家少了。近年来，在普查中了解到，凤凰镇夏市村张福生（1936—2010）擅长酿制菊花酒。之后由张福生之子张建明继承。

粢饭晾干拌上酒药

主要价值

河阳菊花酒是一种具有地域特色的酒品，采用本地优质糯米、粳米和野菊花做原料，糯米、粳米本身含有营养，菊花又有清火、明目的效用，故而河阳菊花酒具备一定的营养、保健价值，若加以开发利用，会产生一定的经济效益。

酒窝保暖加盖

目前保护情况

凤凰镇的农家乐饭店里每到冬春季都有瓶装的菊花酒供应。但目前仅张建明一家生产。对于河阳菊花酒的酿制技艺的整理与开发利用，已引起凤凰镇有关部门的重视，预备在深入调查的基础上，传承与整理出一套切实可行的生产计划，商定一个企业以试验性生产转向批量生产，形成旅游产品，实施生产性保护。

杨舍拖炉饼制作技艺

历史沿革及分布情况

清朝同治三年（1864年）春天，李鸿章配合"戈登洋枪队"攻打杨舍堡城。驻守在杨舍的太平军护王陈坤书得讯后，便组织杨舍、华墅、塘市、塘桥等地的地方武装，在长泾河周围布下包围圈，准备迎敌。老百姓听到太平军要打杨舍保卫战，非常高兴。战事紧迫，太平军出征路上要吃饭，大家就想要做点干粮，让战士吃饱好杀敌。杨舍城里有个糕点师傅叫陈阿二，他想出做素心馅的饼既方便又上口，于是大家到地里挖荠菜，家家献面粉。陈阿二约了几个糕点师傅动手做起来，和面、掐坯、擀皮、包馅、摊平，然后下锅。师傅们连夜做了好多饼，送到了太平军营房里。

第二天早上，部队开拔上前线，杨舍城老百姓夹道欢迎。阿二师傅一早也来了，他把昨晚剩下的面坯、生饼、煎饼炉子、素油、干柴等一起装在拖车上拖来了。他要当场做馅饼给出征的战士吃。

街上飘散着阵阵油香、饼香，阿二师傅忙不迭地把刚出炉的馅饼塞到路过的太平军战士手里。旁边有人问阿二师傅这饼叫啥名字，阿二挠了挠脑袋，敲敲炉子、拍拍拖车，脱口而出，就叫"拖炉饼"吧。从此，拖炉饼的名字传开了。

民国时期，拖炉饼发展到鼎盛，城区和郊外共有20余家售卖拖炉饼的店铺，其中以唐培龙家的拖炉饼最著名。其制作方法也已革新，由预热的锥形顶炉和预热的平底炉共同烘烤而成。

时光荏苒。如今拖炉饼是张家港市传统风味小吃，流行于杨舍、塘桥地区，逐渐辐射到常熟、大义、福山、王市、江阴、北澼、长泾、祝塘等地。

馅

基本内容及特征

拖炉饼是杨舍地区的传统风味小吃，历史悠久，制作工艺独特。

生饼

唐培龙制作拖炉饼

一、原料、工具

1.精白面粉、香油、白糖。

2.荠菜、猪油（俗称板油）、芝麻、红绿丝等。

3.擀面杖、砧板。

4.两只铁炉子、一只平底锅、一只尖顶锥形炉。

二、工艺流程

1.用面粉和水并滴入适量香油搅拌、揉捏、和匀备用。

2.用适量猪油、白糖、剁碎荠菜拌匀为馅。

3.将包馅的面团擀成圆饼状（也有长圆形），外粘芝麻备用。

4. 将两只炉子预热至适当温度（全凭师傅经验）后，将圆饼依次排列在平底炉上，然后将预热的锥形炉盖在平底炉上，以顶炉、底炉的热量将饼烤熟。

5. 烤熟后将顶炉拖（移）开（故称拖炉饼，此为另一说），香甜可口的拖炉饼便制成了。

三、艺术特点

昔日，拖炉饼一般在春节前后到三四月份有荠菜时才制售。随着时代的变迁、工艺的改革，现在的拖炉饼不再用炉子烘烤了，而是用电烤箱，既省时又省力，而且一年四季均可售卖。

刚出炉的拖炉饼香气袭人，酥而不焦，油而不腻，外形饱满、色泽金黄，集酥、甜、松、脆、香于一体。

拖炉饼

传承关系及代表性人物

杨舍镇农联村六组的唐培龙祖孙三代，是制作拖炉饼的好手。第一代传人唐二师，出生在清末，年轻时跟随师傅学做拖炉饼，是民国时有名的糕点师。第二代传人唐三保（1932—2012），跟父亲唐二师学艺。第三代传人唐培龙，18岁就跟叔叔学做拖炉饼，并在杨舍乘航菜场内经营一家拖炉饼店铺，至今已有30余年。另外，塘市东街的叶金宝制售拖炉饼也较有名气。目前，杨舍拖炉饼制作技艺的代表性传承人为唐培龙。

主要价值

杨舍拖炉饼与清代抗击外来侵略者联系在一起，提起它，就会让人重温一段难忘的历史，激起人们抗击外来侵略者、爱国爱家乡的热情。其次，拖炉饼作为杨舍地区的传统风味小吃，成为馈赠亲朋好友的礼品，具有一定的经济和社会价值。第三，杨舍拖炉饼以前不登大雅之堂，如今已进入宾馆、饭店，成为人们喜爱的一道美食。

目前保护情况

　　杨舍拖炉饼制作技艺已列入市"非遗"代表性项目，由杨舍镇文体服务中心保护。镇政府启动"以保护文化遗产、守护精神家园"为主题的保护工程，每年投入经费约10万元纳入镇财政预算。建立了扶持、保障机制，帮助传承人唐培龙、叶金宝等落实租赁场地、收授徒弟等工作。镇文体服务中心与报社、电台等媒体进行合作，制作节目、撰写文章，宣传和报道有关拖炉饼的历史文化。

拖炉饼店

杨舍民间土法消防

历史沿革及分布情况

土法消防古已有之，历代宫廷和民间的方法基本相似。商代，宫廷里设置水缸，民间亦是。明代，宫廷里铸造金属大水缸，每只水缸高约1米，重1500千克，可存水1000余升。到了清代，民间大户人家家家备有大水缸。冬天为了防冻，还要给水缸戴上棉套或草席。因为水缸的作用是防火，故称"太平缸"。

古老消防器材

太平缸贮水的消防设计理念，与今天的消防水池、市政消防栓实属同源。太平缸虽能储存大量用水，但机动性不高。唐代时，出现了皮袋、溅筒等灭火器。到了北宋，有了水袋、水囊、唧筒、麻搭等方便携带的工具。当有火情时，众人拿着这些工具去灭火，作用类似今天的灭火器。

"水龙"是清代出现的引水灭火的工具。其工作原理是一压一抬木质手柄，装在桶里的水受压就会通过软水管喷出来。这时只要将软水管对准着火点，就能灭火了。同治年间，杨舍老城多处设有"水龙宫"。"水龙宫"是停放水龙的场所，也是消防组织活动的地方，参加者都是青壮年。民国时期，杨舍东街、西街、北门外茶亭庙等地设有"水龙宫"，郊区前溪巷观音堂、斜桥南关庙、北关帝庙（天妃宫）、东横澄等地也设有"水龙宫"。另外，福前、汤家桥也都有类似的"水龙宫"或义务救火组织。

唧筒

唧筒与水桶

基本内容及特征

"水龙"的构造和工作原理："水龙"的主体是一个椭圆形木桶，长约1.2米，高约1米，厚硬木制成。桶上有桶盖，桶中装置主龙身，即并列固定两个用铜铸造的唧筒，唧筒中各有一只活塞，可以上下抽动，内设进水阀门和出水阀门。两活塞与桶盖上方的杠杆连接。杠杆较粗，用硬木棍制成。连接杠杆和活塞的一般是金属杆，不易损坏。工作前先通好皮管，用笆斗给大木桶中不断加水。杠杆两端各有壮汉8—10人，双方配合密切，一边压下，一边抬上，如此往复，水即可喷射而出，水柱高达10余米。持喷枪头的必是经验丰富的行家，将水柱喷向着火点，迅速灭火。为防止火势蔓延，火场上另有高人手持装有两个铁钩的长毛竹竿，俗称拆屋榔头，将燃着的房屋拉坍，快速灭火。

"水龙"灭火所携带的主要工具有用藤条编制外涂桐油的提水笆斗、四五十米长的水带（皮管）、喷枪头（俗称

非物质文化遗产 张家港市 荟萃·传统技艺

"水龙"

水龙头）和拆屋榔头。另外，要有身强体壮的消防员30人以上。

"水龙"灭火特点：由于压力大，喷出的水柱高远，灭火面积大、效率高，这是"水龙"的优势。但也有它的不足：一是必须选择离火场最近的水源旁的空地停"水龙"，这制约了"水龙"的机动性；二是"水龙"灭火必须有30人以上的青壮年参与，人少无法工作，这制约了"水龙"的灵活性。

传承关系及代表性人物

新中国成立前，民间土法消防人员都是火灾发生后自愿前往组成的临时性队伍，因此没有严格的传承关系。新中国成立后，县、市消防大队成立，土法消防也逐渐消失。经调查，杨舍地区曾在"水龙社"的工作人员，都已是八九十岁的老人。其中健在的常丙炎老人，1930年出生，东横泾人，年轻时曾在常怡春带领下多次参与救火活动。他掌握用"水龙"作为主要灭火器具的救火操作程序，会装卸、维护"水龙"，并熟悉"谢火""谢龙"等相关习俗。因此，常丙炎老人是杨舍民间土法消防的代表性传承人。

主要价值

　　民间土法消防虽然不能与现代消防相比，但在那个特定时代发挥了很大的作用，保护了集体和个人的生命、财产安全，在当时具有很大的实用价值。"水龙"的制作虽然不复杂，但渗透了一定的物理知识，其制作和使用也有一定的技术性。这对现代消防设施的建设有一定的启示和借鉴。另外，"水龙"是一个时代的产物，民间土法消防活动和组织形式，以及"谢火""谢龙"等一套仪式都有一定的研究价值。

目前保护情况

　　杨舍民间土法消防是民间一种记忆性非物质文化遗产。"水龙"这种土法消防工具虽然荡然无存，但它消防的理念和过程充分体现了我国劳动人民的聪明才智以及互助互救、团结协作的可贵精神。杨舍镇文体服务中心担起了保护责任。近年来，该中心经过大量调查摸底，走访了不少健在的老人，与报刊、电视媒体联手撰写并制作了土法消防的专题文章和节目，并积累了丰富的材料建成了资料库，用以弘扬土法消防的一方有难、八方支援，团结协作、不畏牺牲的精神。

旧时消防器材

后塍手工弹棉絮技艺

历史沿革及分布情况

长江下游张家港沿江一带是长江冲积平原，属沙土土壤，适宜栽种棉花，自宋以来，已成为苏南地区的主要产棉区。因此与人民百姓息息相关的衣着、盖被都由当地出产的棉花来制作，纺纱、织布、弹棉絮、团被头行业应运而生，满足了人民百姓日常生活的需要。弹棉絮的手工技艺在悠久的历史中也得以不断提高和发展，流传于张家港境内。由于现代工业的发展，机械化替代了手工弹棉絮这项需成千上万次敲打、工作量大、十分辛劳的工作。在这门手艺急速消失的情况下，金港、后塍地区至今还保存有手工弹棉絮、团被头这项古老而传统的手艺，并加以传承和保护下来。

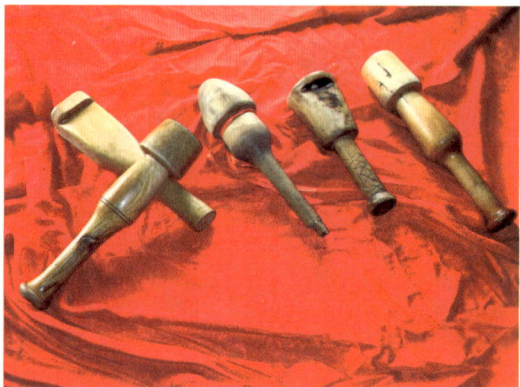

工具

基本内容及特征

弹棉絮是个2—3人的组合活，牵纱搭档需相互配合。原始是用两根细竹片敲打，竹片上带起棉皮，以此反反复复，使棉皮疏松，成为棉花。后发展用竹篾敲打，改用竹弓、木制弹弓敲打弓弦，使棉花成絮。至元末，弓弦有1—2米长，弓弦原用羊肠或牛筋，直到后来用钢绞。它的弹性强，牢固，经敲耐用。在手工敲弹中熟练的工匠师对敲奏弓弦有艺术性，有节奏，"噔哒哒噔哒哒"，悦耳动听。敲打弓弦位置和轻重要恰当，否则棉皮黏结在弦上，拉撕不

纬纱

制作图案

下来，越敲打结得越厚，直至无法敲动弓弦。

后塍手工弹棉絮技艺最主要是手工敲弹，碾压制成，弹制出的棉絮熟细、松软、透气，牵拉度强，棉絮黏合度紧密，吸水性强，因此其保暖性特别好。从棉皮到制成一条棉絮，要经过调弓弦、敲弹、开花、去杂、细弹、整形制图、牵纱、磨合、折角、整形、包装等十多道工序。弹制棉絮品种有喜被、抱裙被、禄子被、盖被、窠被等。按季节有春秋被、夏凉被、冬暖被等，按重量分有0.5公斤不到的婴儿被，到4公斤重的冬垫被等。

敲弹

磨合

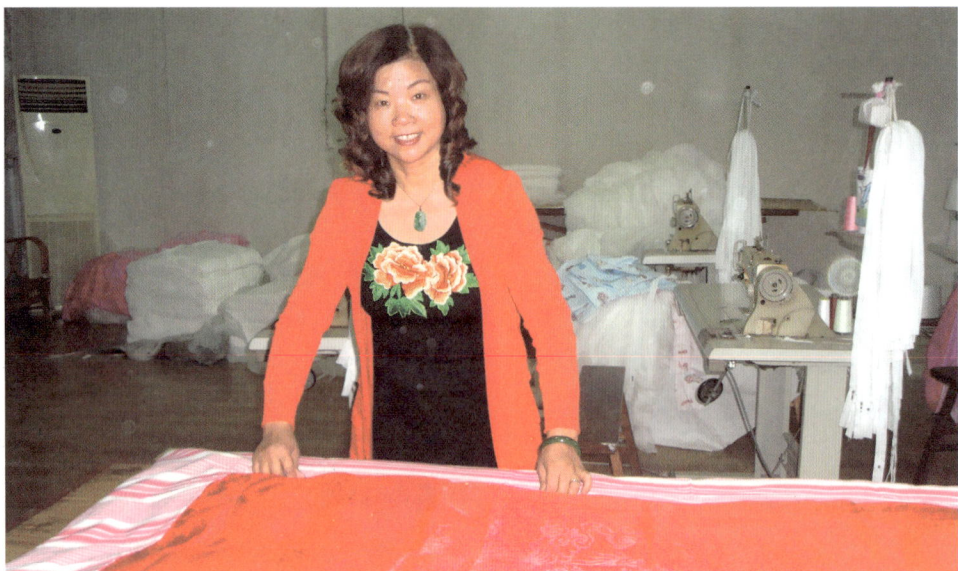
后塍手工弹棉絮技艺张家港市级代表性传承人黄翠萍

传承关系及代表性人物

现在继承祖辈这门手工弹棉絮技艺的黄翠萍是第五代传人，其伯父龚明良师从龚龙宝学艺，龚龙宝继承父亲龚阿培，龚阿培师承同村蒋汝祖。2003年，黄翠萍注册"江南棉坊"商标，专营手工弹棉絮、团被头，选用优质棉花，生产高档棉絮，并搭配其他床上用品，制成系列产品。目前，江南棉坊生产逐年扩大，已成为具有相当规模的企业，年产值上千万元。

主要价值

手工弹棉絮是从农耕文化中孕育出来的具有经济、民俗文化和历史文化价值的一种手工技艺，它又满足民生需要，具有一定的民生价值。这一古老的传统技艺，是智慧的工艺匠人在辛勤劳作中不断改进、逐步提高、经验积累的总结。弹制出的产品属纯天然棉絮，且御寒保暖，具有一定的实用价值。

目前保护情况

2013年该项目被列入张家港市非物质文化遗产代表作名录，镇政府与村委签订了后塍手工弹棉絮技艺保护协议，确保"江南棉坊"企业生存发展和扩大。代表性传承人黄翠萍的"江南棉坊"预算投资200多万元扩展厂房，附建展馆，加以保护和传承。

塘桥蒸菜技艺

历史沿革及分布情况

"黄帝始蒸谷为饭，蒸谷为粥。""蒸"的方法距今已有数千年历史。塘桥蒸菜，可谓源远流长。20世纪七八十年代，在徐家湾、蔡墩、许庄和西旸等新石器时代遗址的考古发掘中，出土的除了一些玉器外，还有陶钵、陶罐、陶鼎、陶杯、陶甑等生活用具。据考古学家考证，这是新石器时代崧泽文化、良渚文化时期的器具，距今已有五六千年历史。"鼎"是古代的烹煮器，是一种三足两耳的锅。陶甑是古代蒸食炊器，底部有许多透蒸汽的小孔，置于鼎上蒸煮。距塘桥镇不远的河阳山墓葬中曾出土一件春秋时期的青铜蒸器，专家论证，这是当时用来蒸食物的器具。这些都说明早在数千年前，塘桥地区先民就用蒸的方法烹制食物。

塘桥镇居民保藏的清代咸丰年间的蒸菜碗

庞记蒸菜简介

汉代以后，蒸煮内涵不断丰富、技艺也不断提高。北魏贾思勰在《齐民要术》中详细记述了清蒸的烹调方法。到了唐代，茶圣陆羽和他的恩师智积禅师发明了清新爽口的藕蒸菜。

明清时期，塘桥家家户户都掌握简单和快捷的蒸菜法，锅里盛上水，放一只竹木制成的蒸架，蒸架上放上装有菜肴的瓷碗或陶钵，然后进行蒸煮。常见的蒸菜有鱼、肉及蔬菜类。为了节省柴火，不少人家把蒸菜放在煮饭锅里一起煮熟。每到过年，沿袭祖辈习俗："清香三炷，清酒三樽，盘列三蒸，祀神祭祖。""三蒸"一般指蒸肉、蒸鱼、蒸瓜蔬，取"鱼"与"余"、"蒸"与"增"的谐音，表达人们年年增收、岁岁有余的美好愿望。

清代咸丰年间，塘桥镇上出了个大厨师庞忠明，其蒸菜技艺独树一帜，自成一体，至今已历5代。庞忠明遗留下来

的9只蒸菜碗，已成为其家族的荣耀，也成了宝贵的收藏品。

塘桥蒸菜主要分布在塘桥本镇及其周围地区，辐射到常熟、杨舍、大义、福山、顾山等地。

基本内容及特征

一、选择蒸菜主、辅料

蒸菜用料一般为动物类主料、植物类主料、涨发类干货主料和质地细嫩或经过精细加工的原材料，例如鸡、鸭、猪肉、鲍鱼、虾、肉皮、豆腐、鸡蛋、冬瓜等。辅料有食用油、盐、生抽、老抽、葱、生姜、料酒、蒜、糖、桂皮、八角、陈皮等。

二、制作要领

1. 根据蒸汽的使用方法，可以分为足汽蒸与放汽蒸两种。

足汽蒸通常选用新鲜的动植物原料，进行相应刀工处理，加调味品后码放于蒸碗中。然后放入蒸锅或蒸箱中，盖严笼盖，放饱和蒸汽蒸煮，蒸煮到需要的成熟度。足汽蒸的加热时间应根据原料的老嫩程度和成品的要求来控制。要求"嫩"，则时间应控制在10至30分钟不等；要求"烂"，则控制在1至1.5小时。

放汽蒸通常是选用极嫩的蛋类、豆腐、鱼类、雏鸡等原料，经前道工序后放入蒸笼中蒸制成熟。此种成菜方法，

根据原料的质地和不同要求，在不同时段放汽。放汽通常有早期放汽、中途放汽、成熟时放汽。如蒸鸡蛋羹的时间就不能过长，汽也不能足，先用中火慢蒸，待锅中的水沸腾蒸汽充足时就要放汽。

2. 根据蒸制菜品的质地及风味特色，可以分为清蒸、粉蒸、旱蒸三类。

（1）清蒸：将主料加工处理后加入调料，或再加入汤水放入器皿中，使之加热成熟。

原料的选择及加工：清蒸菜肴的原料要求新鲜。初加工时必须将原料洗干净，有的在清蒸前要进行焯水处理，如鸡、猪肉等。对于大块原料，清蒸时采用旺火沸水长时间蒸煮；而对于丝、丁等原料，则采用旺火沸水迅速蒸的方法。

调味：清蒸菜肴的味型以咸鲜味为主，常用的调味品有精盐、味精、胡椒粉、姜、葱等。

装盘：清蒸菜肴的装盘分为明定盘和暗定盘两种。明定盘是指将原料按一定形态依次装盘，蒸煮后原器皿上桌；暗定盘则要求蒸熟后换盘再上桌。

成菜特点：原色原味、汤汁清澈、质地嫩烂。

（2）粉蒸：将加工好的原料用炒好的米粉及其他调味料拌匀，而后放入器皿中码好，用蒸汽加热而成。

原料的选择加工：粉蒸通常选用质地老韧无筋、鲜活味足、肥瘦相间或质地细嫩无筋、易成熟的原料，例如鸡、鱼、肉类和根茎、豆类菜等。原料的成

形多以片、块、条状为主。

调味：粉蒸菜肴要求先进行调味，经腌制入味后的原料。味型常有家常味、五香味、麻辣味、咸甜味等。拌制过程中所需要的米粉，一般是将籼米炒至微黄，晾干研磨成粉面。拌制的干稀程度也应根据原料的老嫩程度和肥瘦比例灵活掌握。

装盘：粉蒸原料摆放时应注意疏松，相互之间不能压实、压紧，否则影响菜肴的质量。质感细嫩、松软的菜品，用旺火沸水速蒸；质地老韧、坚硬的菜品，用旺火沸水长时间蒸煮。

成菜特点：软熟滋糯、油而不腻、醇香可口。

（3）旱蒸：又称扣蒸，原料只加调味品不加汤汁。有的器皿还要加盖或封口。

原料的选择加工：旱蒸菜肴大多采

粉蒸排骨

清蒸鸡

用新鲜无异味、易熟、质感软嫩的原料，例如鸡、鸭、鱼、虾、猪肉、蔬菜等。

调味：大多为咸鲜味。蒸制成菜后，根据各人的喜好再加辅助调味。

装盘：旱蒸方法成菜，有的直接翻扣入盘、碟上菜，如"龙眼烧甜白"；有的要加汤后上菜，如"芝麻肘子"；有的要挂汁后上菜，如"白汁鸡糕"；有的要淋味汁或配味碟上菜，如"姜汁目鱼"。

成菜特点：形态完整，原汁原味，鲜嫩可口。

三、菜肴的摆放

蒸菜时，必须注意分层摆放。汤水少的放在上面，汤水多的放在下面；淡色菜放在上面，深色菜放在下面；不易熟的放在上面，易熟的放在下面。同时还要根据出菜的先后程序摆放菜肴，先上桌的放在上面，后上桌的放在下面。

四、塘桥"老八样头"中"老虎"的制作

塘桥"老八样头"是指罗汉碗、发菜、藏菜、黄焖鱼、"老虎"、蒸鸡、炖肉（猪爪子）和扣三丝汤。其中"藏菜"实际是猪大肠，塘桥人把"肠"说成"上"，含高升发财的意思。"老虎"又叫"提子"，实际是五花肉经过加工后蒸煮而成。下面介绍其中的一样"老虎"的制作流程。

【塘桥"老虎"】

材料：本地猪肉五花肉（500克）、葱、姜、油、盐、黄酒、高汤少许。

操作步骤：将洗净的五花肉入冷水

张家港电视台采访庞记蒸菜馆蒸制的"老八样头"

煮约40分钟，取出至凉透；将凉透的五花肉入油锅炸2—3分钟起皱，捞出凉透；将油炸的五花肉入淡水发一夜；将五花肉加入葱、姜、油、盐、黄酒、高汤煮至烂透；入扣碗，加入糖、酱油，上蒸笼足汽蒸约一小时；趁热将五花肉捞出扣入大盆，趁热将锅内的汤上勾芡后浇到大盘五花肉上即可。

特点：原汁原味、酥而成形、油而不腻、香甜可口。

五、创新蒸菜的制作

改革开放以来，蒸菜的品种和花色不断创新，在蒸菜馆里，或在家庭承办喜宴的酒席上，涌现了许多蒸菜新品种，如香菇青菜包、香菇肉丁包、三鲜烧卖、蛤蜊元宝蛋羹、葱油鸡翅、荷香酱油鸡、东坡肉、香菇豆豉蒸排骨等。下面举一例说明其操作流程。

【荷香酱油鸡】

材料：草鸡一只，老抽、生抽、花雕酒、食用油、盐、葱、姜、蒜、八角、冰糖、荷叶等适量。

操作步骤：

老抽、花雕酒、生抽、清水各四分之一碗，混合成酱汁，备用。锅子烧热，倒入油，放入葱、姜、蒜、八角煸炒出香味；倒入酱汁，放入冰糖；熬煮3分钟，熄火，晾凉，备用；将鸡爪塞入鸡腹中，鸡头塞入鸡翅下固定；将鸡放入容器中，倒入熬好晾凉的酱汁，腌渍1小时以上，中间翻一次；将腌好的鸡用荷叶包裹好；将包好的鸡放入有盖的陶钵、瓷碗中，盖好盖子，放入蒸锅；大火煮开，转中火，放汽蒸煮约1小时，即成。

特点：原汁原味、营养丰富、清香可口、柔嫩鲜美。

传承关系及代表性人物

塘桥蒸菜创始人为庞忠明（1860—1923）。第二代传人为庞忠明的徒弟庞刘师（1887—1943）。第三代传人为庞刘师儿子庞祥，他秉承父亲的蒸菜绝技而生意兴隆。第四代传人为庞祥的三个徒弟：庞金裕、徐国华、钱仁洪。其中以庞金裕为代表性传承人。1957年，庞金裕办起"塘桥庞记蒸菜馆"，

庞金裕

电视台采访庞金裕

继承并发展了塘桥蒸菜的传统技艺，使塘桥蒸菜名闻遐迩。菜馆里，八珍罗列，水陆杂陈，荤素咸宜。

蒸菜以它的原汁原味、经济实惠、快捷方便而备受顾客青睐。蒸菜馆生意兴隆，也引起了多家饭店、酒楼纷纷效仿，开设蒸菜，以吸引顾客，如汇丰蒸菜馆、黄桥蒸菜馆等。如今，庞记蒸菜馆已有了第五代传人，就是庞金裕的女儿庞俐玲，因父亲患有重病，她成了真正的传承人。

主要价值

塘桥蒸菜具有原汁原味、形美色艳、嫩烂鲜美、营养丰富的特点，深受顾客喜爱。同时出菜快捷，几十桌酒席可同时上菜不受时间限制；也适宜于急着办事的人，一到饭店，就可选上中意的蒸菜就餐，节省时间，提高工作效率。塘桥蒸菜既成为人们舌尖上的美味，又具有实惠、快捷的实用价值和经济价值。

塘桥蒸菜出笼

目前保护情况

塘桥镇文体中心对开办在塘桥镇和外地的几个蒸菜馆已进行了全面摸底、采访、录像，整理、汇总塘桥蒸菜的品种，出版了《塘桥蒸菜菜谱》。每年年初召开一次座谈会，交流各家蒸菜技艺，不断推陈出新；帮助他们解决一些实际问题，如优惠店面租金等，使之健康发展；鼓励、培养有志青年从事该行业，使之后继有人。

沙上河豚烹饪技艺

历史沿革及分布情况

人们掌握烹饪河豚之技艺不知始于何时。不过，关于河豚在古籍中早有记载，如汉《山海经·北山经》中称河豚为"赤鲑"，曰"食之杀人"，已知河豚有毒；至唐段成式《酉阳杂俎》中言"鲑鱼（即河豚）肝与子俱毒，艾能已其毒"，可知唐人已尝吃河豚；至北宋，则人们不但尝吃河豚并诉诸诗歌、文字，如苏轼；而且以河豚款待贵客，如范仲淹设宴款待梅尧臣。可见北宋时，人们已掌握烹饪河豚技艺；至明清，则有详细记录烹饪河豚过程之文字，如明陶九成之《辍耕录》、清朱彝尊之《河豚歌》。由此可知，人们尝吃河豚约始于汉，兴于唐，而盛于宋元明清至民国；而在北宋时期，人们已经全面、熟练掌握烹饪河豚技艺，并代代传承下去。

沙上地区先民多为移民，从而也将原住地的烹饪河豚技艺带了过来。更由于沙上地区独特的地理条件，成就了沙上地区丰富的河豚资源，使得烹饪河豚技艺在沙上人手中得到了广为传承与发展。

长江河豚

滔滔万里长江在张家港地段拐了最后一道弯而奔向东海，故在张家港地段即沙上地域留下了一条"S"形沿江岸线，全长63.57公里，其水域面积达785平方公里，更由于其间横躺着一座江心小岛——双山岛（约17平方公里），致使长江水流至此即分流为两股，其水流变得特别平缓、温和，最适宜各种鱼儿产卵。故每到春汛时节，长江河豚还有刀鱼、鲥鱼就从东海雌雄相伴进入长江，溯江而上，又顺流而下，最终相继来到这里产卵。故长江三鲜只在长江下游尤其是江阴以下一带的江域才丰、才佳。而尤以张家港沙上地段如双山岛、德积、大新、三兴、锦丰、乐余一段江域为最丰、最佳。故沙上地区自有人居，即已掌握烹饪河豚技艺，有拼死吃河豚之风气，故有"拼死吃河豚"之传说。每到春二三月，村落上空即飘散着河豚特有的异香奇味，令人垂涎。但河豚有剧毒，不会烧煮者切不可试之；即使会烧煮者，每年也总有少量人因吃河豚而中毒身亡，故历朝历代政府皆明令禁食河豚。但由于河豚鱼特别鲜美，终不能阻挡人们尝吃河豚的欲望，故其烹饪技艺反而发育得愈加严格而完善，仍能世代相传。

基本内容及特征

沙上人烧煮河豚鱼已从实践中摸索总结出一套严密、严格的操作程序，大致有以下几个方面。

一、时令

吃河豚最佳时令是雨水至清明前，此时正是河豚产卵期，最为肥壮，而清明后其腹中生虫，毛刺变硬，故渔民不再捕之，人们也不再食之。

二、宰杀

1.用利剪从其腹部肛门处挑开，小心取出鱼油（肝脏）、鱼肋（精巢）、鱼子（卵巢）等内脏，分放于器皿，切不可混放；切不可剪破鱼油，切不可碰破鱼子。

2.先剔去鱼鳃、鱼目，再将鱼皮剥离其身，应使其头尾相连，反绷着犹弓弦状，然后将其脊背剁开，挤出骨血，放进清水桶里浸上两个小时，使其体骨里的血全部浸透出，再用清水冲洗干净，方可入锅烹煮。

3.清除废弃物。即剔下的鱼鳃、鱼目、鱼血、肠杂等悉数深埋于土，切不可乱扔；剖洗器皿要另行蒸煮消毒，切不可马虎了之。

三、烧煮

烧煮时，先铺猪油熬热，以酒代水，放入姜蒜，先下鱼油（肝脏）煎熬，呈牙黄色。这是非常关键的一道工序。熬油要用温火，约15分钟。鱼油熬得枯了，烧出的河豚就不太鲜美；鱼油熬得嫩了，烧出的河豚虽鲜美，但有危险。河豚烧得好吃又无危险，全仰仗于烹饪者的技艺与胆识。

其次下整只河豚，再次下鱼肋（精巢），再次下菜蔬，加入必要的调味作料。如此依次下锅，前后烧煮时间至少45分钟以上，全用中火与大火，不用小火。特别是一把熬油铲刀应始终不离锅，必须与河豚同煮，否则，出事往往于此。揭锅盖不能平移，而应竖揭，以防盖面上的汽珠滴进河豚鱼里，因此汽珠也有毒，食之也会中毒。

以上是先熬油的烧法。还有一种是铺汤油的烧法：先将必需的作料下锅，再依次将整只河豚、鱼肋等下锅烧开后，即将鱼油用利剪边均匀地剪成小薄块，边匀称地铺洒在锅面，盖上锅盖，以大火烧之。用铺汤油烧法的河豚比之用熬油烧法的河豚更加肥美、鲜嫩，但危险性更大，即使烧河豚的老手也难得一试。

河豚有红烧、白烧两种，而以红烧味佳。

四、尝吃

沙上人烧吃河豚还有约定俗成的规矩。一是河豚煮熟后，先由执勺师傅尝吃，待半小时以后，无有中毒情状反应，方可起锅上桌，吃河豚者方可动筷。二是不请客吃河豚，闻香自来者也不拒之。这是因为吃河豚有危险之故耳。

五、河豚子，即卵巢，有毒。小小一粒如菜子即能置人于死地，故不可随河豚烧煮，须积少成多，经腌渍风干，方于隆冬时节方单独入锅，放入各种作料与香料，蒸煮一宿，质明揭锅，则香味扑鼻，乃上等下酒菜耳。

六、品尝河豚之美，亦有先后，沙上人归纳为"一油二肋三皮四肉五菜蔬"。鱼油，最毒却最肥美；鱼肋，白嫩胜乎奶酪，古人称之为"西施乳"，口感最佳，故购买时应多挑选雄性河豚；鱼皮，其肥美软糯胜过鳖裙，据说有养胃、健脾之功效，但须反卷着吃，因为正面有密刺戳口；鱼肉，冲鼻荤香，味道独特，是只有河豚才具有的。而河豚汤汁中的菜蔬如菜尖、草头，其

风干冷藏的河豚子

味之鲜美并不在河豚肉之下。

长江河豚与山珍海错比之，有一股独特之荤鲜与肥美，它有刀鱼之鲜、鲥鱼之肥，兼山珍之美、海错之荤，可谓集水陆动物之美之大成。这是河豚独有的特色。

传承关系及代表性人物

河豚有毒，不掌握烹饪技艺者是切不可自行烧煮的，故会烧河豚的人是少数。锦丰花都大酒店花小荣则是承继其父烧煮河豚的高手花小青的技艺，为目前代表性传承人。

主要价值

（1）营养价值。其营养丰富，为其他鱼类所无可比之者，尤其鱼皮，乃有温补胃、脾之功效。

（2）经济价值。河豚鱼，一般家庭不会自行烧煮，且其肥美可口又闻名于世，故有极大的经济价值。现今，大新、南丰等地已成功利用长江水养殖低毒河豚鱼，其经济价值甚为可观。

（3）文化价值。在饮食文化中，唯有这门技艺是化有毒为美味者。而其鲜美可口，有宋朝诗人梅尧臣"美无度"之赞，苏东坡"据其美，真是消得一死"之叹，加上沙上人"拼死吃河豚"之说，更是大大丰富了饮食文化之人文内涵。

河豚烹饪技艺传承人花小荣（前）

采访花小荣（右）

目前保护情况

由于河豚有毒，不能如一般鱼煮食之，非有此专门烹饪技艺者不可，加上历朝历代政府明令禁食之，故掌握此烹饪技艺者为数不多。20世纪90年代后，更因长江水遭遇严重污染，人们又滥捕之，至今长江河豚几乎绝迹，也更无学此烹饪技艺者。21世纪初利用长江水养殖低毒河豚成功，河豚已成为饭店、餐桌上的一道佳肴，使这一烹饪技艺得以传承。但养殖河豚已无昔日长江野生河豚特有的一股冲鼻之荤鲜与肥美了。

白汤河豚

红烧河豚

沙洲木杆秤制作技艺

历史沿革及分布情况

秤是衡量轻重的器具,先人运用杠杆原理发明了杆秤。我国制作和使用木杆秤的历史悠久,据考,距今两千年前的东汉初期即已使用木杆秤。老秤沿用十六两为一斤的规格,延续了一千多年。1959年,国家改十六进制为十进制。十六两一斤的叫作老秤,十两一斤的叫作新秤。秤杆上一颗星表示一两。

乐余老街上的龚氏兄弟秤店

龚氏兄弟在店铺里

沙上地区手工制作木杆秤始于何时未见记载，据老人口传，乐余、南丰、锦丰一带于清末民初出现制作木杆秤的工匠和销售木杆秤的店铺。

基本内容及特征

木杆秤，由秤杆（秤杆头上通常系两个秤纽）、秤钩（或秤盘）、秤砣组成。木杆秤的秤杆选料很重要，要选用材质坚实、紧密、不浸水的木材，如榉木、花梨木、红木、楠木、紫檀木等。秤砣一般是铸铁制成。辅助材料有铜皮、铜丝、铝丝、银丝、绳。

木杆秤的品类繁多，有长1.5米能称500斤的杠子秤，有杆长1米、0.5米左右的普通秤，有小到能准确称量0.1钱的钱秤。

木杆秤制作的重点是制秤杆，使用的工具和操作流程主要是：

用刨子将冲好的小料刨圆，用磨石和砂纸将秤杆毛坯磨平砂光，在秤杆上准确地标出刻度，用大小手工钻在标好的刻度上钻眼，将铜丝、铝丝或银丝割嵌到各个钻眼，再用小榔头、锉刀将嵌丝敲实、锉平。考究点的木杆秤上还会嵌上福、禄、寿等文字图饰。

木杆秤制作技艺张家港市级代表性传承人龚德宰（左）与其兄龚德元

传承关系及代表性人物

　　乐余镇上制作木杆秤有年头、有名气的是龚德元、龚德宰两兄弟。龚氏家住乐余老街，德元生于1934年，读过四年私塾。德宰生于1941年。其父为了让儿子有一技之长，命兄弟俩拜师学艺。德元16岁上拜南通籍制木杆秤师傅邱连标为师，德宰也在16岁拜后塍技师岳山宝为师学习制作木杆秤技艺。兄弟俩勤劳能干，悟性好，三年满师之后，就都熟练掌握了制作木杆秤的全套技艺。之后，龚氏兄弟俩在乐余镇合伙开办了木杆秤店。五十多年来（期间稍有中断），龚氏兄弟制作的木杆秤因选料讲究、制作精致、价格公道而广受欢迎。

主要价值

　　木杆秤长期在市场贸易中使用，具有广泛的实用价值以及经济价值。在民间，逢嫁女、贺寿，往往有送一杆秤的习俗，寄寓诸事"称心如意"之意。老秤一斤十六两，一两用一颗星表示，关于十六颗星来历的说法是：其中七颗星表示北斗七星，六颗星表示南斗六星，另外三颗星代表福禄寿三星。民众在秤的制作和使用上抱有一种敬畏心理，做买卖时如果克扣一两，少一颗星，就被认为因行为不端、良心不正而会损折寿命，故而民间有"秤上亏心（星）不得好，秤平斗满是好人"的说法。其中具有民俗学内涵。

目前保护情况

随着磅秤、弹簧秤、电子秤的生产和广泛使用，木杆秤渐渐退出衡器市场。目前在沙上已很难见到制作木杆秤的行家，唯存乐余镇龚氏兄弟秤店"坚守阵地"。

为抢救保护这一传统技艺，近年来，乐余镇采取了多种方法：为龚氏兄弟在"民国商贸街"安排生产作坊兼铺面；抓紧搜集、整理本地区木杆秤制作、流通史料（包括口述史实），建立档案；摄录龚氏兄弟制作木杆秤的工艺流程资料；搜集保存本地区各种有代表性的木杆秤实物以及制作工具。

集市上

沙上虎头鞋制作技艺

历史沿革及分布情况

　　虎头鞋是中国民间传统手工艺品，因鞋头做成虎头模样故而称之为虎头鞋。民间制作虎头鞋的历史悠久，具体产生于何时何地已无从考证。据沙上老人回忆及口头相传，沙上制作虎头鞋至少有百来年历史。沙上流传着这样一则民间传说：某个村里有一位心灵手巧的妇女最擅长刺绣，她绣出来的花能引来蝴蝶、蜜蜂，她绣出来的鱼见水就会游。一年冬天，她为小儿子绣了一双"虎头鞋"，儿子喜欢得不得了，一天到晚穿在脚上不舍得脱掉。一天夜里一个妖怪跑到村子里，把许多孩童抓去

了，唯独没有碰这个穿虎头鞋的孩子。村子里的人说，是这双虎头鞋吓退了妖怪，救了孩子，于是大家纷纷效仿，都向这位能干的妇女学做虎头鞋，给孩子穿。这个风俗一直流传到今天。

沙上地区从"老沙"到"新沙"都有不少精于制作虎头鞋的妇女。南丰镇民联村、永丰村、东港村、民乐村，有多位制作虎头鞋的能手。

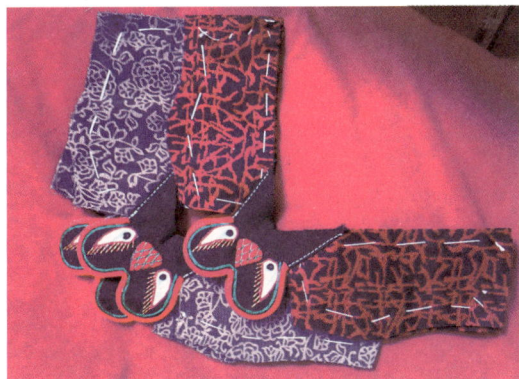

绣虎头

基本内容及特征

虎头鞋是用花布制成的童鞋，鞋头上绣出虎头形。虎头鞋的制作包含了做布鞋的基本工序，如做鞋帮、纳鞋底，再加上刺绣的技能和工序。虎头鞋虽小，制作却比较复杂，仅虎头上就需用绣花、拔花、打籽等多种针法。鞋面布料以颜色鲜艳的红色、黄色为主。虎额上往往绣一"王"字，表明虎是百兽之王。虎嘴、眉毛、鼻眼采用粗线勾勒，夸张地表现虎的威猛。

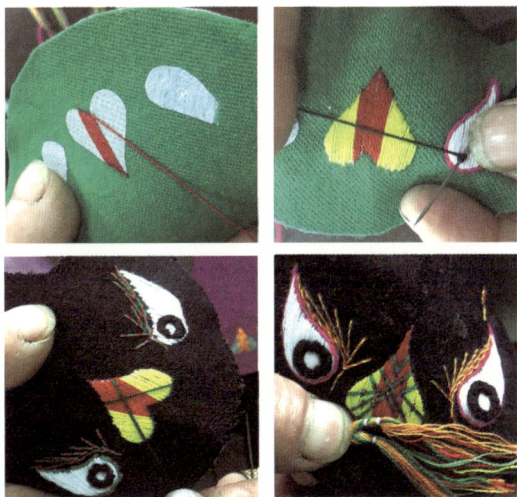

虎头鞋半成品

通常小儿在满周岁或两三岁生日时穿上新做的虎头鞋。民间风俗认为幼儿穿上虎头鞋可以辟邪祛恶，护佑孩童健康成长，平安成人。

虎头鞋制作工序：

先要做硬衬（硬衬又叫"袼褙"）——在一块平整的木板上，铺上一层纸，再用碎布一层一层用浆糊粘上去。粘贴好之后放在通风处晾干。

剪样——在硬衬上依照鞋底和鞋帮的样子剪下几块备用。

铺底、包边——在鞋底上铺上两层碎布，再铺上一层纯色的软布；在鞋底周围包上边。

纳鞋底——纳鞋底有讲究，鞋底线要选择与鞋底颜色反差明显的线。用针锥、大针引线，拉线、紧线一气呵成。线花可以纳成多种图案，如斜网格、菱形、十字花等。

做鞋帮——在硬衬上剪下的鞋帮样上进行加工，鞋帮里子用纯色棉布，柔软舒适；鞋帮面多用红、黄、绿等花色鲜艳的细布或绸缎。做好后再把左右两片鞋帮先从后跟缝合起来，前面留着做"虎脸"。

绣虎脸——先从虎鼻子绣起，而后绣眉毛、眼睛、嘴巴、"王"字。

上鞋帮——将鞋帮、鞋底缝合在一起。

扎虎须——虎须用彩色粗线（毛线）扎成，有灵动的感觉。

制作虎头鞋是一桩精巧的活计，哪一道工序都不能马虎。鞋帮鞋底既要做得挺刮，又要软和。绣虎脸更须精细，富有审美情趣。

传承关系及代表性人物

南丰地区制作虎头鞋的传承关系主要是：家族传承（母女、婆媳、姐妹、嫂姑）和邻里相传。

当代代表性传承人有：姚富珍，南丰镇民联村人，1932年生，姚富珍十来岁时跟大姐姚志英学做虎头鞋。姚志英1910年生，享年103岁。姚富珍又将手艺传授给二女儿莫忠萍（1962年生）。

东港村薛志芬（1962年生）十二三岁跟母亲学做虎头鞋，至今也有40年了。

南丰镇制作虎头鞋的能手还有永丰村的陶兰英、民乐村的马玉萍。

沙上虎头鞋制作能手孙玉芬

传艺（一）

传艺（二）

宜穿虎头鞋，有利于促进身体健康成长。冬季有利于防寒保暖。

3.民俗学价值。虎头鞋也是吉祥物，有着美好的寓意，寄寓对孩童的爱意和祝福。在虎头鞋的制作、穿着、馈赠中蕴含着民风民俗以及百姓的审美情趣。

目前保护情况

如今鞋类的生产，传统的手工制布鞋似乎已经退出主导地位，渐渐被各式机器制皮质、塑料质鞋取代，童鞋亦然。尽管目前沙上地区能做虎头鞋的妇女还有一些，但数量与总体技能已远不如二三十年前。故而虎头鞋制作技艺亟待加强保护传承。

南丰镇文体中心每年至少投入2万元，用于采集、记录、整理虎头鞋制作技艺，建立代表性传承人档案以及开展相关活动。

主要价值

1.工艺价值。制作虎头鞋是民间传统手工艺。其制作工序繁复，每一道工序都有讲究，做鞋帮、纳鞋底是基础，要做得熨帖、结实而软和，注意花色搭配；虎头上的绣花更是细活，虎脸要做得虎虎有生气，威猛而不失童趣。

2.实用价值。布鞋较之皮鞋、塑料鞋更适合儿童的脚部发育，可以防止扁平足。一岁左右的幼童刚学会走路，适

虎头鞋

特别注意搜集、整理好姚志英——姚富珍——莫忠萍系列传承技艺，搜集保存其代表性作品及鞋样、虎头图样等实物。适时组织制作虎头鞋能手开展制作工艺交流及鞋样、图样交流研讨创新活动。南丰镇科文中心已设立沙上虎头鞋展示专柜，计划不断充实丰富展示内容。制虎头鞋能手黄龙妹、陈晨应"江南农耕文化园"邀约，已进驻该园的作坊区，为群众和游客现场展示技艺，扩大影响。

沙上虎头鞋在民间工艺品展销会上

南丰圆作技艺

圆作技艺，俗称箍桶。沙上地区的圆作技艺，随着本地区的生产、生活进程，从产生到发展也有上百年历史了。20世纪60年代，南丰集镇及大多村庄都有箍桶匠，集镇有铺面。店铺通常由手艺高、经济比较殷实的箍桶师傅开设，好一点的箍桶店铺，还雇有箍桶匠人，招一两名徒弟。经营形式，一是店铺备料，来客定做；二是用户来料加工；三是单干箍桶匠挑担走街串村，替人家箍桶或修补。

南丰圆作制品

箍桶工具

沙上风俗，嫁女陪嫁物品通常需有脚桶（脚盆）、马桶。有了孩子还需站桶。此外，担桶、提桶等也是农业生产不可或缺的工具。

"南丰圆作技艺"分布在南丰、东港、海坝、永丰、泗兴等集镇，并延伸到乐余、锦丰等周边地区。

基本内容及特征

木匠手艺素有"方作"与"圆作"之分，圆作技艺是传统木工技艺中有特殊技术要求的一种，要点是用圆木组合成桶型器具。以脚桶制作为例，其工序主要为：

一是开料。根据桶盆口径和高度，用斧头、锯子开成若干段、片。作为桶围和盆底备料。

二是坯料加工。桶围木板两面都用圆刨刨成弧形，拼接处应刨成斜面；桶底上下端做成圆弧形。

三、拼接、组合。桶围与桶底传统是用竹钉拼接。桶身中间箍上一道铁箍，桶身内面刨光；然后在桶身距底部约3厘米处装上底板；在桶外围底部再加一道铁箍。

四、在桶外对直处装上把手。

圆作技艺的要点是物件（桶身）内外的圆形，弧线衔接要平滑、均匀，弧形板的连接要紧密。如制作鼓腹型木桶，则在设计、开料备料、圆弧形刨制加工到拼接组合等工序更需讲究细致、娴熟。

圆作制品所用材料有：木料、毛竹钉、铁箍（以前箍桶多用竹篾箍，后来改为铁箍或白铁皮箍）等。

拼接制作

小孩睡桶

饭桶

子孙桶

木箱

工具：大小锯子，各种刨子（如平刨、圆刨、坐刨、爬刨、滚刨、线刨），斧头、铲刀、弯刀、锉刀，直尺、圆尺，冲眼，钢丝钳，沟槽，拊钻，锤子，冲箍、巴箍，各种凿子（直凿、弯凿、圆凿、斜凿）。

圆作的制品品类繁多，可分生活用品和生产工具两大类，主要有：脚桶、脚盆、浴桶，饭桶、蒸桶、茶桶，锅盖（平底盖、蒸笼盖），婴儿用的站桶、困桶，便桶，水桶、粪桶、撩勺等。家用圆作制品，通常要上漆，以求美观、耐用。

传承关系及代表性人物

传统圆作技艺一般是家族传承或师徒传授。

老一代圆作能匠有：张金生，南丰镇南丰村人，生活于清末民初。上一代代表性人物：丁士兴，1925年生，南丰镇东港村人，16岁开始拜师学艺；林达昌，南丰镇东港村人，1940年入行。林达昌传授其子林雪春（1949年生），1968年开始圆作。林雪春传授林军（1979年生）。

南丰圆作技艺当代代表性传承人是林雪春，18岁开始从父学艺，50年来一直从事这一行当。林雪春熟练掌握传统圆作技艺的各道工序，能制作多种生活用具和生产用具。其制品美观、耐用，受到用户广泛好评。

主要价值

圆作技艺长时间以来同农民、市民的生活、生产关系密切，木质的圆作制

新婚用品

品广泛使用，故而具有很高的实用价值。

圆作技艺技术含量较高，渗透几何学、力学原理；圆作技艺的产生发展、圆作制品的多种品类，是研究民间手工艺的重要资料和重要组成部分。

圆作制品中蕴含着大量民间习俗信息（如"子孙桶"、蒸桶），具有一定的民俗学研究价值。

大量的生活用品、生产用具用材的变更（由木质改为搪瓷、塑料、金属），以及工厂机械化生产方式的发展，使得传统圆作技艺走向衰微。圆作匠人迅速减少，市场上相应商品稀少，这是难以逆转的现状。

南丰镇在保护存续这一传统技艺方面做了一些有益的工作：普查本地区圆作技艺传承情况，现存圆作师傅工作状况，尽可能地搜集相关资料，文字、影像记录存档；每年投入一定经费用于保护、建档工作，征集知名师傅的代表性制品。

南丰圆作制品

沙上豆瓣酱制作技艺

历史沿革及分布情况

制酱不知始于何时。孔子在其《论语·乡党》中说："不得其酱，不食。"如按此推算，酱的发明至少也有2500年以上的历史了。据志书载，沙上地域（老沙）已有800年历史，定居人群多为苏北一带如靖江、如皋、南通等地的移民，他们也带来了制酱技艺。沙上人爱吃酱已成为其生活习惯，饭桌上总是摆着一碗鲜酱，一年到头，一天三顿，桌上有菜无菜，总要嘬一筷酱才下饭。故沙上人家里别的可以没有，一缸酱那是必备的。因此，沙上家家都会做酱，但只有妇女会做，男人是不做的。

沙上黄豆酱主要分布在沙上的老沙地区，如双山、德积、晨阳、大新、合兴等社区。

沙上黄豆

基本内容及特征

沙上黄豆酱别具一格，其色、香、味俱佳：色为枣红色，香与味是黄豆、嫩姜、辣椒三者同盐混合发酵后的醇香与鲜美。这是沙上黄豆酱所独有的。

沙上制酱有时间要求：一定要赶在白露之前上好"酱黄"。因为白露前上的"酱黄"是金黄色，制出的酱才鲜美；白露之后上的"酱黄"会有白毛乃至黑毛，制出的酱，其鲜美则会大打折扣。

沙上黄豆酱制作的过程是：

（1）浸黄豆。将颗粒饱满、色泽鲜亮的黄豆浸于清水数日，待每颗黄豆浸透胀胖。

（2）煮黄豆。将浸透、胀胖的黄豆放于锅中煮至烂熟，两指一捏即成豆泥，起锅待凉。

（3）踩豆泥。将烂熟之黄豆倒入缸里，并加入约一成面粉拌和，并反复踩踏成豆泥。

（4）做酱饼。将豆泥捏成一个个酱饼。

（5）上酱黄。将酱饼放在铺有豆萁的盘篮里。要铺一层豆萁，放一层酱饼，为之敞空、透气。如遇冷天，上面须盖一层被絮。大约一周时间酱饼上就会生出狗屎毛（黑色），并由狗屎毛变成金黄子，这就是"酱黄"。可拿出去晒太阳，这叫"酱黄"出窠。

（6）下酱黄。将酱黄放进口大底浅的缸里，加入嫩生姜、红辣椒，约以一斤酱黄加入八两至一斤的盐，然后倒入冷开水，使之酱饼浸没。这叫"下酱黄"。下酱黄要在天气转凉后，一般以寒露、霜降时节为佳。下酱黄时还要看潮汐，应在小汛落潮时下酱黄，切勿在大汛涨潮时下，否则做出的酱会随潮水来时泛泡，结果会是一缸酸酱。下酱黄时，沙上人家还有个习俗，即在酱缸里吊一只大铁钉和一束桃树桠枝。传说，天上有只天狗，它最喜欢偷沙上人家的酱吃，放了大铁钉，它就偷不动了。桃桠枝是驱邪的，苍蝇、蚊虫就不敢来临。

（7）晒酱。将下了酱黄的缸置于屋外日晒夜露。缸要选口子大、底子浅的，以利于光照。为防苍蝇、蚊虫、灰尘等落入，酱缸上面要罩一层纱布。日

酱缸

非物质文化遗产 张家港市 荟萃·传统技艺

晒夜露的酱饼，要三天两头地去搅拌，叫"掏酱"。掏酱应在清晨。

（8）牵酱。约经一个月左右的光照，下的酱就"熟"了，即可用小磨子牵细，叫"牵酱"。酱牵好后，仍要日晒夜露。在秋阳的光照下，一缸酱遂由薄（稀）变厚（稠），由浅黄色晒成枣黄色。一缸色、香、味俱佳的沙上黄豆酱就做成了。

沙上豆瓣酱

传承关系及代表性人物

沙上黄豆酱制作多为家传，而且是母传女。现在，大新闸上村村民沙玉凤是代表性传承人。

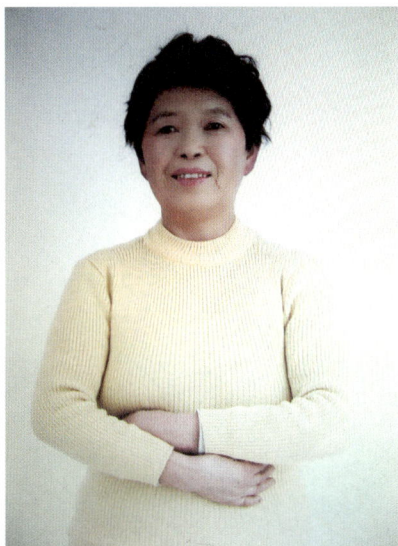
沙玉凤

主要价值

沙上黄豆酱对于沙上人来说，已是不可须臾或缺的了，已成为沙上人生存方式、生活方式中的一部分，故具有社会文化学的价值。

沙上黄豆酱在长期制作过程中，还形成了好多民间传说，如酱缸里必须放一束桃桠枝和一只大铁钉，酱就不会让天狗偷吃掉，故具有民俗学价值。

目前保护情况

随着新农村建设的步伐推进，村民的生存方式、生活方式的改变，会制作沙上黄豆酱的仅是少数中老年妇女，年轻妇女已不再学制，故有面临失传的危险。

沙上蟛蜞豆腐制作技艺

历史沿革及分布情况

张家港沿江一带的沙上地域，拥有上百公里长的江岸线，也就拥有上百公里长的芦苇沙滩。大江的潮起潮落，使这上百公里长的芦苇沙滩成了蟛蜞家族得天独厚的生存家园。天长地久，沙上人在实践中发明了一道鲜美无比的佳肴——蟛蜞豆腐。因其外形如豆腐花，故叫作"蟛蜞豆腐"，算来已有四百多年的历史了。

蟛蜞豆腐这道鲜美无比的菜肴，是沙上人的发明，是沙上地域所特有的，主要分布在长江沿岸上百公里长的沙上地域，如双山、中兴、德积、晨阳、大新、三兴、锦丰、乐余、南丰、东沙、常阴沙农场等地。

滩涂产蟛蜞

捉蟛蜞

基本内容及特征

制作蟛蜞豆腐的食材是蟛蜞。其制作步骤是：

第一步：洗拣。将捉来的蟛蜞冲洗干净后，卸下其盔甲，揭去其脐盖，剔除其黑肠，再用清水冲洗干净。

第二步：舂捣。将洗拣干净的蟛蜞舂捣成肉浆。沙上人家用碓臼舂捣，省力而匀细。

第三步：冲滤。将蟛蜞肉浆连同汁液倒于竹筲箕里，用适量清水冲滤，蟛蜞肉浆从竹筲箕的篾缝中冲流入盛器里，而其甲壳碎屑则被过滤出去。

第四步：烧煮。先熬油汤。即在油锅里放入少许沙上人自制的"黄豆酱"和少许姜末与黄酒（或米酒），再加入两碗左右的清水。待烧滚后，则将蟛蜞肉浆连同汁液倒入锅里，无须盖锅。片

刻，那流质似的蟛蜞肉浆即凝结成豆腐花似的团圞肉羹，宛如朵朵盛开的白睡莲漂浮在清爽的水面上，撒上些许碧绿的葱花，一道色、香、味、形、意俱佳的蟛蜞豆腐即做成了。那味道鲜美无比。这是一种纯原生态的鲜美，一种别具风味的鲜美。

只是由于蟛蜞体小、肉少，故烧煮一碗蟛蜞豆腐，起码得两三斤蟛蜞。

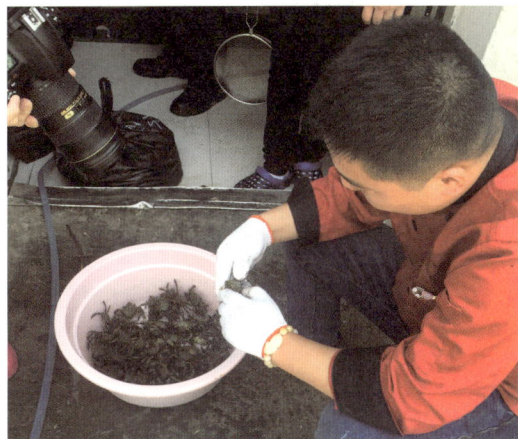

洗拣

传承关系及代表性人物

　　沙上老一辈人都会做蟛蜞豆腐。现在会做的人少了，只在饭店宾馆当作沙上特色菜卖上桌。当前代表性传承人是大新新香苑酒店厨师魏永柱。

捣浆

滤汁

主要价值

　　蟛蜞豆腐是沙上人发明的特色菜肴，具有丰富的营养价值和经济价值，更是饮食文化中独树一帜的品种，故有其一定的文化价值。

沙上蟛蜞豆腐制作技艺代表性传承人魏永柱

目前保护情况

　　随着长江沿江不断开发，上百公里的芦苇沙滩，仅在德积一段不到三四公里的芦苇沙滩尚在，其余全被港口码头所替代了，因而制作蟛蜞豆腐的食材少了，加上沙上人家的生存方式、生活方式的转变，已很少有人去自制，故蟛蜞豆腐技艺面临没有原料而技艺失传的危险。

蟛蜞豆腐

常阴沙钩针编结

历史沿革及分布情况

钩针编结自古有之，某些理论认为钩针编结来自阿拉伯半岛、南美洲或是中国，但目前没有具体的考古证据证明到底源自哪里。

钩针编结工艺是民间花边工艺的发展形式。20世纪60年代，苏州插场知识青年夏小彬（又名小斌），在花边技术的基础上，采用钩针代替缝衣针编织出花样。这是一种具有独特风格的新型花边。这一工艺受到广大农村妇女喜爱。从此，钩针编结在常阴沙一带十分盛行。70年代，常阴沙农场专门成立了花边站，当初不少知青被抽调到花边站工作，并取得了较好经济收益。以后这一技艺又被传到兆丰、南丰、锦丰等地，广大农村妇女利用业余时间从事钩针编结，成为当时极为兴旺的副业。

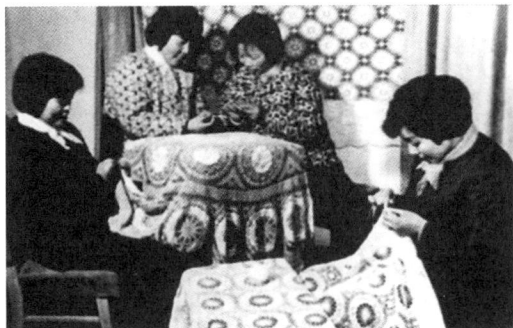

钩针编结花边

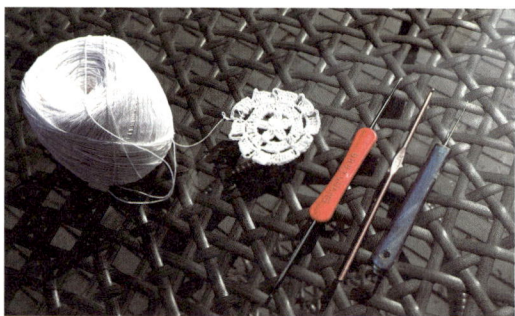
编结工具

基本内容及特征

一、钩针编结工具

主要工具是钩针，一般用铝、铜、不锈钢等材料制成，长约15厘米。钩针由针头与针轴二部分构成，针头与针轴连体，针头半尖呈菱形，与针轴的角度成60°斜坡；针轴有粗细，最粗的直径达7毫米，最细的0.6毫米。

二、钩针编结的材料

材料主要有：1.棉线，其中有粗型编结线、中粗型编结线、细型编结线。2.纯毛线，其中有3股、4股粗线；单股细线。3.化纤线。除此之外，还有发、麻、金属丝等，这些都没有具体规格，只能根据实际需要来选择。

三、钩针编织种类

分为两大类：一类是实花钩针编结（简称实花）。它是一种不留孔的制作法，针法密而不镂空，满而不露底，因而织品厚实，用料多，耗工量大。另一类是通花编结（简称通花）。它的花形镂空、透明清晰、疏密相间、层次分明。通花钩针编结是常用的制作法，它的品种主要有方眼编（即钩编成方格形网孔）、鱼鳞网眼编、贝壳形网眼编和菠萝形网眼编等。

四、钩针编结工艺流程

首先按设计或样品选择钩针和材料。然后钩结物件。钩结物件有两种方法：一是从起针到结束直接钩结一件作品，

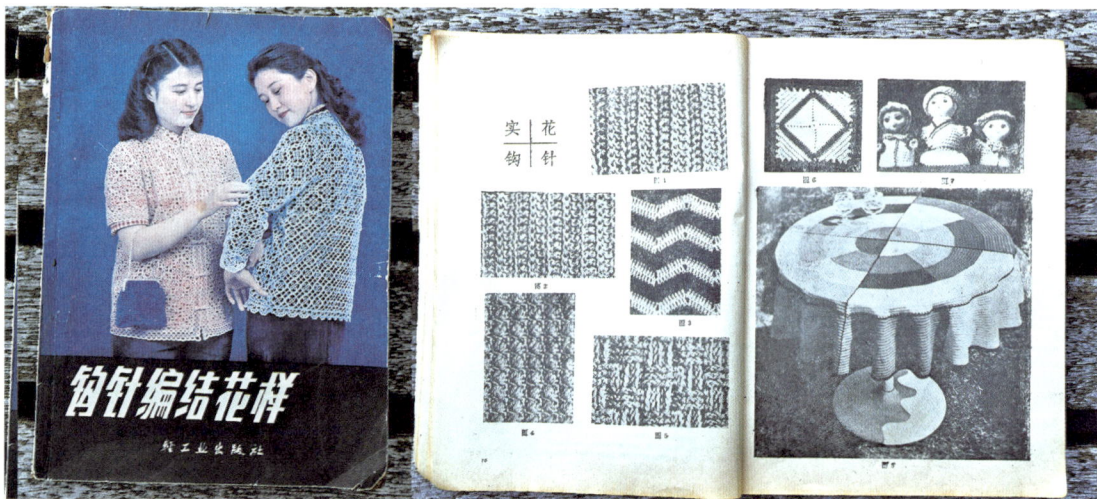
《钩针编结花样》

如上衣、围巾、帽子等；另一种是根据物件结构，将其分成几个部分逐一织之，然后拼接缝合成成品，如衣服、台摊、床罩、门帘等。最后是整型。成品成型之后，还需洗涤、上浆、整烫定型，使之更加平服美观。

原常阴沙农场钩针编结主要成品有5大类：服饰、床上用品、日用品、装饰品和工艺美术品。其中分20余小类，分别是上衣、外套、背心、领花、披肩、围巾、帽子、手套、裙子、袜子、鞋子、拖鞋、床毯、枕套、帐帘、床帘、台摊、盘垫、沙发靠垫、坐垫、门帘、拎包。

常阴沙钩针编结是知青夏小彬首创，是在花边工艺的基础上自行设计、反复试编成功的钩针编结技艺。钩针编结要求高，流程复杂，技术性强，一个产品需经图案设计、选案、钩编、拼接、整型等过程。尤其是钩编中种类繁多，编结中的每一个结的松紧疏密都有讲究，多一针，少一针，都会影响成品的外观。所以钩针编结的人必须具有一

夏小彬老年生活

定的编法技艺和细致耐心的精神。一个技艺高超的编结艺人，可以一边和人交谈，一边不停地编结。

夏小彬编结展柜

传承关系及代表性人物

常阴沙钩针编结是由知青夏小彬、他的妻子王燕秋及同事王祖珊共同研创出的一种编结技艺。当初，常阴沙全场约有五六千人掌握了这门技艺，不少人家一家三代人都是钩针编结艺人，这是

一个庞大的社会传承体系。第一代传人是知青夏小彬等；第二代是这批知青的子女，这代人数较多，也是主力军；第三代为前两代的孙儿辈。1980年，夏小彬还撰写出版了《钩针编结花样》一书。

如今常阴沙钩针编结的主要代表性传承人是江黎萍，1945年生，1978年任常阴沙花边站负责人；另有陆士芬、刘亚南、顾秀兰。

钩针编结花边

技艺已入选市级非物质文化遗产代表作名录，常阴沙文体服务中心把它列为重点保护项目。近年来保护单位加大投入，在广泛搜集有关钩针编结的资料和实物的基础上建成资料库，建立了陈列室，供人参观。为传承好这一钩针编结技艺，还专辟钩针编结实践室，不定期举办钩针编结培训班，召集能工巧匠进行钩针编结交流，做到常态化管理，切实传承好这一"非遗"项目。

主要价值

常阴沙钩针编结是一种民间手工编结技艺，其产品的外观、图案、花色等极具艺术性，具有一定的观赏价值和实用价值。

钩针编结的兴起和推广，促进了常阴沙农场社会经济的发展。当时常阴沙全场数千人，钩编产值达数十万元，不少人家的编结收入远远超过农业劳动所得。同时，产品远销欧美等多个国家，换取外汇。因此，经济价值是很高的。

目前保护情况

随着科技的发展，手工钩针编结逐渐被工业机械所替代，这一行业逐渐萎缩。目前民间只有少数人仍钟情于用钩针编织一些物品自用。常阴沙钩针编结

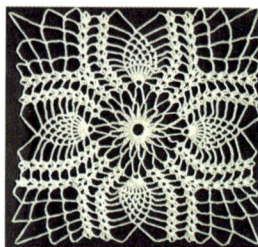
钩针编结花边

香山算盘制作技艺

1972年，美国总统尼克松访华时，曾到上海中百二店参观购物，看到柜台内小巧玲珑、十分精致的算盘，他久久不愿离去，最终选了一把带回了美国。这事在1972年期间成为该算盘生产厂家——南沙山北算盘厂和整个香山地区的特大新闻。

香山地区很早以前就生产算盘，据山北村徐小埭现年90岁的徐进才介绍，本自然村徐汉林家就生产算盘。徐汉林从小在无锡打工，与当地生产算盘的老板交往很深，拜师学艺，学会了制作算盘的技术，回到家中，购买设备，添置材料，开设了制作算盘的小作坊。徐汉林家附近的岸西埭、长山村的老猫埭等村民纷纷前来学艺，不久，一批人学会了制作算盘的技术。

张家港市非物质文化遗产荟萃·传统技艺

281

山北算盘厂老职工保存的算盘

新中国成立不久，香山地区的山北村、长山村、镇山村村民先后办起了算盘作坊。山北的算盘作坊在徐小埭，由岸西埭、邱家埭3个自然村的木匠联办，但生产规模不大，1958年人民公社化时，山北算盘作坊收归山北大队主办，

1977年南沙山北算盘厂

自此山北算盘制作开启了新的历史。长山的算盘作坊于1953年创办，起初办在老猫埭的施春宝家中，从7—8个人增加到10多人。他们先到山北算盘作坊去学习，经过两年的时间，培养了一批人材，由于生产规模不断扩大，在施家生产两年后，于1956年将作坊搬到了朝东岸，购买毛竹搭了两排三间工棚。在此生产35年，在"大跃进"时期曾一度停办。1956年该算盘作坊并到了长山大队综合厂，厂址在现西宝庵旁边。从此，长山算盘进入了新的发展期。20世纪90年代香山地区的算盘生产达到了鼎盛期，当时最高年产量达3万把，主要销售地区是无锡、苏州、上海等地的百货公司。长山村生产的算盘还销售到了苏北各县市。随着电脑及计算机的开发和普及，算盘基本失去了计算优势。生产作坊先后关闭。

基本内容及特征

算盘的生产工艺主要是：先将收购的树（木）材，用木锯制成各种规格的算盘边框，再制成算盘珠子，根据对算盘珠子大小的需要，在脚踏车床上车圆，然后对框档、珠子、背板等进行油漆、油漆要经过批膏、打磨、上漆等几道工序。然后根据算盘的大小选配好算盘的芯子，主要是采用不易弯曲材料，如竹子硬木等做芯子，在装配算盘时，在四只角用铁皮加固，考究的是铜皮加固，对17位大的算盘，在中间增加2根铜芯子。

生产算盘的主要工具：锯子、刨子、脚踏木车床（后由电动车代替），滚圆机等。

生产算盘的主要原件：各种树材如花果树、白果树、柏枝树、杂树、梨树等。这些材料一般在本地采购。如制作高档算盘，还要采购红木（主要是旧家俱）作为原料。另外还有一些辅助材料，如铁钉、铁皮、铜芯、漆刷子等。

算盘的种类分一般算盘和高档算盘，一般木材制作一般算盘，用红木制作的算盘是高档算盘。算盘的规格分三种，即13位、15位、17位。

采访施春宝（左）

传承关系及代表性人物

香山地区算盘制作在新中国成立初期是农村私有企业。当时香山地区有山北村、镇山村、长山村等自然村落的农民办起了算盘作坊，后收归大队为集体企业。随着电脑及计算机的发明与普及，算盘已渐渐退出历史舞台。香山地区算盘制作具有代表性的人物是施春宝，出生于1933年8月，18岁跟山北村徐三宝学做算盘，两年后回家自办算盘作坊。当时有员工十多人，大约在1964年搬到大队的宝灵庵，属大队办企业。当时所做产品全部由沙洲县百货公司包销，销到全国各地，直到1976年停业。

香山算盘制作技艺代表性人物施春宝

主要价值

算盘是劳动人民发明创造的一种简便的计算工具，几十年来各行各业、各家各户多要使用。算盘的使用对发展生产及促进贸易产生很大的影响。即使到了今天，现代化先进的电子计算器的出现也不能完全代替珠算算盘的作用。算盘的制作具有历史价值、使用便利的实用价值及文化价值。中国的算盘走出亚洲，走向全世界。它产生的影响不能低估，这是中国劳动人民普遍使用、长盛不衰的计算工具，是对全世界所作出的贡献。

目前保护情况

目前金港镇人民政府对香山地区算盘制作技艺进行抢救性保护。通过一批健在的老艺人的回忆及保存的一些制作工具进行收集，并拍摄成影像片进行保护。

欧桥羊毛衫棒针编织

历史沿革及分布情况

最早的手工棒针编织毛衣出自古代游牧部落的牧羊人之手。有一年寒冬，一群奴隶牧羊人无衣服可御寒，他们把羊毛撕下来捻拉成粗毛线，找来几根树枝，将毛线绕来绕去想方设法结成一个毛片片，裹在身上御寒。

宋元时期，塘桥及其周围地区不少农家已开始利用羊毛，经土法加工后编织成较为粗糙但可用于御寒的衫、裤。清代、民国时期，妙桥（欧桥）地区农家大多养殖胡羊，剪下羊毛，土法加弹后制成毛条，纺成毛线，并根据各人的喜好染上色彩，用棒针手工织成羊毛衫、

欧桥绣花女在编织羊毛衫(摄于1979年)

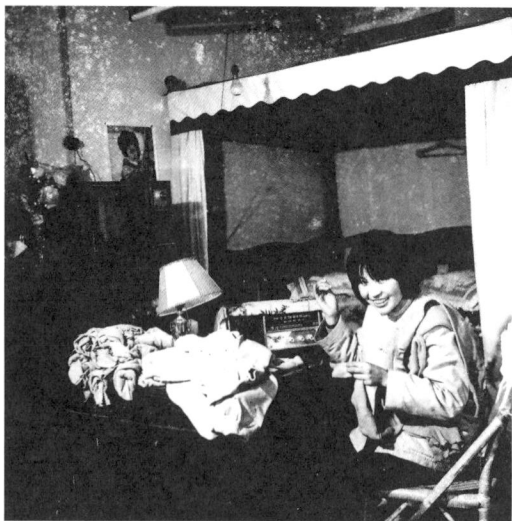

顾小妹，欧桥棒针编织能手（摄于20世纪80年代）

裤。1920年代，市场上出现了毛线（俗称头绳、绒线）后，农妇们图省力直接购买后手工编织成各种织品。之后，出现了机织毛衫后，手工织品便逐渐淡出人们视线。尽管如此，在苏、浙、沪一带，无论在城市或农村，仍有一部分妇女钟情于手工编织。特别像妙桥（欧桥）地区，农闲时妇女们买回毛线，用两三根棒针，手工编织羊毛衫等织品。

手工编织主要分布在以妙桥（欧桥）为中心的周边地区，包括塘桥、鹿苑、塘市、乘航、顾山、徐市、凤凰、港口、大义等地。

基本内容及特征

棒针手工编织羊毛衫主要有两大工序：纺纱和编织。纺纱阶段：先将羊毛剪下，去污渍、晒干、土法加弹、制成

条状、纺成毛纱、并成毛线。后来出现了现成的毛线后，上述工序就略去，买回毛线后直接编织。

老式编织羊毛衫有几种方法：一是从毛衫的下摆起针开始，编织成圆筒状的织物，直至领口。再织两只臂袖。二是从领口开始，先结领口，再结臂袖，然后编结圆筒形的前后襟，一气呵成。这几种方法结成的毛衫花样不多，也不美观，仅有保暖作用。

现代女性在继承老法编织的基础上进行改革创新，运用新方法，编织成的羊毛衫花色多样。其方法是把羊毛衫分割成几部分，逐一织之，然后缝合起来。其工艺流程是：编织羊毛衫后片；编织羊毛衫前片；开领口；编织袖子；缝合；编织领子；开门襟、做手锁扣眼。有的还要绣花、做口袋等。

在整个编织过程中，要操作规范，尺码准确；掌握起口、退圈、弯纱、闭口、成圈、绕圈等操作流程和牵拉、翻针、放针、收针、钩针等方法。

羊毛衫手检（摄于20世纪70年代）

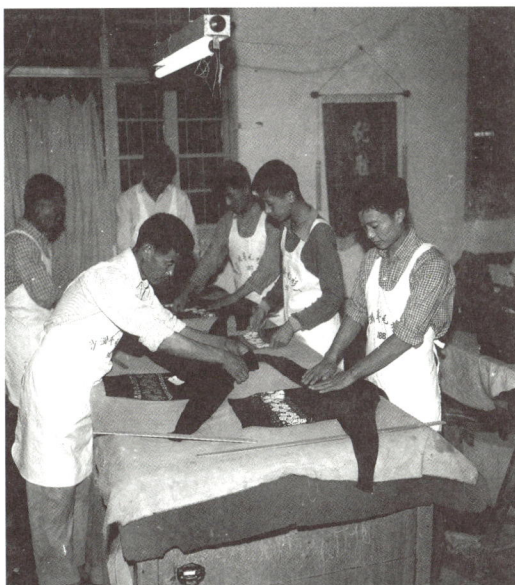
羊毛衫整理

棒针编织的羊毛衫厚实保暖，款式多样、美观大方、经久耐用，深受百姓喜爱。

　　欧桥棒针编织有其独特性，为家族传承。第一代为陈秀妹（1936年生），10岁时跟母亲学棒针编织，村上的女孩子都拜她为师。她常在工余休息时间拿出棒针编织起来，村人称她为"织嫂"。第二代传人为朱雪琴（1963年生），师从母亲陈秀妹。她能在毛衣上织出20多种花纹。第三代传人为26岁的陆怡婷，是朱雪琴的女儿，14岁时能独立完成棒针编织羊毛衫。如今能独立手工编织10余种男女款式的羊毛衫。目前代表性传承人为朱雪琴。

　　棒针编织是我国古老的传统编织技艺之一。欧桥羊毛衫棒针编织丰富了我

制作头绳工具：摇车、经车、绕线车

验片、修补

蒸烫、定型

非物质文化遗产

张家港市

荟萃·传统技艺

287

国传统编织技艺，其一整套的编织流程具有一定的工艺价值。而且编织的羊毛衫，厚实、紧致、暖和，款式多样，色彩艳丽，花纹别致，为人们所喜爱，具有一定的审美价值和经济价值。

目前保护情况

针对手工编织羊毛衫逐渐被淘汰的事实，镇政府和欧桥村已采取了两大措施：一是在社会调查的基础上，对欧桥羊毛衫棒针编织技艺和一套操作流程进行摄像、拍照，总结、整理成系统资料，加以收藏和保管。二是制定规划，对棒针编织的工艺流程和织物款式进行改革创新，把厚实暖和、款式新颖、色彩艳丽、花纹别致、实用美观的手工编织羊毛衫推向市场；能根据客户需求组织人员产业化运作，为村级经济服务。

羊毛衫成品

沙上刀鱼馄饨制作技艺

历史沿革及分布情况

　　沙上地区是由长江泥沙冲积而成的沿江陆地，已有三四百年的历史。由于沙上地处江尾海头，又有江心双山岛使得上游江流至此遂分两股而东向，因而这段江流显得特别平缓，故鱼类资源特别丰富，尤以长江三鲜——河豚、刀鱼、鲥鱼闻名于外。于是在饮食上就发明了"刀鱼馄饨"的美食。刀鱼本身鲜美无比，配制的馄饨馅心里加入的辅料又是新鲜秧草、新鲜鸡蛋，如此，"三鲜合一"而裹成的馄饨则更加鲜美。本来刀鱼多刺，且细而密，又有坚硬的"三角刺"，故刀鱼虽鲜，人们却有点敬

长江沿线锦丰段潮落后网上一片银白色刀鱼真喜人
（摄于20世纪70年代）

捕获的刀鱼

其蛋清），将此三鲜合而为一，做成的刀鱼馄饨，其鲜美更是无可比拟了。

而远之。而刀鱼馄饨经过加工已无刺，故深受人们的喜爱。因此，"刀鱼馄饨"在沙上流布甚广，且代代传之。

刀鱼馄饨主要流布于沙上地区，即金港镇、大新镇、锦丰镇、乐余镇、南丰镇以及常阴沙农场一带。

基本内容及特征

刀鱼馄饨的制作的关键是馅心，而馅心中的刀鱼去刺剁成鱼糜则是关键之关键。先将刀鱼去掉主骨、头部，并将颔下处的"三角刺"剔除，劈成上下两爿鱼片，然后将鱼片放在一狭长的新鲜猪皮上剁成鱼糜即可。那多而细的软刺则全部嵌进了肉皮里。

接着与制作的秋草、鸡蛋清合在一起，加上必要的作料，像制作一般馄饨馅心一样拌和之。

有考究者曰：刀鱼要挑早春出水鲜货，且是肥硕雌刀鱼，配上当日清晨割的露水秋草嫩头，加入新生的鸡蛋（取

传承关系及代表性人物

沙上人都会做刀鱼馄饨。当前锦丰地区大江南食府的张建明、花都大酒店的花小荣对刀鱼馄饨的制作都有丰富的经验，深受人们的喜爱，是老一辈代表性人物。当今代表性传承人是花晟杰。花晟杰承继其父花小荣的制作技艺。

主要价值

刀鱼馄饨是一种饮食文化，具有沙上特色，故有一定的文化价值、民俗学价值，以及经济价值。

长江刀鱼

去骨

做成肉茸

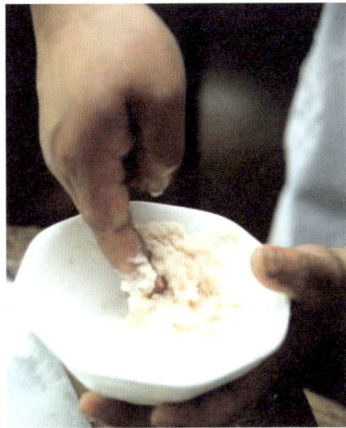
调味

目前保护情况

一段时期以来，由于长江水质遭污染，加上人们的过度捕捞，长江刀鱼已濒临绝亡。二三两重的长江刀鱼一斤开价上万元，也就不可能用来制作刀鱼馄饨了。现在用来制作馄饨馅心的刀鱼大多是浙江湖州来的"湖刀"，或人工养殖的刀鱼，其鲜美度当然远远不及正宗的长江刀鱼了。近来，由于重视长江水质的治理保护，加上于每年4月设置禁渔期，长江刀鱼有望渐渐多起来。

刀鱼馄饨

鱼蟹簖制作技艺

历史沿革及分布情况

早在春秋时期，河阳地区的先民就以竹笼、绳网来捕鱼捉蟹，延续了数千年。《诗经》中就提到类似的捕鱼工具。民间又叫退笼、菓篮，放在流动的水中，或放在河沟、缺口中，一旦鱼虾蟹顺流而下，进入笼中，就无法逃出。南朝顾野王在《舆地志》中作了描述："插竹列海中，以绳编之，向岸张两翼，潮上而没，潮落而出，鱼蟹随潮碍竹不得去，名之曰沪。"这与现在的竹簖十分接近。

这样的竹簖，20世纪80年代以前分布广泛，凤凰镇各条通江入海河流都有竹簖。一条河从上游至下游，每约1公里就有一条竹簖。境内尚塘、三让浦、河阳塘等共有鱼蟹簖50余处。

捕鱼工具

"蟹簖"

基本内容及特征

把毛竹劈成1公分左右宽的竹条，用草绳或麻绳编成竹帘。然后用粗大的毛竹桩把需要设簖的河面一分为三（河面宽阔的可一分为四，视具体情况而定，间隔大约三米）。先在河的两边各钉下一个竹桩，使其与河岸成约30°（外向，以便有力地支撑鱼簖）的夹角。然后用横杆把两翼固定牢，再把竹帘插入河泥中固定起来。中间一段不固定，称作龙门，用去过一层篾黄的毛竹条编成。

船可在篾丝中自由来往。再在龙门的两边桩上钉上各两个辅助桩，使龙门更加牢固，并在其下游加撑头，防止被水冲坏。

萊篮是用篾丝编织成的，高度与水深持平。篮为圆锥形，可设多个大圆孔，孔里装竹做的克络苏，鱼蟹进去，就出不来。萊篮有两个，分置龙门的两边桩上，鱼被竹帘阻挡后，就自动游入其中。一天可分时起笼。

鱼蟹簖一般选择在大路及有桥的附近，便于民众随时来买。渔民们早晨起笼，将捕到鱼蟹带到集市上卖，下午有晚市的，也要起笼。

靠水吃水

在河岸的一边，用多个竹桩，悬空搭建小茅屋一间，供一到两人住宿，随时管理、捉鱼虾用。蟹季时，在河岸边搭一个小草房，晚上人在里面点上一盏灯，四周遮光，留一束光对准河面。蟹都在夜间爬行，见到一丝光亮就顺着竹箔爬上来，顺手一抓即牢。这叫守蟹。一夜可捉几斤、十几斤不等的蟹。

"蟹箔"

传承关系及代表性人物

20世纪50年代后期，各地散户组建成港口渔业队，现在用网箔代替竹箔捕鱼，基本继承着原始的生产方式。代表性人物有袁根根、顾小云、袁海保等。

渔民马金祥自主设计制作的河道捕鱼虾蟹地笼

主要价值

这样的捕鱼捉蟹，既保护了小鱼与幼蟹，避免了灭绝性的捕捉；捕捉到的鱼蟹又不会被碰伤，保持了新鲜。再者，河道的漂浮物可拦截，清洁了河道。这是人类与自然和谐相处的生产方式，可合理地利用自然资源。

目前保护情况

港口大部分河道，目前仍有渔业队管理、捕捞。现在有政府资助，在新开的山东塘上，建一座篾丝箔用于捕鱼。这成为凤凰水乡一个特别的景点。网箔捕鱼还将继续传承下去，因为这是渔民的生活来源之一。

乐余竹编

历史沿革及分布情况

竹编，是以竹子为主要原料进行加工而成的传统工艺，其制作与生产源于人民群众对于农业劳作和日常生活的需要。旧时乐余镇乃至整个新沙地区，农家屋后常辟竹园，一是可以保土遮荫，绿化美化环境，同时也为竹编生产提供了源源不绝的基本材料。据调查，乐余地区在20世纪三四十年代，有竹编篾编工匠40余人，1950年代初期有近百人。新中国成立前乐余镇没有专事竹编篾编的作坊店铺，一般是以竹篾匠老师傅带徒弟做散户的形式传承着世袭的手艺。20世纪70年代，因发展生产和群众生活需要，政府将分散的工匠（铁匠、木匠、竹篾匠等）组织起来成立了综合手工业合作社。至80年代中期，竹篾制品逐渐被塑料、金属等工业制品替代，加之竹篾匠人年龄日趋老化，年轻人投师学艺者寥寥，故而从业人员日益减少。目前的竹篾匠主要从事凉席、竹篮、篾畚箕等少数品种的编织经营。

乐余竹编匠师多出于乐余镇周边以及乐余村、双桥村、永乐村。

基本内容及特征

乐余竹编形制上主要分竹器制品和篾编制品两大类，一是生产工具，一是生活用品。

竹器制品有：竹梯、竹架、竹柄、扁担、连枷、竹椅、竹凳、竹榻、碗橱、蒸笼、竹筷、洗帚、炸糕垫、马桶刷等。

篾编制品可分为平面编织和立体编织两种。

平面编织如：篾席、饭席、晒垫、蚕条等。

立体编织如：淘米笿、篮子、筛子、匾子、篾篓、簸箕、脚箩、果盘、热水瓶壳等。

乐余竹编制品

乐余竹编材料，以本地产的篾竹为主，少量毛竹为辅。辅助材料有绳、线、小铁钉、细铁丝、藤皮等。

编织工具有：竹刀、拣刀、刮刀、抽刀、小锯、作凳、篾扣、篾针、弯锹、铲锹、斜凿、篾板、木尺等。

编织工艺流程主要有：选料，断料，劈竹，劈条，劈篾，刮篾，蒸篾，钻孔，穿篾，编织等。篾制品的劈篾、撕篾是关键工艺。篾条经着色和蒸煮，可防蛀，提高使用寿命，且色泽美观。篾器编织基本样式是横编和竖编，加上斜编、插编等。

传承关系及代表性人物

乐余竹编的技艺传承，早期主要是家族（父子）传承，后来多为师徒传承。

据《乐余镇志》"竹器编织"条记载：20世纪60年代，竹篾编织能人有双桥村的袁氏三兄弟，永乐村的李氏，乐余村的王氏。其竹器制品有用于建筑的竹跳，有生产工具、生活用品如箩筐、连枷、晒垫等，颇受农家青睐。

目前乐余竹编代表性传承人有陈柏林、陈国芳、钱红春、徐加春等。

陈柏林，16岁拜师双桥村陆姓师傅，陈柏林心灵手巧，勤奋好学，30来岁即成为一方名师，各地慕名前来学艺的不少。陈柏林收四徒：本地三人，南通崛港一人。2011年，陈柏林之子陈国芳受聘到南丰永联"江南农耕文化园"，继续从事竹篾编织。

陈国芳，1949年生，15岁从父学艺，认真刻苦，独立从事竹篾编织也已有40多年，工艺精湛，能编制多种竹篾器物，是目前乐余镇的代表性传承人。

主要价值

竹篾编织的实用价值和经济价值自不言而喻。乐余竹编是沿江一带新沙地区传统技艺的主要项目之一。精致的竹

陈柏林编凉席

篾制品，体现了工艺人员的聪明才智；品类繁多的竹制、篾制生产工具和生活用品，也反映了一个地方的生产、生活习俗，具有一定的民俗学内涵。

编箩筐

近二三十年来，竹篾手工业制品受到塑料、金属等工业产品的冲击，日趋没落。从业人员年龄老化，后继乏人。乐余镇为保护传承好这一传统技艺，投入了财力人力，努力为"乐余竹编技艺"妥善建立完整的档案资料库，搜集代表性制品以及相关工具，特别对代表性传承人陈国芳的编织技艺进行了专题文字及影像记录，并资助其积极参与全市性的传统技艺大赛。

乐余竹器

后塍梅花糕制作技艺

后塍位于张家港西部，是百年古镇。商业繁荣，水陆交通十分便利，居民生活安定，饮食文化发达，各种小吃制作盛行。尤其在民国初年，以王仁宝制作的梅花糕为当地小吃之上品，其色、香、味、形均佳，且食用方便，休闲、早餐相宜，深受百姓喜爱，在众多小吃中异军突起，很快以后塍为中心，向周边辐射。杨舍、泗港、德积、晨阳、大新、南沙、固庄、华士等地百姓前来品赏，成为后塍地区一大特色小吃。百年来一直在后塍盛行，从未间断。王仁宝拜名师学艺，技艺精湛，所制梅花糕用料讲究，皮薄馅鲜，色艳形美，食用方便，即做即卖，方便大众，从早到晚从不停歇，是实实在在的方便小吃、方便食品。成为后塍最有名气的美食。

馅

基本内容及特征

采用铜质模具，模具通常由19朵梅花状图案组成。采用煤球炉。先在19孔梅花模具内涂少许食油，然后将水发酵的面糊用紫铜壶倒入模具，旋转均匀，再加入馅心，分两种（豆沙、鲜肉），浇上面糊盖、芝麻红绿丝，烤10多分钟，即成梅花糕。

具体制作过程：

1.隔夜先发好面，也叫水发面。

2.调面。

3.生炉子，待模具加热。

4.在模具内刷上食用油，使油充分滋润，将调制好的面浆倒入每个模内，将模具左右倾斜，使每个模具内充分均匀粘到面浆，形成一个梅花外托。

5.将调到好的豆沙或肉馅用勾针均匀加入每个模内。豆沙上再撒上核桃肉，用勾针将其挤压。

6.再加入面浆盖住馅料。

7.在豆沙馅上面撒上红绿丝，在肉

馅上面放黑芝麻，盖上模具盖，烘烤10分钟左右。

8.待梅花糕烘熟，拿起模具盖，19只梅花糕成形，上面撒少许黄糖，将盖子盖上使黄糖融化，一两分钟后即可打开盖子。

9.成形后沿模具周边轻轻铲一圈，使其完全脱离模具，便可取出放在瓷盆中。

调制水发面

浇面

封口

传承关系及代表性人物

民国年间王仁宝拜江阴师傅学习梅花糕制作技艺，学成回后塍，自己经营梅花糕小吃店。新中国成立后传艺于其女儿王秀美，秀美潜心研究，改进技艺，使梅花糕制作日臻完美。后王秀美又传给儿子倪明。有文化的倪明，悉心探讨，改良工具，将黄铜制作的模具改为不锈钢，使梅花糕小吃符合健康要求。

倪明，1962年12月出生，现是王记梅花糕店老板。倪明自小在梅花糕世家长大，深受外祖父的熏陶，早年就随母亲制作梅花糕，参加过张家港市美食节的梅花糕制作，所制梅花糕色香味形俱佳，深受市民喜爱。

装馅

出炉

媒体采访报道后塍梅花糕

后塍梅花糕制作精细，用料讲究，口感好。具有一定的经济价值和民俗学价值。

后塍梅花糕

主要价值

梅花糕形似梅花，色泽鲜艳，历来是江南民众喜爱的小吃。

目前保护情况

金港镇政府对梅花糕制作技艺进行了抢救性的传承和保护工作：一是动员社会力量，着手整理后塍梅花糕制作第一手资料；二是将后塍梅花糕制作流程拍摄电视资料，进行保护；三是向工商部门申请注册商标，打"后塍梅花糕"品牌；四是准备扩大后塍梅花糕经营，开设连锁店，培养接班人。

后塍梅花糕参加张家港市第三届"港城绝技""非遗"技艺大赛

塘桥定胜糕制作技艺

张家港市

历史沿革及分布情况

塘桥定胜糕的由来与苏州有关。春秋战国时期，苏州是吴国的国都。那时诸侯称霸，战火连年。吴国为防敌国进袭，修筑了一道坚固的城墙。一天，吴王摆下盛宴庆贺。席间群臣纵情饮酒作乐，认为有了坚固的城池便可高枕无忧了。见此情景，国相伍子胥深感忧虑，叫来贴身侍从，嘱咐道："满朝文武如今都以为高墙可保吴国太平。城墙固然可以抵挡敌兵，但如果敌人困而不打，吴国不是作茧自缚？忘乎所以，必致祸乱。倘若我有不测，吴国受困，粮草不济，你可以去相门城掘地三尺取粮。"随从以为伍子胥酒喝多了，并未当真。没过多久，国王驾崩，夫差继承王位，听信谗言，赐伍子胥自刎。越王勾践便乘机举兵伐吴，将吴国城团团围住。吴军困守城中，粮绝炊断，街巷内妇孺哭声惨不忍闻。这时那位随从想起伍子胥之前的嘱咐，便急忙召集邻里一起来到相城门外掘地取粮。当挖到城墙下三尺深时，才发现城砖是用糯米粉做的。顿时人们激动万分，对着城墙下跪，拜谢伍子胥。这些糯米粉砖救了全城老百姓。

石臼

手推磨

们吃饱了打个大胜仗。太平军不负众望，旗开得胜，一举攻下了常熟城。于是，人们便称"定升糕"为"定胜糕"了。到了民国年间，妙桥欧桥的高氏、塘桥杨园的袁氏都学得一手蒸定胜糕的好手艺。特别是欧桥高氏，祖辈以此为生，逐渐发家致富，蒸糕手艺传承至今。

塘桥定胜糕的分布区域以欧桥集镇为核心，向塘桥、妙桥、鹿苑等周围乡镇辐射，东到福山、王市，南到大义、常熟，西到塘市、顾山，北至南丰、锦丰。

糕盘

于是每逢过年，家家都用糯米粉做成"城砖"，以纪念伍子胥的功绩与忠烈。从此，苏州一带用米粉做成糕点食品不断推陈出新，其中苏州西山岛民制作的定升糕成为当地的特产。

到了元末明初，吴江松陵人庞佰源（塘桥庞氏始祖）为避兵乱来到塘桥，安家落户，他也将苏州定升糕的制作技艺带到了塘桥、妙桥、鹿苑一带。方志记载，清代咸丰年间，塘桥一带驻有太平军，他们开仓放粮，救济穷人，深得老百姓拥护。为感谢太平军，老百姓家家连夜蒸煮了定升糕送给他们，预祝他

筛糕粉

糕模

制作定胜糕

基本内容及特征

定胜糕的制作全凭手工。从前，制作材料、制作工艺、糕的花色比较单一，只要有食材米粉和制作模具即可。发展到今天，制作材料比较考究，制作工艺也较复杂。塘桥定胜糕的制作材料有糯米粉、粳米粉，辅料有红糖、白糖、干豆沙、糖板油、玫瑰酱、松子仁、红枣泥、紫薯泥、红绿丝等。制作的模印是用梨木雕刻成，面大底小，可容纳1—2两米粉；形状有五星、元宝、梅花、半桃等，还有的形如各种花朵。

制作过程是：将糯米和粳米按一定比例混合，浸泡约1小时，沥干；将沥干的米磨成米粉；将米粉倒入盛器，放入绵白糖或红糖，加冷水拌匀。特别注意，水要适量，使米粉成极小的颗粒状；用细筛子筛一下，使过筛后的米粉颗粒蓬松、细小均匀，待用；预先准备好木制蒸笼（现在也有金属的），在其底部竹条（或木条或金属条）垫上覆盖一层纱布，待用；先向糕模内撒上一层米粉，放入干豆沙、糖板油丁或其他辅料（如果不放辅料，糕模内全装上米粉），稍按压一下，刮平；将糕模轻轻翻扣在蒸笼里覆有纱布的竹蔑垫上，如此往复，一次可蒸煮20余只。由于糕模面大底小，容易翻扣。将排满定胜糕坯的蒸笼放到水沸的蒸锅上，蒸煮约30分钟，待蒸笼热气透足，糕坯成熟取出；趁热在面上盖上红印，有的撒上红绿丝，再将两只定胜糕的底部相叠组成一对。

塘桥镇欧桥村制作的定胜糕色泽淡红，形状各异，松软清香，入口甜糯，富含热量，不仅饱腹，更是一道养生调理、强身健体的中华美食。

蒸煮

传承关系及代表性人物

高建芬

塘桥定胜糕已有近百年历史。第一代传人高二郎（1920—1991），师从清末的糕点师钱大成学习定胜糕制作技艺。高二郎又将蒸糕技艺传授给大儿子高祥华（1953年生）、二儿子高祥林（1955年生）和女儿高建芬（1960年生），此为第二代。高建芬又将蒸糕技艺传给了儿子瞿仲飞、儿媳刘静，此为第三代。在家族传承中，56岁的高建芬是当今代表性传承人，她继承、发扬了前辈的制作技艺，会蒸煮各式各样的定胜糕，以适合不同喜好的人群。2012年，她在张家港市第一届"非遗"技艺传承大赛中获得三等奖。2013年，在苏州市观前街举行的传统特色食品演示中获得市民好评。2014年，在张家港市第二届"非遗"技艺传承大赛中获得一等奖。

主要价值

首先，"定胜糕"寓意吉祥喜庆、年年高升，是民间上梁造屋、迎亲乔迁的必备食物，具有一定的实用价值。其次，丰富了祖国传统糕点宝库，充实人们享用舌尖美食的内涵，具有一定的美食文化价值。其三，民以食为天，食品中糕点不可或缺。塘桥定胜糕市场前景看好，具有一定的经济价值。

定胜糕

目前保护情况

塘桥镇重视对此项"非遗"的保护。一是加强继承人才的保护，除了高氏第三代传承人外，已物色多名喜爱制作定胜糕的人，帮助他们学习定胜糕的制作技艺。二是在调查、发掘、寻集、整理高氏定胜糕制作技艺的基础上，出了本《定胜糕的制作技艺》小册子，加以保护和推广。

大新白水糕制作技艺

历史沿革及分布情况

大新是张家港市沙上地区的一个乡镇。沙上地区分老沙与新沙，大新镇属老沙，已有四百多年历史。当地住民原是苏北沿江一带如靖江、如皋、南通等地迁徙来的。这白水糕的制作技艺即是他们随身带来的。白水糕是用米粉和水蒸成的糕，故叫白水糕。"蒸糕"的谐音即是"增高"，寓蒸蒸日上之意。故沙上地区，每当春节前夕，一般是在过了腊八至腊月二十之前，家家户户都要蒸糕，祈愿新的一年能蒸蒸日上，日日增高。春节期间亲戚朋友上门拜年，主人总是先烀糕烀馒头，盛上一小碗红枣来招待他们。这也是主人对亲戚朋友的一种新年祝愿，成为沙上人的一种礼仪。

大新白水糕蒸具

而且，祭祀天地、祖宗，白水糕也是必备的食品。故沙上人过年总要蒸上几甄糕，这是沙上过年的特有风俗。

白水糕主要分布在大新、金港、锦丰、乐余、南丰、农场等沙上地区。

上甄发火

基本内容及特征

非物质文化遗产
张家港市
荟萃
·传统技艺
308

蒸白水糕的主要工具是甄桶，呈圆形，上宽下稍窄，高二尺余。它的工序流程是：

一、淘洗糯米，适当加进粳米，约占两成左右。

二、磨成米粉。将淘洗好的糯米沥水两个小时后磨成米粉。米粉比用做团子的米粉要稍粗些。

三、拌米粉。和水拌米粉要求拌得均匀，拌到米粉抓把成团，放下即松散。这全凭师傅的经验与手感。

四、上甄蒸。先将甄底放一竹垫，竹垫上摊一张蒸糕纸，撒上约一厘米厚的米粉，待有蒸汽从米粉层冒出，再撒上薄薄一层米粉。蒸糕师傅就这样一刻不停地一层层地撒，一直撒到三四十厘米厚，将30来斤的米粉撒完，盖上一块笼布与木盖，直到蒸汽从木盖的四周呼呼冒出，一甄糕也就蒸熟了。一般需半个小时。这是个细致的技术活，要注意两点：一是每层米粉要撒得均匀；二是要掌握撒米粉的量，每一层不能太厚，

否则，就会蒸出夹生的糕。故要求蒸糕师傅精力集中，专心致志。

五、踩糕。这是大新白水糕所特有的。先将蒸熟的糕，连笼布倒在木脚盆里，并将笼布全部裹住米糕，踩糕人不用大力，均衡地踩遍，成约十厘米高的圆柱形。经人踩过的米糕黏接得更加紧密、结实。这样的糕浸入矾水中，可半年以上不变质。

六、分割。将踩好后的糕，扣倒在预先放有两条线的台面，迅速用双手蘸冷水拍打平滑，然后将线的两头提起一拉，把米糕分割成一块块宽约十厘米左右的呈长方形的糕。

七、冷却、浸水。热腾腾的米糕，要一块块地摊开，冷却至3—5天，然后放到加上矾的腊水里浸没。这浸糕的水一定要用腊水即立春之前的水。浸一甄糕，需要半斤白矾。米糕在这样的矾水中就不会变质，可以吃到来年清明时节乃至更长。

传承关系及代表性人物

现在会蒸糕的人已很少了，蒸糕的专用工具——甑桶也很少见了，但蒸白水糕是沙上过年的风俗，这一手艺在民间并未绝迹。当前的主要传承人是赵文清。

主要价值

白水糕是沙上地区过年必备的食品，是沙上地区的独特习俗。蒸糕其谐音为"增高"，有蒸蒸日上、日日增高的寓意，寄托着沙上人对新的一年的祈愿与希望。沙上人在新年里用白水糕来招待客人已是一种礼仪。每当客人来拜年，首先是烀糕还有烀馒头招待。二月二，龙抬头，还要吃煨糖糕，叫撑腰糕，据说吃了撑腰糕，弯腰斫麦不腰痛。故具有文化价值和民俗学价值。

沙上白水糕浸在矾腊水里，可以防腐，可以保存半年以上，有科学价值。平时，将糕放进粥里，当早餐可耐饥；也可煨成糖糕，带到田间，当作点心。故有实用价值。

目前保护情况

虽然现在会蒸白水糕的人不多，但因为这已形成沙上人过年必蒸糕的习俗，有市场需求，故也不会致使白水糕技艺失传。原来平时不蒸白水糕，现在已一年到头蒸了。传承人赵文清已办家庭作坊，常年生产，并在菜市场设点出售。政府在生产场地、市场定点等方面给予支持与方便。

大新白水糕

传统医药

张家港市非物质文化遗产

塘桥陆氏中医儿科

旧时在农村行医的"郎中"，大多是全科医生，能治内、外、妇、儿、喉等多科病症，但往往有其擅长的某一科目。陆曙卿就是清末民初一位塘桥鹿苑地区主治儿、喉科郎中的代表。

1872年出生的陆曙卿，天资聪颖，有"小秀才"之称，年轻时经人介绍师从当时擅长内、儿、喉、妇科名医徐润斋学医。他潜心钻研，承继了徐老先生的全部医学技艺，对儿、喉科造诣尤深，后传承于儿子陆星罡，儿孙又承继父祖辈医术，这样代代相继，形成塘桥地区独创的陆氏中医儿科。其施医范围除张家港境内，还延及常熟、江阴、苏州、无锡、常州、南通、上海等地。

基本内容及特征

塘桥陆氏中医儿科在继承传统中医医学的基础上，经几代人上百年的努力，在临床实践中不断总结、完善，独创了陆氏中医儿科诊疗方法，根据患儿不同的病情，研制出散剂、膏丸，有"口疮散""咽喉散""咳喘一贴灵""腹泻一贴灵"等，对症下药，达到药到病除的效果，确立了塘桥陆氏中医儿科的社会地位。这种药剂，收费便宜，药效明显，因此得到了病者和家属的称道。

中医儿科，因对症的患者是孩童，有的是在襁褓中的婴儿，而这些婴幼儿又不能表明病痛处及病况，只能用啼哭来表示，医生因其言语不通，病情不易了解，自古就有"哑科"之称。所以在诊治中，难度大。作为医生只能从诊脉和观察对其诊治，通过望、闻、问、切的方法，进行八纲辨证分析，得出治疗方案，对症下药。

望：视神色、形态、面窍（指舌、目、鼻、口、耳、前后阴）、辨斑疹、大小便、看指纹等。闻：用听觉和嗅觉来诊察病症，听小儿啼哭声音、呼吸、咳嗽及嗅气味等。问：问家长，了解患儿发病经过及治疗情况，问年龄、病情、伴随症状、睡眠、饮食、大小便等情况。切：给患儿诊脉用"一指定三关"的方法，切诊按头颅、颈脖、胸

戥子秤、研钵、冲筒、药船

腹、四肢等。

八纲辨证，即是指阴阳、表里、寒热、虚实等八类证候，是中医辨证学的基础纲领。

随着时代的进步，在诊疗过程中，也配合使用现代的医疗器械，如听诊器、血压计、体温表以及紫外线消毒灯等，以辅助诊疗的正确性，提高诊疗的效果。

陆氏中医儿科对病症的施治自有一套独特的方法，经验丰富，诊断准确，自制药剂高效。

传承关系及代表性人物

塘桥陆氏中医儿科的传承基本上是家族性的，自陆曙卿开始至今已有五代。

塘桥陆氏中医儿科创始人陆曙卿

第二代传人陆星罡

2001），受其父熏陶，7岁在私塾读书时就兼读医书，能熟背药性赋、汤头歌诀、小儿药症直诀、小儿病源方论等。还研读《伤寒》《金匮》等中医典籍。后来，随父就诊、抄方，并学习诸家医学临床经验。其父去世后，便独当一面为患病小儿治病。1957年，成立鹿苑医院时，陆星罡为儿科医生，凡经他诊治的病者，总能药到病治，信誉度极高，被誉为"陆仙人"，名扬当地，也确立了陆氏中医儿

第一代，陆曙卿（1872—1941），师从名医徐润斋，对儿科、喉科造诣尤深，且医德高尚，深得当地百姓敬重。

第二代，陆曙卿之子陆星罡（1918—

第三代传人陆义进

科的声誉和地位。

第三代，陆星罡之子陆义进，1939年生，读中学时就随父学中医儿科、喉科，承受父业，又肯研究好学，掌握了父授的中医儿、喉科技术，并开始独立行医，被当地群众称为"小陆仙人"。1958年考入常熟卫生学校医士专业，毕业后又在常熟县人民医院和沙洲县人民医院进修儿科专业，之后进入鹿苑医院任儿科医生。1999年退休。2000年12月，经张家港市科委批准，成立陆氏中医儿科研究所；同年，经张家港市卫生局批准，成立陆氏中医儿科诊所，陆义进任研究所所长和诊所负责人。儿科诊所，全年门诊累计约2.5万人次。2009年，陆义进被命名为张家港市首批社区名中医。2010年，被评为张家港市首届道德模范。目前，代表性传承人为陆义进。

第四代，陆义进次子陆定宏，1966年生，中学毕业后随父学中医儿科。1987年考入常州卫校医疗专业，2002年从苏州大学医学院临床系毕业，后又在苏大附属儿童医院进修。2004年任鹿苑医院院长，儿科副主任医师。每天门诊患儿在60—70人，全年为2万余人次。2008年获张家港市"十佳院长"称号。2010年被评为张家港市"白求恩式"医务工作者。

第五代，陆义进孙子陆文中，2006年毕业于北方医学院中西医结合专科，

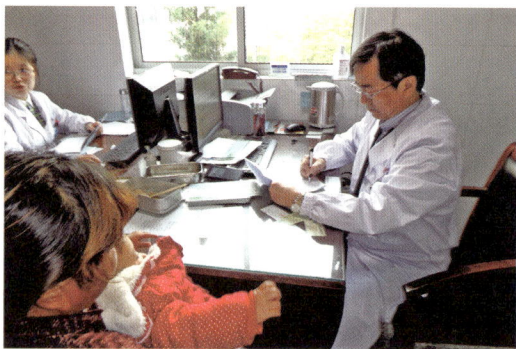
第四代传人陆定宏

毕业后随祖父在陆氏中医儿科诊所任医生，潜心承继祖业。陆义进侄孙女陆文琪，经过皖南医学院深造后，也回到陆氏中医儿科诊所，担起延续承继祖业的重任。

主要价值

塘桥陆氏中医儿科是我国传统中医学的一个组成部分，它继承了中医学原理，一百多年来为社会服务，为许许多多患儿解除了痛苦，充分体现了我国中医的价值。在传统医药面临西方医药的冲击陷入质疑、萎缩的困境中，彰显了传统中医在现实生活中的历史文化价值，从而启迪我们要进一步重视这一非物质文化遗产，要做好传承、保护和发展工作。

儿童被喻为祖国的花朵，是祖国的未来。现在绝大部分为独生子女，一旦患病，牵动一家人的心。塘桥陆氏中医儿科用独特的治疗方法使患儿在短时间

内康复，解除患儿及家属亲友的困苦，这对构建和谐社会具有重要的社会价值。

塘桥陆氏中医儿科能根据患儿不同的病况，配以自制的药剂（丸、膏、丹等），达到药到病除的效果；且这些药剂价格便宜，减轻了患者的经济负担，得到了施治区域内广大群众的认可和肯定。

目前保护情况

为进一步巩固和促进塘桥陆氏中医儿科的发展，鹿苑医院将第五代传承人陆文中和陆文琪先后送入北方医学院和皖南医学院深造，使陆氏中医儿科诊疗技术融进国际、国内中医儿科诊疗前沿技术，极大地丰富了陆氏中医儿科的内涵。

投入资金建立陆氏中医儿科世家陈列室，将上两代的遗物陈列出来让人瞻仰。还将几代人的诊断处方归类、整理，建立资料库，作为他们的宝贵财富传承下去，更好地为民众服务。2016年8月，编辑出版《陆氏中医儿科世家》一书。

塘桥陆氏中医儿科先后被列入张家港市、苏州市和江苏省级非物质文化遗产代表作名录。作为地方文化管理机构的文体服务中心和保护责任单位鹿苑医院，联手将这一非物质文化遗产的保护工作纳入日常工作内容，在人员培训、业务指导、交流推广、经费投入诸方面负责落实好，确保该"非遗"项目有组织、有计划地传承保护下去，后继有人。

妙手回春，好评如潮

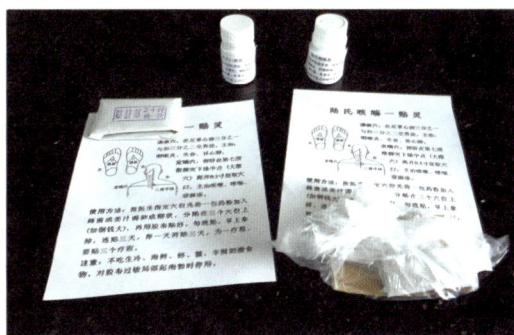

陆氏中医儿科自制的口疮散、咽喉散以及咳喘一贴灵等散剂

塘桥顾氏中医内科

历史沿革及分布情况

塘桥顾氏中医内科的代表顾殿良系江苏省名老中医。承继祖业中医内科的顾殿良，全面掌握祖父、父亲的医术，又拜当地名师、顾殿良的祖父顾玉堂的同道章成器（1869—1944）为师，专修中医内科。酷爱祖国医学的顾殿良潜心钻研，历经数以万计的临床实践，对于治疗肝胆病、胃肠病、糖尿病、妇科、男子不育及前列腺炎等病，均有良好的疗效。其日积月累的诊疗经验及良好的疗效，赢得当地百姓的信赖。良好的口碑使顾殿良声名远播。扎实的理论功底和丰富的临床经验奠定了塘桥顾氏中医内科的基础。顾殿良经过长期的临床实践，研制出一些专治肝炎的药丸和片剂。顾殿良的五个子女：长子顾仲道、长女顾慧健、二女顾慧荣、五女顾慧芳、小女儿顾慧敏，都得授真传。其后，他的孙女顾馨予、外孙女唐益君也酷爱中医，承继祖业，使这一文化遗产得到有效的传承和发展。

塘桥顾氏中医内科的诊疗范围涉及常熟、江阴、南通、苏州、无锡等地，许多外地患者慕名前往就诊，影响较大。

名医顾殿良行医招牌

基本内容及特征

顾殿良从小深受祖辈的熏陶,自幼对中医特别钟爱。精读过《汤头歌诀》《药性赋》《内经》《难经》等数十种医书。他理论联系实际,通过50余年的临床实践,加上1954年在南京中医药大学函授两年,系统学习了中医理论知识,中医技术日趋精湛。顾殿良在全面继承中医理论基础上,摸索创立了一套顾氏中医内科的诊病方法,尤其擅长治疗急慢性肝炎,特别是自己配制的"肝炎回春丸",经北京国医馆鉴定,认为是较完整的治疗肝炎的处方。在此基础上,与人合作又研制出了"和络舒肝片"片剂,成为治疗肝炎的常用成药,由苏州雷允上中药店炮制出售。

顾氏中医内科在临床上遇到各种类型的肝炎,做到审症求因,辨证论治,凡是湿热偏盛者,有黄疸、口腻恶心、呕吐、纳差、溲黄乏力、舌苔黄腻、脉息弦滑者,先清化湿热,疏肝利胆。等黄疸消失,二便通畅,饮食、睡眠正常,舌苔干净,再施以丸剂调理,巩固疗效,以绝其根。这是顾氏中医内科治疗肝病的独到之处,受到治愈者的高度赞许,口碑甚佳。

顾氏主要传承人顾仲道,为副主任中医师,就职于市第三人民医院中医内科。他早年师从父亲顾殿良学习中医内科,后来又就读南京中医药大学,毕业后继续从事中医工作。顾仲道在继承祖传医术的基础上,融合国内各大名中医的精华,学习现代医学理论以提升自己的医疗水平。他擅长中医内科、妇科、皮肤病,尤其对慢性胃肠炎、肝胆病、顽固性失眠、便秘、糖尿病、前列腺疾病、月经失调、盆腔炎、小叶增生、顽固性湿疹、痤疮、黄褐斑的治疗,有独到之处,疗效显著,声誉远播。另一位是长女顾慧健,也深得父亲真传,是上海第二军医大学附属长海医院中医内科主任,在上海中医界口碑甚佳。

顾氏中医家传出诊药箱

传承关系及代表性人物

顾氏中医内科从第一代起，至今已有一百多年历史。清代顾殿良祖父顾玉堂（1848—1921）和章成器为第一代。顾殿良父亲顾云卿（1880—1919）也承继父业从医，但英年早逝。

顾殿良（1917—1990）为第二代，他师从吴中名医章成器，是顾氏中医内科的奠基人。其后，顾殿良长子顾仲道及顾殿良长女、二女、五女、小女等五人都师从父亲学中医，为第三代。顾氏中医内科在其长子顾仲道、长女顾慧健继承父业的基础上发扬光大。顾殿良孙女顾馨予、外孙女唐益君为第四代，两人立志继承前辈医术，均毕业于南京中医药大学，就职于张家港市中医院。

代表性传承人为顾仲道（其基本情况前已述）。

第二代传人顾殿良在整理医案

第三代传人顾仲道

塘桥顾氏中医门诊室

第四代传人顾馨予

床治病中的优秀案例（各类处方），加以整理，汇编成册，出版《顾氏中医验方集》。还收集顾氏历代传承人珍藏的古今医书及诊病中用过的相关器具等，建立顾氏中医陈列展览室，供群众参观，以保护、传承好这一非物质文化遗产。

主要价值

顾氏中医内科具有精深的中医基础理论，在长期的临床实践中独创了一套诊治肝胆病、脾胃病、妇科病、皮肤病、糖尿病等基础理论（见诸得奖和发表的论文）和施治方法。它丰富了祖国中医药学的宝库，具有较高的医学价值。

其研制治病的中药丸剂，疗效不亚于西药，且较之西药副作用小，并发症少，易为患者接受，具有较高的实用价值。

目前保护情况

塘桥镇政府和塘桥医院共同承担保护、传承顾氏中医内科的责任，成立了顾氏中医保护领导小组，投入资金，收集顾氏中医历年来的各种学术论文和临

顾仲道藏书柜

顾仲道藏书

沙上蔡氏中医发泡疗法

历史沿革及分布情况

沙上锦丰镇三兴地区蔡氏数代行医，至蔡汝辑已是第七代。其父蔡锡蕃（1885—1938），祖籍南通海门，系通海名医蔡近仁之子。蔡汝辑自幼即受其父熏陶，从小就能背诵《药性赋》《汤头歌诀》，稍长即读《黄帝内经》《伤寒论》等经典医书，并随父学习望闻问切等医术。尔后，考入杭州中医专科学校。其父去世后，继承父业行医，在沙上地区颇负盛名。1940年起，先后于乐余和常熟创办保和医院，名扬于外。新中国成立后，他加入三兴联合诊所，传承发展祖传秘方，以发泡膏药治疗风湿性关节炎，造福于一方。并于1958年5月，撰写《关于发泡膏药治疗风湿性关节炎验方和治疗经验》论文，发表于江苏省卫生厅机关刊物《江苏卫生》上，向全国介绍、传播"发泡疗法"，影响甚广。1958年至1984年间，全国有23个省、市、自治区的类风湿关节炎病患者闻名而来求医，约有1400余人得到蔡汝辑医师的治疗，并药到病治。蔡医生惜于1984年病逝。他的济世验方——发泡膏药治疗类风湿性关节炎之医术则由其子蔡用武、蔡平武及其长女蔡志红传承。

基本内容及特征

发泡疗法是以中医基本理论为指导，以经络腧穴学说为核心，通过药物对穴位及患处皮肤的刺激和吸收作用，借经络的传导，以疏通经脉、行气活血、调节脏腑、协调阴阳，而取得治病之疗效。唐代王焘的《外台秘要》和明代李时珍的《本草纲目》等，对发泡疗法都有详细记载。蔡氏发泡疗法是选用某些中药配伍，切碎捣烂后，敷于患处穴位，使其局部皮肤灼热、潮红，继之起泡，以达治疗作用，故称之为发泡疗法。本法具有祛邪通络、清热解毒、止痛消肿之效。常用的发泡药物有大蒜、斑蝥、白芥子、鲜毛茛、巴豆、红娘子、吴茱萸、甘遂等，根据病情一般只选用一两种、三四种发泡药物。疗效如何，皆在医师根据患者实情选配哪几种药物组合之精确如何。蔡汝辑医师按照祖传秘方

蔡锡蕃

蔡汝辑

并在实践中根据患者不同病情总结出一套行之有效的验方，故经其诊治的患者大多能治愈。

传承关系及代表性人物

第一代至第四代姓名已无法查考。

第五代　蔡近仁（生卒年不详）

第六代　蔡锡蕃（1885—1938）

第七代　蔡汝辑（1916—1984）

第八代　蔡用武（1944年生）

　　　　蔡平武（1956年生）

　　　　蔡志红（生年不详）

蔡用武

蔡平武

先后有四个知识青年陆永华、陆贤洪、朱文宾等拜蔡汝辑为师。

蔡汝辑医师之发泡疗法源于中医理论，在实践中总结出的祖传秘方具有科学性。对某些类风湿性关节炎有药到病治的奇效，具有临床使用价值。

目前保护情况

蔡汝辑之子蔡平武于2001年兴办"蔡氏中医诊所"，曾应用发泡疗法祖传秘方治疗类风湿性关节炎。但至今尚无传承之人。

蔡氏中医诊所

非物质文化遗产

张家港市

荟萃·传统医药

322

缪氏中医药

明代万历年间，出了两位医学大家，一是御医李时珍，二是民间神医缪仲醇，又名希雍（1546—1627）。缪仲醇先后行医11个省，在途中采集药草，验证单方，并著述了《本草经疏》《单方》等医学著作。明史方伎传有他的传略。从此以后，他家族代代出名医，朝朝封医官，其中有缪承业、缪佩业、缪柳村、缪榕村、缪少村、缪镐、缪镕、

凤凰缪氏医宗第一代——明代名医缪希雍画像

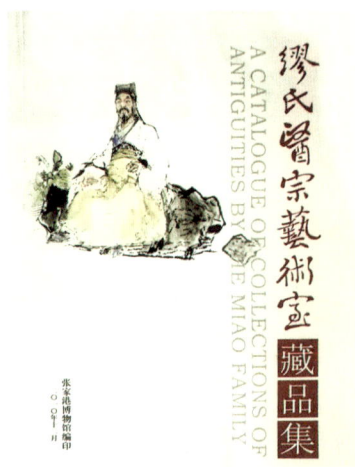
缪氏医宗艺术室藏品集

缪曾湛、缪曾溥、缪曾津等，都被清代历朝皇帝封为六品至四品的医官。其中缪柳村、缪少村曾是两朝帝师翁同龢的专门医生和好友。近代又有缪廷杰、缪廷梧继承中医药祖传秘方，为老百姓治病。

缪氏医德高尚，对于贫苦老百姓，都是少收钱或不收钱，至现在的缪南星一辈，历四百余年，从无中断。这在国内外很少见。如今慕名到他家求药的有上海、苏州、杭州、无锡等全国各省市的患者。

基本内容及特征

缪氏中医从明代至清代留下了不少医药专著，有《本草经疏》《单方》《祝医五则》等。缪氏肾血管性高血压的外科治疗，获得英国剑桥大学、日本大阪大学的奖章；另有两项获得卫生部及上海市的重大科技奖。

"缪氏健胃药""缪氏降高血压中药胶囊"等都有特别疗效，能治疗各种胃病和高血压，效果很好。

"缪氏水火烫伤喷剂"能治疗水火烫伤，不留疤痕。"缪氏化瘘丹"治疗各种瘘疮顽症。

上述药品深受患者欢迎，少花钱且治疗见效快。

传承关系及代表性人物

缪氏中医药传承了四百余年，至今没有中断过，均是家族传承，传男不传女，并有家谱记载。目前代表性传承人为乡村保健医生缪南星。他自少年时代就跟随父亲缪廷梧出诊，运用祖传秘方治病救人。他是缪仲醇的第十三世传人。

主要价值

继承了祖国的中医药学，使用的都是无害的中草药，通过高科技检测，含重金属及含菌群量都低于国内外标准，无副作用。普通人都可服用，药到病除，还节约了费用。为了不妨碍患者工作，只要确诊，对症下药，根绝过度治疗，药品可直接邮寄到患者手中，深得群众的欢迎。

目前保护情况

缪氏中医药目前得到了有效的保护，已被列入市级非物质文化遗产名录，并准备逐级向上申请，以得到国家的支持。依据祖传的秘方，已开发了"缪氏健胃胶囊""缪氏降糖胶囊""缪氏水火烫伤药水""缪氏感冒胶囊"等，受到了广大患者好评。缪氏中医药准备产业化开发，并已得到凤凰镇有关部门的扶持。

缪氏中医药代表性传承人缪南星（中）

民俗

张家港市非物质文化遗产

金村庙会

塘桥镇金村，为千年古村。唐代名太平乡永昌里，宋代名潘祁村。明初，金氏居之，子孙繁衍，遂称金村，又名慈乌村。金村庙会，又称永昌寺庙会，历史悠久。

据《金村小志》记载：永昌寺始建于南朝梁代普通年间（520—526年）。元末刹毁，明代金醴泉重建。万历中，吴县范允临题永昌禅院额。金村庙会始于宋代，明清两代极盛。主题是庆贺农历四月初八佛祖释迦牟尼诞辰。其时举办庙会主要靠地方上的乡绅和各自然村的社头联手出资举办。明嘉靖三十七年

金村永昌寺

金村庙会

（1558年）以后，为纪念本地抗倭英雄金七，庙会加入了爱国主义的元素，设立"出会"仪式，场面更加壮观。一般年景均有200来人参加。据老人回忆，1946年的金村庙会，为了庆祝八年抗战胜利，办得特别盛大，"出会"队伍很长，竟有500多人参加出会巡游。

金村庙会的影响很大，波及面很广，东到福山、郑桥，南至谢桥、大义，西到恬庄、港口、徐市、西张，北至妙桥、西旸，方圆约有20平方公里。

基本内容及特征

金村庙会是以民间信仰为主要内容的民间群众性文化活动。时间为农历四月初七、初八、初九三天，四月初八释迦牟尼诞辰为正日。这一天又是抗倭英雄金七的祭日。金村街上家家户户都要挂彩灯，永昌寺里张灯结彩，佛祖座前红烛高照，香烟缭绕。初七，寺内要做堂事，村里要举行赛马活动；庙场上有戏曲表演，茶馆里有评弹，从下午持续到晚上。初八正午，要举行隆重的"浴佛节"仪式。仪式结束后，寺内信众及合村老少都要吃"长寿面"，既为佛祖贺寿，也祝愿自身长命百岁。午后，举行"出会"仪式，庙会进入高潮。

"出会"队伍前有会旗、彩旗、十炮手、锣鼓队、头行牌、衙役队等清道开路，后面紧跟舞龙队、舞狮队、挑花担、荡湖船、打莲湘、踩高跷、吹鼓手、护卫队及臂锣社、开面社、蓝衣社、

大雄宝殿

神像巡游

红衣社、民乐队、太保轿、拜香队簇拥
着金七神像、千圣小王座像等，浩浩荡
荡行进。行进路线，从庙场出发，一般
经过小桥头、高家村、潘祁桥，在塘南
大场上举行祭祀仪式，然后回到庙堂
里。初八晚上，要放焰火，地点在远见
楼对岸的三角丘。20世纪40年代后期，
永昌寺要特请常熟城里周莲庆到金村制
作烟火，师徒几人往往要做上个把月。

　　初九下午和晚上，继续有戏曲、评
弹和民间游艺表演，有灯会。

　　庙会期间，有商贸集市。苏锡常等
地的京剧班、越剧班、常锡滩簧、评弹
艺人也都闻风而来设场演出，也吸引了

民间文艺表演

众多的民间艺人如马戏班、武术、杂耍等前来献艺、助兴。

金村庙会的最大特色，是糅进了纪念本地抗倭英雄人物的仪式，为庙会注入了爱国主义思想教育的内容。据《常熟慈村金氏家乘》记载："（金）守智，敬月（名冠）子，字湖泉，七房公，又名金七。嘉靖年中，抗倭身亡。朝廷下旨封祭。"据考，明嘉靖年间，倭寇屡犯，百姓深受其苦。金七挺身而出，召集村民抵抗。嘉靖三十七年（1558年）元宵节，他与部下三勇士身穿彩衣，面涂朱黑，扮作天神狞鬼奋勇迎敌，来犯倭贼见状大怖，不战而溃。数月后，倭寇又犯，金七率众御敌，不幸力战身

表演金七抗倭场景

亡。后朝廷闻报，下旨封金七为"一方总管，立庙祭祀"。金村、妙桥、恬庄、港口、福山等地的"总管庙"即由此而来。"出会"时，金七神像旁边扮饰的"草野三将"——一臂鹰，一挟弹，一荷锄，即为当年金七部下三勇士。

金村广场上，村民瞻望金七等神像

邹正岳指挥"出会"现场

传承关系及代表性人物

宋元时期，金村庙会的传承情况已无考。明代，金氏七世孙金守正，号醴泉，系金七（金守智）之族兄，主持重建永昌寺，恢复永昌寺庙会，并增加了出会、祭祀金七仪式。清代乾隆年间，金氏十二世孙金坤元（贡士）、金培元（太学生）昆仲精心组织金村庙会，内容丰富，场面壮观。清末民初，金氏十七世孙名医金兰升、秀才金秀山等出面组织金村庙会，规模也相当可观。以后，金氏十八世孙金锡庵、金新符等人组织庙会，尚有人气，比较热闹。

1957年至1994年，金村庙会停办。

后有金村后巷人邹正岳根据群众意愿，在村委会支持下，精心组织实施，于1995年恢复了金村庙会。此后年年举办。2008年的金村庙会，规模空前，人气兴旺，各界反响良好。

邹正岳，1934年生，退休职工，热心公益和宗教事业，现为永昌寺负责人。他熟悉佛事仪式，熟悉金村庙会程式，组织能力强，是金村庙会的代表性传承人。但从2014年起，他患了严重的尿毒症，无法履行职责，经村委会研究，决定由村委会主任、热爱金村庙会事业的钱颂扬作为代表性传承人。

夜间游艺活动

主要价值

一、金村庙会是千年文化古村传承下来的民间传统节日，历史悠久，规模与程式整齐严谨。它对于民间信仰的发生、传承与演变，对于民风民俗的研究，均有很高的价值。

二、300多年来，金村庙会在传统的寺庙佛事中，糅合了纪念本地抗倭英雄人物，注入了爱国主义思想教育的内容。这是十分可贵的，是值得传承和大力弘扬的。

三、金村庙会期间，有丰富多彩的民间文艺、体育活动，为广大群众所喜闻乐见。它丰富了人民群众的业余文化生活。出会、游艺活动中使用的花篮、花灯、花轿等手工艺品，其制作技艺在民间濒临失传，亦有必要通过举办活动使其得到传承和发展。

四、庙会期间大量的民俗活动、民间游艺活动，总体上说都是群众自发组织、自愿参加的。它锻炼了民众的组织能力，提升了群众的自理自律水平。这有利于增强凝聚力、向心力，有利于促进和谐社会的构建。

目前保护情况

1958年，永昌寺被拆除。1995年，村民自发集资建起一所小庙。1998年9月，经市人民政府批准，恢复重建永昌寺。1995年，金村庙会（永昌寺庙会）得到恢复，此后庙会年年举行，但规模与活动内容已不如历史上最兴旺时，有的节目如臂锣社、香案社、开面社等

金村文化研讨会期间非遗专家参观金村

2015年金村庙会暨国家级名录项目授牌仪式

2013年5月，江南庙会与非物质文化遗产保护高层论坛在塘桥镇召开

已经失传；扎花篮、扎花灯等手艺亦后继乏人。

如今，金村庙会已先后列入张家港市、苏州市、江苏省、国家级非物质文化遗产名录。塘桥镇和金村村正着手进一步挖掘、整理相关资料，建立健全档案库，至2018年将建成一个建筑面积50平方米的"金村庙会"展示馆。

塘桥镇和金村村已组织文史专家、本土文史爱好者，专门考证抗倭英雄金七的殉难处和墓葬地，将择地修建抗倭英雄金七纪念碑亭，以供后人祭祀、瞻仰。

金村举办"金村庙会"保护传承座谈会

河阳地区生育、婚嫁、丧葬习俗

历史沿革及分布情况

河阳地区生育、婚嫁习俗自古传流到如今。春秋时代有"庙见"的习俗，结婚三日后到祠堂或寺庙去拜揖逝去的长辈，并且随带求子的祭品，如枣子、桂圆等，意为早生贵子，为家族的兴旺传宗接代。有些生育习俗的产生可能更早，如渔民生养孩子时，要到河里提上提下三次。这是母系氏族蛙图腾的遗风，一直传承下来，而消亡在20世纪60年代。

婚嫁习俗也很久远，例如婚俗中"待舅爷"也可能是母系氏族时代传承下来的遗风。女家面上的兄弟，在婚俗中是主宰性的，兄弟分家舅为大。

丧葬习俗在河阳地区出土的器物与遗址来看，各个时代都有差异，秦汉时

送亲，抬嫁妆（摄于1979年，河阳山前）

代陪葬用五谷分装五只陶罐内，到唐代出现了船型的砖室墓，到了明代是坚固的糯米浆浇注的砂矾墓。墓室的不同，反映出各个时期葬俗的差异。总的来说，河阳地区的葬俗源远流长。

坐月子(做舍姆)

河阳抓期习俗

基本内容及特征

（一）生俗

1. 有喜。民间称怀孕为有喜，怀孕之身被人尊重，但孕妇不能去别人家，怕冲撞了喜。快到预产期时，娘家人要来催生。催生是一种仪式，希望分娩顺利，母子平安。

2. 分娩。分娩时，有接生婆接产。进入产房的人，在一个月内不能去烧香拜佛，也不能参加祭祀活动。产妇一月内不能出房门。

3. 办三朝酒。古代农村生育子女过三天后，即要办酒，名曰三朝酒。亲戚朋友便来祝贺、送礼。

4. 满月。婴儿满月要剃头，剃掉胎发。本家要做剃头米团，染红蛋，送左邻右舍，含有冲关破煞之意。孩子满月，母出舍房，这天娘家要送来满月饭。

5. 抓期（又称抓周）。孩儿满一周岁时，在台子上或地上，放书本、算盘、尺、笔、木梳、墨青（木工竹扁笔）等，然后让孩子抓拿。以孩子第一次抓到的东西来预卜孩子的人生与前途。

6. 斋寄命。为了求孩子能顺利平安成长，需到神庙或家族兴旺的人家去认干父母，进行斋拜的仪式。起名，要请算命先生排算五行，得出命中缺失的东西，如缺木，名字中就要带木边旁的。

河阳地区的民众，从前信仰关帝，往往会由父母亲带着孩儿到永庆寺旁的关帝庙内烧香、寄命（名），求关圣大帝保佑孩儿健康、有出息，故而在名字中常常嵌一"关"字，如关金、关生、关林、关兴、关玉、关英、关龙。

抬轿子，接新娘

挑红头巾

（二）婚俗

旧时男女青年成婚，由父母作主，媒人牵线，门当户对，年龄相仿。在谈婚论嫁的过程中有较多的环节：

1. 口生。由媒人把女方"庚帖"（又称喜条）送到男家，上书女方的出生年月、生辰八字。请算命先生占卜，看女方对男家有无冲撞、相克，如无冲撞，回家就把女方的生辰八字压在灶上的香炉底下，要一声勿响，叫"闷声大发财"。

2. 订亲。男方向女方行聘，送担头，叫"纳币"。

3. 谈亲事（又叫担日脚）。由男家向女家提出具体的结婚日子，年初结婚的一般要在上一年的八月里"担日脚"，下半年结婚的要在当年的上半年"担日脚"（担，吴语送之意）。

4. 做亲。到了婚期，举办婚礼，前后要三天时间，男女两家都要挂灯结彩，宴请亲朋好友。做亲仪式，先是起妆。婚日那天男家到女家去起妆，也有婚期前一天，女家把备好的嫁妆送到男家。拜堂是婚礼中的高潮。拜天地、拜父母、夫妻对拜，送入洞房。地上铺青

旧时新郎迎娶行牌

布袋，新夫妻在布袋上面走，并把布袋往前传送，叫作"传代"。闹新房。新娘到了新房里，客人、邻居、老人、小孩、青年男女要向新娘讨瓜子、讨糖、长生果吃，又吵又闹，叫作"三朝无大小"，称"闹发禄"。最后一个节目是回门。婚后第二天，新郎要陪新娘回娘家，小夫妻两人要吃了晚饭，在日落后"望烟囱不见"时才回家。

此外，外孙第一次去外婆家，临走时，家里人要在孩子的鼻梁中心涂一点灶锅灰，意为请灶神保护好孩子第一次出门远行。孩子到了外婆家里，外婆抱过外孙，把小孩放在灶门口的稻柴上，祝愿孩子像狗儿一样能健康地成长。

道士超度

张咏吟讲唱《地狱卷》

（三）葬俗

1. 报丧。人死以后，家里人先要提一盏灯笼，到土地庙里报丧，称报土地。报土地后，子女要用白布束腰，分别向亲友报丧，并告知送葬日期。

2. 开丧。开丧的仪式有简有繁，一般要扎草人，烧衣服，把死人遗体放在堂屋。吊丧亲友进门要出钱（称"白份"）或送丧用品，如蜡烛、纸钱之类，也有送花圈。每进一位亲友，家人都要哭一次，吹鼓手吹一遍。

3. 吃豆腐。办丧事招待亲友，古代菜肴以素为主，称"吃素饭"，不论菜盘多少，其中必有一碗红烧豆腐。所以，吃素饭也称吃豆腐。要请木匠做棺材，叫裁缝做寿衣。

4. 入殓。请仵作为死人穿寿衣，衣料以丝绸棉衣为主，绝不能穿皮毛衣服。所穿衣服的领子必须逢单，分三、五、七件。由仵作先将死者寿衣在其长子身上由内到外逐件同（穿）好，一起脱下，用无砣秤称衣，然后才穿到死者

出殡

身上。死者临终口中要含一块白银，俗称"撬口银子"。凡参加吊孝送葬的人都要带回一块白布，叫"利市布"，至亲还有一件白衣服，嫡亲子女身披麻衣，脚穿草鞋，腰束草绳，头戴"三梁冠"（用草绳制作）。闭棺之前，亲友依次跪拜，子女须呼喊三声，然后盖棺（也称抿材），打上铁钉，叫子孙钉。

5. 送西方。死人在入棺前要请僧道给死者送西方，僧人念佛经，道士念指灵课，渡仙桥，意为给死者的幽灵指引去阴曹地府的路径。

6. 度七。死后七日，请道士做道场，用纸和芦苇杆扎库，形如房屋、日常生活用品。火化后，让死者带到阴间享用。

传承关系及代表性人物

大部分还在传承。代表性传承人物孙家祥。

主要价值

这些民俗仪式虽然繁杂，但体现了人生的价值，对人生的各个过程都要郑重其事，对社会、家庭都要负起责任。同时，这些习俗也是我们研究农耕社会的伦理思想、人生价值、道德规范的重要资料。

目前保护情况

有详细的文字记录，拍摄部分照片，准备出版。

河阳地区春节习俗

历史沿革及分布情况

河阳春节习俗源远流长，主要分布在张家港市南部，以凤凰镇的河阳山为中心的周边地区，包括港口、恬庄、西徐市、西张、塘桥、妙桥等。春节习俗源于古代农耕文化的发生时期，许多习俗是由原始初民的宗教形式传承下来的，例如有对民俗神、稻作文化神的崇拜而成为习俗的。

过年祭祖

挂红灯

基本内容及特征

河阳的春节从十二月廿四开始，俗称"廿四夜两边"，到正月十六撤灯为此，共有二十多天的长节。在塘桥要到正月十八庙会才结束。春节一般分为三个时段：一是准备阶段，一般从腊月初八吃腊八粥开始，至腊月廿四日。其间，备年货、春米、蒸糕、做新衣鞋、做菊花酒等。第二阶段从十二月廿四开始至正月初一，主要是祭祀祖宗、天地等习俗。第三阶段是从正月初二开始走亲戚为主的活动，其中也有各种民间文化的展示活动，如唱山歌、演滩簧、说书、唱道情、唱春、调龙灯、舞狮子、挂红灯、猜灯谜等。

河阳地区的春节习俗共有40多项。从腊月开始春米祭祀仓神、石臼神、缸臼神。腊月初八吃八色粥（腊八粥），通常用蚕豆、花生、赤豆、绿豆、豇豆、红枣、莲子、糯米八样烧制，祈求吃粥后家族兴旺。附近寺庙也烧制粥，施舍流民乞丐。家家还要做菊花酒、蒸年糕。

腊月廿四送灶。灶神为最基层的民俗神，主管一家人的善恶行状，上天报天庭，进行赏罚，来警示世人做善事做好人。

民间的卫生习俗在春节中显得特别突出。要掸悬尘、壅壁脚，家屋前后清理干净。屋前屋后打扫干净。年前，每个人都要理发、沐浴，干干净净过春节。

永庆寺进香

饭山

挂在屋檐的冬青、柏枝、芝麻杆

隑门葱

祭祖从廿四起至三十夜，家祭在中堂，族祭在祠堂，村祭在庙堂。村祭指纪念对本地有贡献的英烈，如抗倭英雄钱泮、王鈇，抗金英雄刘锜（一作琪）等。还有祭祀邪神、如五圣等。农耕神的祭祀主要有肥神坑三姑娘，田神为田三埂娘娘，水神有河白三娘娘，仓神有石臼娘娘与仓龙。正月初一祭拜天地。初三是送穷日，不走亲戚，扫地不出门，垃圾当元宝。正月初五谓斋路头，即祭财神，正月十三斋猛将。

年夜祭祖毕，即吃年夜饭。还要做饭山，把年夜饭盛在饭箩里，用锅巴盖面，上插青松、翠柏、冬青、芝蔴杆，扎成一把，插在饭山上与屋檐里。饭山上还插一根秤，摆放红纸包芋头，祈求长寿年丰、称心如意、年年有余。还要取两根葱用红纸条卷扎好，靠在门槛上，叫隑门葱，求家族兴旺发达。大门上贴门神与春联，挂灯笼。

春节期间的垃圾不能乱倒，要倒掉财气的，积好后，到初五上午按接财神的方位，倒在自家田里，谓"豁田财"。到了正月十五到田头照田财，又叫烧发禄，求本年大丰收，田里出旺财。初七晚上看参星，参星出现在月口里预示丰收，出现在月背上预示干旱无收。

放焰火

春节里有开门放爆仗之俗。初六店家开门也要放爆仗。正月十五为元宵节，从十三起放灯，十六撤灯。元宵节有吃团圆（汤圆）、看红灯、猜灯谜、放烟火、调龙灯舞狮子、看滩簧、做社戏、对山歌、听说书等活动。

传承关系及代表性人物

部分习俗已经消失，有些习俗在农村里还在传承下去。许多习俗都是世代传承，恬庄的侯宝云、凤凰村的赵关虎、双塘村的陈雪珍、港口的夏丽红等为其代表人物。

主要价值

1. 文化价值。春节习俗是中华民族节庆文化的集中体现。

2. 社会学价值。春节习俗多方面地反映了民众信仰、风俗习惯及社会风气。几乎所有的习俗都是人的行为，春节习俗反映了尊重自然、人与社会和睦相处的风尚，对造就人的道德起了一定的作用。

3. 民俗学价值。河阳地区春节习俗是江南汉民族春节习俗的一个有机组成部分，且有其地方特色，是研究本地区民风民俗以及农民、农村、农业的重要资料。

目前保护情况

对于消失的习俗、礼仪，凤凰镇政府已摄影存档，文字记录，作为一种文化记忆保存；对现存的习俗加以引导、发扬，丰富、充实，使古老的春节习俗得以传承。

斋"路神"

香山庙会

　　庙会，是由农村群众性的祭祀文化演变到祈雨、灭蝗、免灾、镇邪等倚神赐福的一项信仰仪式活动。也是从一般的香会沿袭而来。据香山茂林和尚、长（常）法和尚、泰生和尚等寺传《先皇赞》一书中记述：东吴赤乌三年（240年），正月十三起，吴国太乘船自吴都至镇江，沿途庙会盛况空前。境内庙会从晋代始，凡有寺庙的村镇，均有庙会承袭。香山庙会在唐宋期更盛。在唐代前境内已有毗陵寺、巫山寺、女真（贞）观、禹王庙、玉皇殿、兜率宫等。唐代建的寺有清福寺、镇海庵、涤凡寺、塔院寺、兜率禅院、三官堂等；宋代有真武庙、东岳殿、地藏殿、阎罗殿、城隍殿、大悲殿、大王庙、土地堂、山神庙等。故而庙会活动也兴旺起来。

香山庙会进香人众

香山寺

香山是庙会的总堂，会址在玉皇殿。总堂庙会由江阴县县丞（副县长）主管，县内设置的僧会司、道会司具体管理，下辖香山总堂主、各镇分堂主、各村大族会首、自然村会头等属僚。总堂庙会在香山设十道正香会，三十三道副香会，一百八十支临道香会。清咸丰后，占文桥有一道"御道庙会"亦称皇会，圣旨御封牌设在占文桥中街乡绅缪绶祉家的厅堂之上。香会会员二万余众。庙会的"行班"每道120人，"行班"总数达5000余人。而皇会所抬的圣旨御封牌，只在集镇（中心镇）口摆设受供两小时（一个时辰）就回龙祭祀。

抗日战争期间，有地方上的军界、政界，如忠义救国军、苏北挺进军的武装特务、汪伪特务、军统、中统和青红帮渗透到香会、庙会中来组团，本地各氏族会首知道此情后，即解散庙会、香会等民间团体，庙会停止活动。

抗战胜利后，于1946年三月十五再次兴起庙会，盛况空前。此后香山庙会年年举行。1952年，土改运动结束，又停止了庙会活动。

1992年至1993年，市政府遵照党的宗教政策，香山上重建观音殿、香山寺，恢复了宗教活动场所。庙会于2007年4月27日在占文桥重新恢复起来。

香山庙会以南沙的香山、占文桥为中心，波及德积、大新、后塍、晨阳、闸上以及周庄、山观、石牌等镇，300余平方公里的范围。

基本内容及特征

香山庙会是以民间信仰为主要内容的民间文化活动。整个程序依托了寺庙道观的香火。文会在占文桥涤凡寺内的城隍庙里起会；武会在关王殿里或三官堂里起会，凡在县衙僧会司、道会司里登记后，永不变更。由乡（里）、保（图）、甲牵头，氏族里的会首、各自然村会头负责活动事宜。香会以对佛、神虔诚为宗旨，组织严格，分工明确，规范统一，各司其责。一族当值，合族动之；一户当值，合家共之。车担自备，素斋齐全，餐具不缺，桶水连绵，上山虔诚，下山福至。村旁、路旁、山道拐角处，均有免费茶水供应。不当值的农户、商户、官府衙吏有许愿者，均有大麦茶、米饼、面食供应。

香会起动于农历正月十五之后，三月十五为香山庙会正日。各道香客在主

香山庙会现场

庙里设祭、拜香、咏赞、唱佛、抬神像、菩萨出巡（出会），用八抬大轿，配以黄罗伞、黄幡、头行牌、大铜锣开道，丝竹队、茶肩担、卫队、对旗队、高跷队等簇拥着。巡回结束后再回主殿敬香、叩拜、贺佛、公祭。主要仪式完成后，再由会首向方丈、道长告辞（俗称谢庙、拜山）。最终由方丈回赠每人一朵小黄花戴回家，称"回香赐福"。

香山庙会的基本特征是

1. 香山庙会是典型的民间信仰活动庙会，与传统的佛、道、儒及民间吉祥神共处一方，香客各取所需，各约其道而和谐相处。

2. 香山庙会是境内西片涉及三百余个自然村的群众性活动。在出会巡游过程中，展示群众的传统文化、文艺、杂技及民间武术等才艺，所以为广大群众所接受，参与率达90%以上。

3. 在整个活动中，以行善、积德、虔诚、礼乐为主旨，合会共议、民主自治，训练了民众组织的协作能力。

菩萨出会

武士十二套

传承关系及代表性人物

历代由县丞主管，僧道两司和寺庙方丈、道长为总提调，各氏族族长、自然村的会首、会头都是直系传承沿袭的。2007年后，由镇宣传文明办、史志办、文体活动中心主管和协调。

瞿家巷人瞿涌晨在传承香山庙会巡街仪式和民间文艺展演方面起了重要作用。

香山庙会传承人瞿涌晨（右）

主要价值

1. 保留了长江南岸绵延千年的民间信仰为核心的传统民间文化。对民俗文化、民间文艺、祭祀文化、民间武术等研究，具有重要的历史价值。

2. 庙会与香会的活动，传承了方方面面的民间艺术、民间经济、演艺和讲唱文学。亦传承了多种民间手工技艺，不仅对保护民族民间文化有重要作用，而且丰富了群众的业余文化生活。

3. 香山庙会、香会活动是群众自发的自娱活动，很具凝聚力和向心力。这种团队精神、互济精神，有助于社会安定、社会和谐的构建。

菩萨出巡

目前保护情况

　　金港镇政府很重视地方文化与非物质文化遗产的保护工作。目前已将香山庙会全过程摄为电子光盘存档，并组织人力作文字记录。

香山庙会文会在占文桥涤凡寺城隍庙起会

非物质文化遗产

张家港市

荟萃·民俗

347

河阳庙会

历史沿革及分布情况

　　河阳庙会包括农历三月廿二及六月廿八城隍庙会。三月廿二庙会由来已久，据传为春秋时代仲雍来到河阳山，为泰伯开疆域，取名吴下，在崇德山建太王庙以纪念先祖。仲雍亡故后，以其生日三月廿二于庙中祭拜，于是逐步形成香客，产生集市，而后演化为香会、庙会。六月廿八为城隍生日。初始人物不详；南宋时城隍为抗金名将刘锜（一作琪），明代时城隍为抗倭将士钱泮。由此看来，河阳庙会，是祭祀先祖，而后形成集市，以后祭拜民族英雄，成今日之庙会，有千年的历史。

河阳庙会

基本内容及特征

旧时，河阳山周围建有寺庙十多座，祭祀本土尊神的主要是刘神庙、高神庙。河阳庙会出会的是刘神。上午各庙的神像汇集河阳桥的刘神庙，最远的来自沙上地区的南丰、兆丰。庙场停不下就过河阳桥，在河阳街一字排开，长达百米。河阳街靠南设各种摊位。下午开始神像出巡，向河阳山进发，沿着大官路、河阳街过牧读墩、唤英台、邴臻泾、南嘹长河山弄到达永庆寺山门口集中。队伍浩浩荡荡，有撑旗打伞的，有敲锣奏民乐的。各队都有旗牌开路，前有净道鸣锣、肃静正堂牌，还有舞弄十八般武艺的，后面有荡湖船的、挑花担

民间文艺展演（一）

的、打钱箱的、吹箫弄笛的。中间是神像，名曰"出会"。

下午三时左右开始撤会，路远的先走，路近的后去，浩浩荡荡又经过河阳桥，各归庙里。

集市摊位，从三月廿一开始，至廿六左右结束，再往福山赶三月廿八庙会。集市上主要展卖农耕器具，各种糖果、饮食、布料、日用品，包括灯笼、桅灯、渔网等船用器具，还有高庄豆腐干、西施糕、烧卖、松花酥等土特产。总之，在百货店里买不到的，都能在庙会上买到、吃到。

民间文艺展演（二）

庙会上还有社戏、评弹说书、杂技杂耍、小热昏、三上吊、变戏法、卖梨膏糖、踩高跷、划龙船、调龙灯、舞狮子等。

整个庙会发展到明清时代，出神会占三分之一，三分之二为商贸与民间文化展示。三月廿二河阳庙会范围广大，以河阳山为中心，涉及港口、恬庄、西

徐市、西张市。是日，万人空巷，走亲戚、跑亲眷，看迎神赛会，购买农耕器具与日用品等，真是人山人海，人流从恬庄到河阳桥、河阳山，终于西徐市，长达十里。

民俗展演

传承关系及代表性人物

20世纪60年代以后，出神会已消失，集贸与民间文化展示直传至今。代表人物有侯宝云、陈永如。保护单位：凤凰镇文体中心、凤凰旅游发展公司。

主要价值

庙会是中国农民的狂欢节，是民间文化的载体，也是亲情乡情交融的纽带。河阳庙会期间祭祀本土抗金英雄刘锜（刘神）、抗倭英雄钱泮（城隍），渗透了爱国爱家乡的思想内涵。庙会又是民间文艺大集，对研究民俗学、宗教学、社会学有着重要的参考价值。

目前保护情况

市镇两级政府已准备搜集、整理河阳庙会的资料，拍摄音像存档，记录文字在案，打造成旅游的节点，展示丰富的民间民族文化。在庙会期间讲唱《刘神宝卷》《城隍宝卷》等。

河阳庙会上的民艺表演：舞龙，荡湖船

河阳『谢洪』习俗

　　"谢洪"是凤凰镇河阳山周围古代道教的斋醮仪式之一,全称为"敬谢天地洪恩"。"谢洪"的习俗由来已久,它是原始宗教起源时期,人类以对天地的敬畏而采用的祈求与驱疫的一种形式。而后在漫长的时空中逐渐发展和流变成今天的形式。

　　在原始时期,巫神驱邪仪式中出现一种戴虎面降魔捉妖的傩舞,河阳地区民间有虎面舞驱鬼。到了东汉,被道教吸收入斋醮仪式中,进行适当的改造,出现一种原始的"提狮戏",被广大民众所接受,逐渐演变成以民间"谢洪"形式来敬谢天地。

经堂布置

张家港市
非物质文化遗产
荟萃·民俗
351

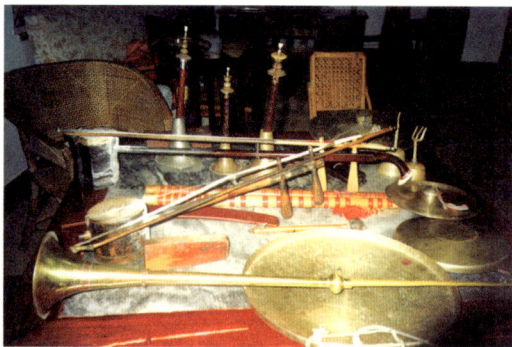
乐器

基本内容及特征

"谢洪"，要摆好经台，设立纸马。一般农家请6个到12个道士。在主人家的中堂设立经堂，摆放三张八仙台，分北方、南方、东方，西方是穿方踏斗的地方。每张桌子系上台围，上面置堂幔，还要置放烧化纸钱元宝的炉或钵。

上午一般是道士念经，主要念的有土地经、玄天大帝经、黄经等，以敬谢天地洪恩为主。下午主要是驱疫为主。主要法器有：灵牌、笛、箫、胡琴、锣、大堂锣、鼓、唢呐、长号、木鱼、星子、笙等。念经时只使用灵牌、木鱼、星子、摇铃四种。念一段后，即有乐器吹奏，锣鼓齐鸣，长号呼啸，甚是热闹威壮。

穿方踏斗有一定程式，讲究"步口"。拿着剑，穿上色彩鲜艳的道袍，头戴道士的瓦楞帽。踏斗，指按北斗星的方位走步。还有踏步与穿方，6到8人，

手里拿着旗帜，按四方的位子，互相穿插。

"提狮"，用芦苇杆扎的青面獠牙狮子的模型，一个人提着，众人在后面追着，最后"提狮"烧毁，意即永不再有妖魔鬼怪来侵袭。"提狮"也叫煞，或叫七煞。

在仪式的途中，还要斩杀一只活鸡，以示警告一切危害人类的幽灵。在整个过程中，始终有锣鼓、号角、笛箫的伴奏。

道士还要画符，符上要盖印。将结束时，本家人端着木托盘（俗称"反中"）里放上一碗水（法水），在门窗框边喷洒，并用灵牌拍击门窗边框。然后贴上符，以示永镇鬼祟，永无侵犯家宅之忧。

最后，在户外空地上铺上一层稻柴，然后把纸码、冥币、元宝一起烧化，并放爆仗两声，整个"谢洪"仪式便告结束。

传承关系及代表性人物

目前在凤凰镇主要有两个班子，一个班子在高庄村，以顾林堂为主。他1921年出生，16岁学艺，6年出师，会各种乐器，会讲经文，完整地继承了师父师叔的技艺。孙子顾建忠随他学艺，目前，已能独立完成整个"谢洪"仪式。此外，还有庄国荣、朱云亨、朱宇、邹志峰、杨建等人。

"谢洪"仪式（一）

另一个班子在恬庄，以方坤贤为首，后由他的儿子方铁生及同族方祖元等主持，俗称方家道士。现有钱卫东为领班，他师从方坤贤。

然界的敬畏，不破坏地球生态，以达到人类千万年地生存延续下去。对现代人也是一种警示。

主要价值

河阳"谢洪"是人类天地人合一的原始哲学思想的一种崇拜仪式，是人类敬畏天地、感谢天地养育人类的一种严肃的仪式，对研究民间信仰有着重要价值，也是研究音乐、舞蹈的珍贵资料。

"谢洪"的由头，主要是对"侵犯"自然界的土地与植被的行为表示自谴自赎而举行的一种仪式。例如造房、造桥、修路、开河。显示了古代先民对自

目前保护情况

1. 对艺人进行录音与录像。
2. 对仪式中的傩戏录音录像。
3. 已有少数几个年轻人参与传承。

"谢洪"仪式（二）

乐余水太太庙会

历史沿革及分布情况

　　乐余镇沿江一带，关于水神"水太太"的传说由来已久，在民间有两种交叉相融的传说。其一说，"水太太"原本是航船船夫，他知水性，善掌舵，长年在江海上载货运客，屡搏风浪，总能化险为夷。一年年尾，父子俩满载一船客商自外海返乡，途中突遇飓风恶浪，帆舵失灵，危在旦夕。水太太父子祈求苍天保佑，忽闻远处有木鱼声传来，且有一自称"李先生"的近身同水太太耳语一番。水太太顿悟，一边安抚船客下舱安心睡觉，一边按李先生嘱咐操船行事。大年三十清早航船终于平安抵达港口。

临江而建的褚太尉庙（水太太庙）

（左起）褚伴哥、褚不华、李先生

众人高高兴兴走出船舱，却见水太太父子俩已坐化升天。自此，"水太太"通神灵、救海难的事迹便流传开来。其二，说"水太太"即是"褚太尉"（"褚"与"水"常阴沙方言语音相近）。据《常昭合志》记载：褚太尉本名褚伴哥，其父褚不华，世居常熟福山，元至正年间褚不华任淮东廉访使，守淮安。至正十六年十月，与围城之刘福通部战，伴哥与其父力战不敌，城陷，父子俩同日被杀，伴哥时年36岁。民间传说父子俩死后英灵不泯，常在家乡江海上显神护佑舟船。里人感念其德，在江滨建庙纪念。朝廷封褚不华为卫国公，伴哥为太尉。故而庙取名为褚太尉庙。

民国十九年（1930年），沿江船户在东界港港口搭香台，供"水太太"神像。1940年，乡人黄禀生与殷氏（殷云生）、秦氏（秦和尚）、沈氏、倪氏、吴氏集资在此建"褚太尉庙"（仿福山小花村褚太尉庙）。

1958年，褚太尉庙被拆除，仅存两棵银杏树和一条"风雨船"。1999年经张家港市人民政府批准，在原址建乐余佛教活动点，定名"长安寺"。中为大雄宝殿，东为观音殿，西为褚太尉殿。褚太尉殿格局依照原样，塑三尊神像：中为卫国公褚不华（乡人称"褚太"），两旁为褚太尉褚伴哥（人称

水太太庙大雄宝殿

庙内景

传说，在三月廿八这天自发组织盛大庙会。是日，庙内张灯结彩，焚香鸣钟，准备好三乘神像宝座，纸船数十上百，四方香客络绎进入庙内，吉时一到，由寺庙住持主持祭祀仪式，拜谒神像，礼毕，将三尊神像请上宝座，每乘宝座四人抬，由执事开道（有时结合"摸壁鬼"传统舞蹈开道），依次行进有会旗队、彩旗队、锣鼓队，头行"差役"举"肃静""回避"牌，后面舞龙队、舞狮队、挑花担队、莲湘队、高跷队、荡锣香队、神像宝座，纸船队及众香客簇拥其后，沿长江岸巡游，一路燃放爆竹，俗称"水太太出会"。出会时，东界港内三四百条船只一律船头朝西一字排开，每条船头设供桌，焚香祝祷。

"小大人"）、李尚书（人称"李先生"）。

农历三月廿八，"水太太庙会"涉及沿江一带数十里，以乐余镇东界港为中心，西至三兴、锦丰、大新，东至兆丰、常阴沙，江北面也多有香客、船民前来赶会。

基本内容及特征

水太太庙会正日是农历三月廿八，前后三天，相传三月廿八是水太太诞辰。旧时沿江船户渔民崇信"水太太护航"

撞钟祈福

庙会三天，在庙场举办庙会集场。四方商贩云集，售卖生活用品、生产工具、土特产等，间以民间文艺如锣鼓、丝弦、调花灯、踩高跷等技艺的表演。

褚太尉庙会，集中反映了沿江民众，特别是广大船户、渔民对"水神"的信仰，祈求"水神"护佑其江上海上航船和捕鱼平安、顺利，也反映了沿江居民对长江的依赖和敬畏。"出会"仪式，表达了对保护神的感恩，兼有娱神和自娱的含义。

传承关系及代表性人物

乐余民众对"水太太"的信仰，可追溯到元末明初。早期，乐余地区无水太太庙，逢农历三月廿八，信徒、香客往往成群结队到福山褚太尉庙参加庙会活动。1940年在东界港港口建起褚太尉庙后，乐余地区"水太太庙会"活动便以此为中心。20世纪40年代有几次规模甚大的庙会活动，出会队伍绵延一里路。这段时间的庙会由黄禀生（任庙主）、殷云生（庙董）、秦和尚（庙祝）分工负责组织操办。40年代后期庙会停办，1958年主庙被拆除。1999年2月，重建观音殿和褚太尉殿之后，庙会活动渐渐恢复。现今主持"水太太庙会"活动的是长安寺住持云卿法师。

乐余镇文体中心工作人员采访褚太尉庙住持云卿法师

主要价值

1. 乐余"水太太庙会"，是沙上沿江地区以民间信仰为核心的民俗文化活动，参与者的主体为沿江船户、渔民，它集中反映了"江尾海头"的水文化特征，对沙上"水文化"内涵及特质的研究具有重要价值。

2. 水太太庙（褚太尉庙）早期属道教庙观系列，后来演化为佛教寺庙（主要建筑为大雄宝殿，寺庙法事由和尚主持），水太太庙属性及法事仪式的衍变，可以为本土宗教信仰在民间的交流、糅合的研究提供一个具体的样本。

3. 水太太庙会活动，集多种文化事项为一体，为多项非物质文化遗产的存续（如传统舞蹈、传统音乐、传统手工艺）提供了空间与平台。

祈愿

目前保护情况

1999年，在东界港港口原褚太尉庙旧址复建褚太尉殿及观音殿，2009年建成大雄宝殿后，寺庙定名为长安寺。此后农历三月廿八，"水太太庙会"均由长安寺住持与民间人士协同组织开展。庙会费用自筹，量入为出。庙会期间由镇政府派出单位（公安、城管等）负责安全工作，维护秩序。

原庙址内两棵银杏树及一条"风雨船"保存完好。

鉴于庙会时四方前来赶庙会的香客及游客众多，寺庙前广场感觉拥堵，有关部门规划适当扩大寺庙前广场；另外对长安寺周边环境（主要是东界港港口一带）将进一步加以整治，绿化美化。

杨舍河南庙会

杨舍镇河南庙，又称河南禅院。原名永宁庵，相传始建于南宋，系龙图阁大学士包拯六世孙包天麟次子的家庙，供奉观音大士像。明嘉靖年间，河南布商周仲仁还愿，扩建成庙，俗称河南庙。据《杨舍堡城志稿》记载："河南禅院，在六保横河北岸，明季河南省商人周氏建，故名。院供大士像，灵迹素著。"关于河南庙的建造和河南庙观音菩萨的灵迹，在杨舍地区流传有多则民间传说，流传最广、影响最大的是"河南人造庙还愿"和"观音托梦"。清代康熙至道光年间，由住持僧募捐，镇人及十方善男信女捐助香资，经多次修缮扩建，房屋增至60余间。又向北展筑场基，与大路接通。"于是香火益盛，远及三四百（编者按，'百'疑为'十'）里，有'小天竺'之称。"

张家港市非物质文化遗产荟萃·民俗

359

河南禅院

河南庙会兴起于明晚期，盛于清中叶。已有300多年历史。河南庙会的正日是农历二月十九观音菩萨生日。河南庙会以杨舍镇区为中心，延伸到周边集镇农村，塘市、泗港、新桥、乘航乃至沙上，均有民众前来看会，进香，走亲访友。

基本内容及特征

河南庙供奉观音菩萨，故而作为民间信仰的河南庙会主要内容即是参拜观音菩萨。观音，原先译为观世音，唐代因讳太宗李世民名，故去"世"字，略称观音。观音是阿弥陀佛的左胁侍，"西方三圣"之一，也是中国佛教的四大菩萨之一。佛教把他（她）描写为大慈大悲的菩萨。相传其生日是农历二月十九，成道日是六月十九，涅槃日是九月十九。在宗教和民间传说中，观音变化无穷，可应机以种种化身救众苦难。在中国寺庙中的塑像常作女相。观音信仰在民间有着相当广泛的基础。

河南庙会有"小香会"与"大香会"之分。小香会是由杨舍镇周边的集镇、村庄组织，从农历二月十五开始各地"香会"就陆续到河南庙进香、拜香。拜香者从自家村庄出发，沿途边唱佛，边拜，边行进，走到杨舍镇上，先要在大街上走一圈，然后再到河南庙里，在观音菩萨像前跪拜唱赞，献上檀

庙会仪式

香锭箔，再奉上香金，才算完成进香心愿。这番仪式，称为"报娘恩"，意为报答娘亲的养育之恩。

大香会，是由杨舍镇组织的，规模大，声势大，格外闹猛。农历二月十九为"正日"，所以民间有"二月十九上杨舍"的俚语。这一天，从清晨开始，各街坊的拜香队便络绎前往杨舍东市的东岳庙集中，这里是"出会"的出发地。仪仗队伍做好准备，丝竹乐队、彩旗队、肉身灯、镗锣挂香、台阁轮车、香亭佛马、拜香队、踩高跷队、武术队，等等，依次列队。踩高跷的要坐在屋檐边扎高跷。吉时一到，便相继出发。开路的是马伞旗、幡旗；接着是丝竹队，奏出悦耳的民间曲调；锣鼓队随后，锣鼓声响彻云霄。

乐队后面是肉身灯：一个壮汉，头戴篾丝编的帽子，帽子上插荷花灯，浑身上下或挂或插许多五颜六色的彩灯。

然后是最吸引人眼球的"扎肉香"：一个大汉光身露臂，手臂的皮肉上穿起十二只铁钩，钩子上悬挂一面大铜锣（直径有1米），紧跟着几个汉子，左右臂膀各穿一排小钩子，挂着一串盘香。他们走走停停，停下来就敲响大铜锣。老人说，这个仪式是用肉体的痛苦来表达对佛、菩萨最大的虔诚，也是"还心愿""报娘恩"主题的鲜活体现。

台阁后面是轮车。一人肩上绑一个架子，架子两端各站一男孩一女孩，称"骑轮车"。再后是高跷队。高跷的木脚有高有低，高的可达一丈二尺。踩高跷的都扮成古人或仙人，有八仙、罗汉

等。其后还有武术表演，分徒手打拳和刀枪棍棒对打混打两种表演。这些表演队伍中穿插各种彩灯，动静结合，逶迤行进。队伍最后面是香亭，香亭中置一只大香炉、一对大红蜡烛，香亭由八人抬。

这支大香会队伍后面跟着从四面八方涌来的小香队，还有众多自发的香客，人头簇拥，声势浩大。由东向西进杨舍大街，再朝北，到河南庙。进入庙中，进香祝祷如仪。

到晚上，各种彩灯点亮，灯会开始。灯会通常是龙灯开路，在开阔的场地上舞耍一番，龙灯后面是采茶灯等。这时杨舍的三圣庵场、陈家场、童家场、小教场都搭起露天戏台，除表演传统戏曲之外，丝竹、十番锣鼓也上台表演，最后，以调彩灯煞尾。

易地重建之河南禅院

传承关系及代表性人物

　　杨舍河南庙会（香会），自20世纪50年代停办，一度改为农历二月十九杨舍集场，在20世纪七八十年代，杨舍集场是境内最大的商品展销集场。

　　河南庙会的香会仪式今已无严格意义上的传承人。惟现今年龄八十上下的"老杨舍"记忆、口传中，以及从事杨舍镇地方志编纂的老工作人员的记录中尚保存着若干有价值的资料。代表性人物有常丙炎、包文灿、戴玉兴、缪时政、陈进章。

庙内景

民间音乐、民间武术、民间工艺等，如调龙灯、调彩灯、十番锣鼓，均有一定的艺术价值、观赏价值。

主要价值

　　杨舍河南庙会延续数百年历史，在杨舍及周边地区影响广泛，其民间信仰活动及仪式，首先有民俗学方面的研究价值。

　　其次，庙会兴盛时期的游艺活动名目繁多，涉及传统曲艺、传统舞蹈、

目前保护情况

　　河南禅院于2001年恢复重建，中国佛教协会会长一诚长老题写院额。通过本地文化工作者和地方志工作人员的努力，陆续积累了一些关于河南庙和河南庙会历史的有价值的资料，如《盛极一时的河南庙》《横河天竺，水源木本》《河南庙庙会》等。记录了部分与庙会活动有关的民间音乐、民间舞蹈资料，如锣鼓经等。

院落

西旸辟尘道场

历史沿革及分布情况

西旸辟尘道场属道教活动场所。南宋年间进士、温州教授北山先生陈元大等人在妙桥西旸讲道并建西旸山居。清康熙年间陈氏十四世孙陈道在妙桥张家巷仙人台基上建造辟尘道院（即金童庙），四方信徒蜂拥朝拜，道教活动盛极一时。民国年间，每年三月十八辟尘道院都要举行大型法事活动。新中国成立后仍盛行。"文化大革命"中遭严禁。改革开放后，执行党的宗教政策，

辟尘道院请醮活动

道教活动恢复，辟尘道院每年仍举行法事活动。同时，民间道场越来越多，规模越做越大。

分布区域，以欧桥村为中心，东至福山镇，西至塘桥、鹿苑，南至常熟、谢桥，北至南丰永联及农场，活动区域约60余平方公里。

基本内容及特征

辟尘道场是欧桥地区道教中的一种道场法会，俗称做道场或做法事。道士们穿着金丝银线制成的道袍锦衣，和着乐声，低吟曲调，建醮作法，诵经礼忏，画符念咒，吹打献技，虔诚地替事主表达信仰和祈求，或为活人祈福延寿、消灾禳祸；或为亡者超度亡灵，避开地狱之苦。道场法事举行前需设立经台，点好香烛，摆好纸马。一般人家为期一天一夜，请5—7位道士；也有三天三夜的，请9—13位道士，最多的请19位道士。

辟尘道场基本上分两个阶段：

第一阶段为道士念经。根据事主的不同情况选用不同的经卷。主要经卷有《度人经》《道德经》《南华真经》《太平经》《道藏》《云笈七签》《周易参同契》《老子想尔注》《黄庭经》《上清经》《玉皇经》《心印妙经》《常清静经》《西升经》《升玄经》等。

第二阶段是驱疫化煞。一般有戒律、威仪、赞颂、表奏四类。戒律指约束道教徒的行为和道德的基本准则；威仪主要指斋醮和行持，斋醮即内外斋，行持则包括各种斋坛、醮坛的设立及道士举行科仪时所用的法器、法服和供品等；赞颂主要指科仪使用的语言，包括经颂、诗歌、步虚、青词等多种形式；表奏指和科仪有关的文字，如章奏、表申、关牒、榜文、礼仪、奏疏等。

到了近代，随着道教文化的发展和人们对宗教信仰的自由，辟尘道场法事内容也丰富起来，有祈求超度亡灵，超

道场仪式（一）

道场仪式（二）

改前世今生所做孽障的；有祈求子女身体健康、开智增慧、学习进步、学业有成的；有祈求斩桃花、隔开第三者，婚姻如意、夫妇和合的；有祈求驱邪化煞、趋吉避凶、运道如意、贵人相助的；有祈求事业兴旺、工作顺利、生意兴隆、财源广进的；有祈求官运亨通、牢狱无侵的，等等。

辟尘道场中的音乐和声乐各具特色：

道场音乐主要用于设坛、上供、焚香、升坛、画符、念咒、发炉、降神、迎驾、诵经、赞颂等仪式中，所用乐器有笛、弦子、钹、笙、箫、古提琴、双青、大锣、小锣、唢呐、二胡等。

道场声乐是指道士念诵经韵的一种音乐形式，有咏唱、念唱、吟诵等形式。咏唱式是一种歌唱性很强的经韵唱咏方式，旋律性最强，往往有笙、笛、箫等乐器伴奏。念唱式是一种似念似唱的形式，旋律精简，少拖腔。吟诵用于诵念咒语而形成的声乐形式，分为有节拍和无节拍的吟诵。

传承关系及代表性人物

辟尘道院俗家道士做道场主要有两支：

一支是辟尘道院南塘湾人张卫东，高中文化。19岁师从祖父张永康，当法师17年，收授徒弟多人，班子规模大，道教声乐功底深。常年为企业单位和村民做法事，年逾200场。

西旸辟尘道场传承人张琪

张琪法师指导徒弟写疏书

另一支是西旸张家巷的张云亭、张云庆、张琪。张云庆、张琪均为法师，继承祖辈事业，有徒弟多人。张云亭，现年69岁，辟尘道院负责人。早年师从父亲张永和大道士，是一位热心传承辟尘道场的继承者，他在辟尘道院每年组织四次法事活动。张云庆，75岁，早年师从父亲读背经书，熟悉、掌握各种乐器的弹拨、吹奏和各种经卷的诵、唱，带徒8人。其子张琪学做道士17年后亦成为法师，收徒6人。目前，张琪为代表性传承人。

主要价值

辟尘道场中有不少法事有劝人弃恶向善、改邪归正的思想，符合核心价值观的精神，对社会有益。道场中的"谢洪"，是人类敬畏天地、感恩天地的崇拜仪式，体现了人类、天地合一的哲学思想。道场中的经卷、符咒、吟诵、法器、道服、曲调、神像等，是我国文学、音乐、美术、书法、雕刻、服饰宝库中不可或缺的组成部分。

目前保护情况

辟尘道场由镇文体服务中心作为非物质文化遗产保护起来。已经对传承人张琪、张云亭、张云庆、张卫东进行了多次采访，搜集、整理出相关文档：经卷（24种）、法器（16种）、道服（3件）。另外，每年召开一次座谈会，学习有关宗教的政策、法规，正确引导他们的法事活动。

张琪法师与众弟子做法事

沙上上梁「说合子」

沙上地区是由长江泥沙冲积而成的一块陆地，故先民们都是从各地尤其是苏北沿江一带如靖江、如皋、南通、海门等地迁徙来的移民，从而也带来了上梁"说合子"这一习俗，至今有三四百年的历史了。"说合子"的"合"，沙上方言读gè，有合拢、对接的意思。

沙上上梁"说合子"流传在沙上地区金港、大新、锦丰、乐余、南丰、农场一带。

抛梁

基本内容及特征

上梁喜联

沙上上梁"说合子"是沙上地区砌房造屋十分庄重的一种仪式，是关系到主家世世代代兴旺发达、平安无事的大事。农村有一谚语："房顶有梁，家中有粮；房顶无梁，六畜不旺。"可见上梁在老百姓心目中的分量。这里所说的梁是指主屋间的正梁；正梁中间贴上"福禄寿"大红字，并挂上万年青福禄袋。

沙上上梁"说合子"主要有六个程序：

一、登高，即上梯。木瓦匠师傅分登两边的梯子，手拿金斧（斧头柄上用金纸或红纸裹好），腰系红带围裙，内装喜糕、馒头、粽子、花生、糖果等抛梁食物。在炮仗声中，他们一边登梯，一边"说合子"：

脚踏楼梯步步高，王母娘娘采仙桃。

金桃山上天门开，主家上梁时辰到。

脚踏楼梯步步高，王母娘娘把手招。

左招金来右招银，金银财宝一担挑。

二、提梁。提升之意。两位师傅边提正梁边"说合子"：

提梁提到半腰中，摇头摆尾像金龙。

我问金龙哪里去，今朝直奔主人宫。

三、平梁。太平之梁。即将正梁与两头山柱对榫相接，边对边"说合子"：

平梁又平梁，平阳之地造花堂。

平梁又平梁，主家出了状元郎。

文在东来武在西，两头上得齐一样。

四、抛梁。即抛馒头等。正梁上好，木匠师傅一手拿金斧抱住正梁，一手从围裙中拿出糕点、馒头、糖果等食物，边抛边"说合子"：

你说富贵我说梁，说了富贵再抛梁。

抛梁抛到东，主家住屋赛龙宫；

抛梁抛到西，一对凤凰赶金鸡；

抛梁抛到南，子子孙孙多买田；

抛梁抛到北，子子孙孙都享福。

此时，引得围观的四邻、孩童以及过往看热闹的人们哄抢、嬉闹，伴以鞭炮声声，使上梁的热闹喜庆的场面达到高潮。

五、转身。即下楼梯。边下边"说合子"：

转过头来调过身，脚脚踏在凤凰身。

凤凰元宝勿落地，一对鲤鱼跳龙门。

六、接斧。这是由主家接过师傅的金斧。接斧，即谐音"接福"。并"说合子"：

主公接斧真接福，脱掉布衫换紫袍。

家里存钱几千万，零头碎钱赏我木瓦匠。

主家接斧后，将红包递给两位师傅。

整个过程充满着喜庆、热闹。它的特点一是说的都是好话、吉利话；二是只说不唱，所以叫"说合子"。

传承关系及代表性人物

传承谱系：陈德胜（由其父亲传授）——姜陈福——陈建东。

当前在锦丰地区代表性的传承人是姜陈福。

上梁

主要价值

上梁"说合子"是沙上人砌房造屋中必不可少的仪式，是沙上地区的习俗，具有社会学、民俗学价值。

上梁"说合子"所说的内容都是好话、吉利话，寄托着沙上人对美好生活的愿望与追求。形式是整齐的七字句式，间隔押韵，说起来朗朗上口，富有节奏感与音乐感，是民间文学中的一朵花，具有文学价值。

目前保护情况

随着城乡一体化的推进，大都集体造房，民间私人造房已很少，故这一上梁"说合子"的习俗也就有消亡之危险。这一习俗已编入沙上文化丛书《沙上风俗》中，并以说唱与情景展示的文艺表演形式搬上舞台，以唤起人们的记忆与乡愁。

锦丰镇民俗表演：上梁"说合子"

方言

张家港市非物质文化遗产

张家港老沙话

历史沿革及分布情况

张家港老沙话是境内主要方言之一。老沙话与虞西话、澄东话、常阴沙话相比较，更具地域特色，是为土生土长的方言，与"老沙"地域的形成关系至为密切。

自宋、明以来，张家港境内长江沿岸地段泥沙沉积出现阴沙，由阴沙形成沙岛（沙洲），沙岛逐步并连，且与江南陆地连接起来，名曰"老沙地域"。老沙地域自有住民始，大约已有400余年历史，其住民皆为外来移民。这些移民主要来自泰兴、靖江等地的因土地大片坍入长江的失地农民。因此，以靖江为多数的大量苏北人，先后纷纷移到江南的老沙地域开垦而定居下来。这些人带来了祖辈方言，以此为基础杂糅了江南的吴方言，而自成体系地形成了老沙话，至今约有200多年历史。

张家港老沙话分布区域：

1. 双山岛大部分居民；

2. 金港镇的中兴、德积绝大部分、晨阳全部、后塍部分、大新部分、合兴绝大部分、东莱部分、南丰部分；

3. 鹿苑、妙桥、杨舍一小部分；

张家港市方言分区示意图

张家港市方言分区示意图

4. 大新、德积部分居民1949年前后因坍江东迁，故在兆丰、南丰、常阴沙等地有许多讲老沙话的群体；

5. 有小部分因各种原因，散居在张家港其他方言的人群中。

按2002年张家港85.27万人口计，其中讲老沙话的约有22.88万人，占全市总人口的26.83%。故老沙话是我市方言中分布地域最广、使用人口最多的一种方言。

沙上方言故事会

基本内容及特征

老沙话语音有其自己的声调、声母、韵母系统，且多重唇音。据现有研究的成果显示，老沙话有7个声调、29个声母和41个韵母，有了自己的发音规律；从老沙话词汇上，其俚话、称谓、俗语、谚语、歇后语等都有与其他方言不同的用语。现举一段老沙话经典段子，可见其发音之特点：

今朝（zō）在早（zǒ）起起来，我一个趄（tò）趄（tò）跑（bó）到（dǒ）横（wó）港（gǒ）沿上（lò），拾到两个铜角（gò）子，买了二（ní）两黄（wó）糖（dó），家（gā）来搂搂汤（tō）灌水（xǔ），吃得放（fò）死格甜！

它的基本特征是：

1.体现了张家港老沙地域水土、社会风情的特点，其语言杂糅很突出，受吴语中靖江话影响较大，有江淮方言的风味；又受虞西话、澄东话、通泰话、泰启话、金沙话等影响，具有南北融合的特色。

2.老沙话虽属吴方言语系苏沪嘉中的小片，却自成体系，有自身独特的语言、词汇、谚语和歇后语等，区别于其他诸多地方话。

3.老沙话有7个声调、29个声母、41个韵母，同境内其他三种有代表性的方言相比较，其语言悠婉，多重唇音。

德积镇德丰社区老沙话碑廊

传承关系及代表性人物

1. 老沙话中兴地域的善政村孙氏三代传承人：

孙富春（1875—1915），祖父

孙冠雄（1907—1971），父亲

孙海航（1936年生），本人

孙益新（1946年生），堂弟

2. 老沙话后塍地域的木排村赵氏三代传承人：

赵云山（1884—1970）

赵冠玄（1922年生），赵云山侄儿

赵奇一（1950年生），赵云山孙子

3. 老沙话张家港市级代表性传承人是苏其增。

目前的现状是：老年人能全讲老沙话；中年人的老沙话已讲得不纯了；青年人有部分能听得懂老沙话，但会讲老沙话的愈来愈少了；少年及儿童因讲普通话，大多已听不太懂老沙话，更不要说讲老沙话了。故传承已难以为继。

老沙话张家港市级代表性传承人苏其增

主要价值

1. 老沙话具有自身的内容、特点和体系，是方言中的一种，应有其存在的价值，能丰富和扩展方言学研究的范畴与对象，可以填补吴语文字资料中的一些空白。

2. 老沙话的形成、发展的历史，老沙话独特的语汇，是研究张家港老沙地域的历史、文化、社会风土人情习俗的重要资源和材料。

目前保护情况

目前，讲老沙话的人逐年减少，老沙话的强势地位正在逐渐削弱。

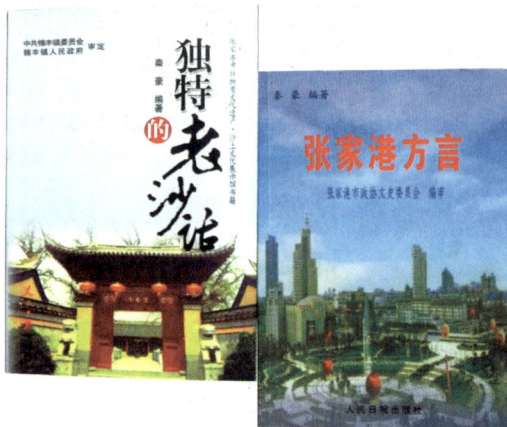

方言著作

2005年以来，市政协文史委对张家港老沙话等方言进行了调查研究，出资编写出版了《张家港方言》（秦豪编著，人民日报出版社，2007年版）。2007年，市民族民间文化保护管理办公室组织专家深入老沙地域部分中学开展老沙话演讲和专题讲座，到老沙话地域社区邀请当地居民进行了老沙话对话、唱山歌和喊号子等活动。德积德丰社区还专门开辟了老沙话常用语、老沙山歌的碑刻走廊。2010年锦丰镇政府出资编写出版了《独特的老沙话》（秦豪编著，人民日报出版社，2010年版）。2013年11月，沙上文化研究会编纂出版了《老沙话语汇》。

金港镇举办保护和传承老沙话现场会

附 录

张家港市非物质文化遗产代表作名录
一览表

序号	项目名称	类别	级别	保护单位	公布时间
1	苏州评弹	曲艺	国家级	张家港市评弹艺术传承中心	第一批，国发〔2006〕18号，2006年5月20日公布
2	河阳山歌	民间文学	国家级	张家港市凤凰镇文化体育服务中心	第一批，国发〔2006〕18号，2006年5月20日公布
3	河阳宝卷	曲艺	国家级	张家港市凤凰镇文化体育服务中心	第四批，国发〔2014〕59号，2014年12月3日公布
4	金村庙会	民俗	国家级	张家港市塘桥镇文化体育服务中心	第四批，国发〔2014〕59号，2014年12月3日公布
5	沙洲哨口板式风筝制作技艺	传统技艺	江苏省级	张家港市乐余镇文化体育服务中心	第二批，苏政发〔2009〕94号，2009年6月20日公布
6	后塍黄酒（沙洲优黄）酿制技艺	传统技艺	江苏省级	江苏张家港酿酒有限公司	第三批，苏政发〔2011〕124号，2011年9月2日公布
7	后塍竹编技艺	传统技艺	江苏省级	张家港市金港镇文化体育服务中心	第三批，苏政发〔2011〕124号，2011年9月2日公布
8	雷沟大布制作技艺	传统技艺	江苏省级	张家港市金港镇文化体育服务中心	第四批，苏政发〔2016〕5号，2016年1月5日公布
9	塘桥陆氏中医儿科	传统医药	江苏省级	张家港市鹿苑医院	第四批，苏政发〔2016〕5号，2016年1月5日公布
10	锡剧	传统戏剧	江苏省级	张家港市锡剧艺术中心	第四批，苏政发〔2016〕5号，2016年1月5日公布
11	沙上宝卷	曲艺	江苏省级	张家港市锦丰镇文化体育服务中心	第四批，苏政发〔2016〕5号，2016年1月5日公布
12	"摸壁鬼"舞蹈	传统舞蹈	苏州市级	张家港市乐余镇文化体育服务中心	第五批，苏府〔2011〕121号，2011年6月10日公布
13	施耐庵在张家港的传说	民间文学	苏州市级	张家港市凤凰镇文化体育服务中心	第六批，苏府〔2013〕128号，2013年6月5日公布
14	杨舍地区民间传说	民间文学	张家港市级	张家港市杨舍镇文化体育服务中心	第三批，张政发〔2011〕33号，2011年4月9日公布

序号	项目名称	类别	级别	保护单位	公布时间
15	双杏寺的传说	民间文学	张家港市级	张家港市大新镇文化体育服务中心	第一批，张政发〔2007〕62号，2007年5月15日公布
16	香山山歌	民间文学	张家港市级	张家港市金港镇文化体育服务中心	第二批，张政发〔2009〕52号，2009年4月29日公布
17	香山俗语	民间文学	张家港市级	张家港市金港镇文化体育服务中心	第四批，张政发〔2013〕32号，2013年4月3日公布
18	戴定光传说	民间文学	张家港市级	张家港市金港镇文化体育服务中心	第五批，张政发〔2015〕82号，2015年12月4日公布
19	沙上山歌	民间文学	张家港市级	张家港市大新镇文化体育服务中心 张家港市锦丰镇文化体育服务中心 张家港市现代农业示范园管委会	第二批，张政发〔2009〕52号，2009年4月29日公布
20	塘桥地区民间传说	民间文学	张家港市级	张家港市塘桥镇文化体育服务中心	第二批，张政发〔2009〕52号，2009年4月29日公布
21	鉴真东渡的故事	民间文学	张家港市级	张家港市塘桥镇文化体育服务中心	第五批，张政发〔2015〕82号，2015年12月4日公布
22	河阳民间传说	民间文学	张家港市级	张家港市凤凰镇文化体育服务中心	第三批，张政发〔2011〕33号，2011年4月9日公布
23	河阳农耕气象谚语	民间文学	张家港市级	张家港市凤凰镇文化体育服务中心	第五批，张政发〔2015〕82号，2015年12月4日公布
24	沙上民间谚语	民间文学	张家港市级	张家港市南丰镇文化体育服务中心 张家港市锦丰镇文化体育服务中心	第三批，张政发〔2011〕33号，2011年4月9日公布
25	常阴沙号子	传统音乐	张家港市级	张家港市现代农业示范园管委会 张家港市锦丰镇文化体育服务中心 张家港市大新镇文化体育服务中心	第二批，张政发〔2009〕52号，2009年4月29日公布
26	三兴元宵锣鼓	传统音乐	张家港市级	张家港市锦丰镇文化体育服务中心	第二批，张政发〔2009〕52号，2009年4月29日公布
27	斫竹歌	传统音乐	张家港市级	张家港市凤凰镇文化体育服务中心	第三批，张政发〔2011〕33号，2011年4月9日公布
28	香山正一道教音乐	传统音乐	张家港市级	张家港市金港镇文化体育服务中心	第二批，张政发〔2009〕52号，2009年4月29日公布

序号	项目名称	类别	级别	保护单位	公布时间
29	香山小曲	传统音乐	张家港市级	张家港市金港镇文化体育服务中心	第五批，张政发〔2015〕82号，2015年12月4日公布
30	老沙号子	传统音乐	张家港市级	张家港市大新镇文化体育服务中心	第二批，张政发〔2009〕52号，2009年4月29日公布
31	吴派古琴艺术	传统音乐	张家港市级	张家港市文化馆 沙洲琴社 暨阳琴社	第五批，张政发〔2015〕82号，2015年12月4日公布
32	马灯舞	传统舞蹈	张家港市级	张家港市金港镇文化体育服务中心	第三批，张政发〔2011〕33号，2011年4月9日公布
33	云灯舞	传统舞蹈	张家港市级	张家港市金港镇文化体育服务中心	第三批，张政发〔2011〕33号，2011年4月9日公布
34	塘桥唱春	曲艺	张家港市级	张家港市塘桥镇文化体育服务中心	第一批，张政发〔2007〕62号，2007年5月15日公布
35	金村宝卷	曲艺	张家港市级	张家港市塘桥镇文化体育服务中心	第四批，张政发〔2013〕32号，2013年4月3日公布
36	香山宝卷	曲艺	张家港市级	张家港市金港镇文化体育服务中心	第三批，张政发〔2011〕33号，2011年4月9日公布
37	东莱唱春	曲艺	张家港市级	张家港市杨舍镇文化体育服务中心	第四批，张政发〔2013〕32号，2013年4月3日公布
38	大新唱春	曲艺	张家港市级	张家港市大新镇文化体育服务中心	第五批，张政发〔2015〕82号，2015年12月4日公布
39	沙洲对称剪纸	传统美术	张家港市级	张家港市金港镇文化体育服务中心 张家港市杨舍镇文化体育服务中心	第二批，张政发〔2009〕52号，2009年4月29日公布
40	塘桥木雕	传统美术	张家港市级	张家港市塘桥镇文化体育服务中心	第二批，张政发〔2009〕52号，2009年4月29日公布
41	河阳纸马	传统美术	张家港市级	张家港市凤凰镇文化体育服务中心	第三批，张政发〔2011〕33号，2011年4月9日公布
42	河阳烙画	传统美术	张家港市级	张家港市凤凰镇文化体育服务中心	第五批，张政发〔2015〕82号，2015年12月4日公布
43	香山民间武术	传统体育、游艺与杂技	张家港市级	张家港市金港镇文化体育服务中心	第三批，张政发〔2011〕33号，2011年4月9日公布
44	沙上儿童游戏	传统体育、游艺与杂技	张家港市级	张家港市锦丰镇文化体育服务中心	第四批，张政发〔2013〕32号，2013年4月3日公布
45	河阳儿童游艺	传统体育、游艺与杂技	张家港市级	张家港市凤凰镇文化体育服务中心	第五批，张政发〔2015〕82号，2015年12月4日公布

序号	项目名称	类别	级别	保护单位	公布时间
46	高庄豆腐干制作技艺	传统技艺	张家港市级	张家港市凤凰镇文化体育服务中心	第一批，张政发〔2007〕62号，2007年5月15日公布
47	沙洲花边制作工艺	传统技艺	张家港市级	张家港市杨舍镇文化体育服务中心	第一批，张政发〔2007〕62号，2007年5月15日公布
48	杨舍丁氏风筝制作技艺	传统技艺	张家港市级	张家港市杨舍镇文化体育服务中心	第三批，张政发〔2011〕33号，2011年4月9日公布
49	杨舍民间土法消防	传统技艺	张家港市级	张家港市杨舍镇文化体育服务中心	第四批，张政发〔2013〕32号，2013年4月3日公布
50	杨舍拖炉饼制作技艺	传统技艺	张家港市级	张家港市杨舍镇文化体育服务中心	第四批，张政发〔2013〕32号，2013年4月3日公布
51	金属抬凿錾刻工艺	传统技艺	张家港市级	张家港幸运金属有限公司	第五批，张政发〔2015〕82号，2015年12月4日公布
52	后塍手工弹棉絮技艺	传统技艺	张家港市级	张家港市金港镇文化体育服务中心	第四批，张政发〔2013〕32号，2013年4月3日公布
53	香山算盘制作技艺	传统技艺	张家港市级	张家港市金港镇文化体育服务中心	第五批，张政发〔2015〕82号，2015年12月4日公布
54	后塍梅花糕制作技艺	传统技艺	张家港市级	张家港市金港镇文化体育服务中心	第五批，张政发〔2015〕82号，2015年12月4日公布
55	珍珠养殖与加工技艺	传统技艺	张家港市级	张家港大秦珠宝有限公司	第五批，张政发〔2015〕82号，2015年12月4日公布
56	塘桥蒸菜技艺	传统技艺	张家港市级	张家港市塘桥镇文化体育服务中心	第四批，张政发〔2013〕32号，2013年4月3日公布
57	鹿苑鸡育养技艺	传统技艺	张家港市级	张家港市塘桥镇文化体育服务中心	第一批，张政发〔2007〕62号，2007年5月15日公布
58	欧桥羊毛衫棒针编织	传统技艺	张家港市级	张家港市塘桥镇文化体育服务中心	第五批，张政发〔2015〕82号，2015年12月4日公布
59	塘桥定胜糕制作技艺	传统技艺	张家港市级	张家港市塘桥镇文化体育服务中心	第五批，张政发〔2015〕82号，2015年12月4日公布
60	西施糕制作技艺	传统技艺	张家港市级	张家港市凤凰镇文化体育服务中心	第三批，张政发〔2011〕33号，2011年4月9日公布
61	菊花酒酿制技艺	传统技艺	张家港市级	张家港市凤凰镇文化体育服务中心	第三批，张政发〔2011〕33号，2011年4月9日公布
62	鱼蟹簖制作技艺	传统技艺	张家港市级	张家港市凤凰镇文化体育服务中心	第五批，张政发〔2015〕82号，2015年12月4日公布
63	芦苇编织技艺	传统技艺	张家港市级	张家港市南丰镇文化体育服务中心	第二批，张政发〔2009〕52号，2009年4月29日公布
64	沙洲打油作坊技艺	传统技艺	张家港市级	张家港市南丰镇文化体育服务中心	第三批，张政发〔2011〕33号，2011年4月9日公布

序号	项目名称	类别	级别	保护单位	公布时间
65	沙上农家草舍建筑工艺	传统技艺	张家港市级	张家港市大新镇文化体育服务中心	第三批，张政发〔2011〕33号，2011年4月9日公布
66	沙上绳结技艺	传统技艺	张家港市级	张家港市大新镇文化体育服务中心	第三批，张政发〔2011〕33号，2011年4月9日公布
67	沙上豆瓣酱制作技艺	传统技艺	张家港市级	张家港市大新镇文化体育服务中心	第四批，张政发〔2013〕32号，2013年4月3日公布
68	沙上蟛蜞豆腐制作技艺	传统技艺	张家港市级	张家港市大新镇文化体育服务中心	第四批，张政发〔2013〕32号，2013年4月3日公布
69	大新白水糕制作技艺	传统技艺	张家港市级	张家港市大新镇文化体育服务中心	第五批，张政发〔2015〕82号，2015年12月4日公布
70	沙上虎头鞋制作技艺	传统技艺	张家港市级	张家港市南丰镇文化体育服务中心	第四批，张政发〔2013〕32号，2013年4月3日公布
71	圆作技艺	传统技艺	张家港市级	张家港市南丰镇文化体育服务中心	第四批，张政发〔2013〕32号，2013年4月3日公布
72	沙上河豚烹饪技艺	传统技艺	张家港市级	张家港市南丰镇文化体育服务中心 张家港市锦丰镇文化体育服务中心	第四批，张政发〔2013〕32号，2013年4月3日公布
73	沙上刀鱼馄饨制作技艺	传统技艺	张家港市级	张家港市锦丰镇文化体育服务中心	第五批，张政发〔2015〕82号，2015年12月4日公布
74	沙洲木杆秤制作技艺	传统技艺	张家港市级	张家港市乐余镇文化体育服务中心	第四批，张政发〔2013〕32号，2013年4月3日公布
75	乐余竹编	传统技艺	张家港市级	张家港市乐余镇文化体育服务中心	第五批，张政发〔2015〕82号，2015年12月4日公布
76	常阴沙钩针编结	传统技艺	张家港市级	张家港市现代农业示范园管委会	第四批，张政发〔2013〕32号，2013年4月3日公布
77	塘桥顾氏中医内科	传统医药	张家港市级	张家港市塘桥镇文化体育服务中心	第三批，张政发〔2011〕33号，2011年4月9日公布
78	沙上蔡氏中医发泡疗法	传统医药	张家港市级	张家港市锦丰镇文化体育服务中心	第四批，张政发〔2013〕32号，2013年4月3日公布
79	缪氏中医药	传统医药	张家港市级	张家港市凤凰镇文化体育服务中心	第五批，张政发〔2015〕82号，2015年12月4日公布
80	河阳地区生育、婚嫁、丧葬习俗	民俗	张家港市级	张家港市凤凰镇文化体育服务中心	第一批，张政发〔2007〕62号，2007年5月15日公布
81	河阳地区春节习俗	民俗	张家港市级	张家港市凤凰镇文化体育服务中心	第一批，张政发〔2007〕62号，2007年5月15日公布
82	河阳庙会	民俗	张家港市级	张家港市凤凰镇文化体育服务中心	第一批，张政发〔2007〕62号，2007年5月15日公布

序号	项目名称	类别	级别	保护单位	公布时间
83	河阳"谢洪"习俗	民俗	张家港市级	张家港市凤凰镇文化体育服务中心	第二批,张政发〔2009〕52号,2009年4月29日公布
84	杨舍河南庙会	民俗	张家港市级	张家港市杨舍镇文化体育服务中心	第三批,张政发〔2011〕33号,2011年4月9日公布
85	香山庙会	民俗	张家港市级	张家港市金港镇文化体育服务中心	第一批,张政发〔2007〕62号,2007年5月15日公布
86	西旸辟尘道场	民俗	张家港市级	张家港市塘桥镇文化体育服务中心	第四批,张政发〔2013〕32号,2013年4月3日公布
87	沙上上梁"说合子"	民俗	张家港市级	张家港市锦丰镇文化体育服务中心	第五批,张政发〔2015〕82号,2015年12月4日公布
88	乐余水太太庙会	民俗	张家港市级	张家港市乐余镇文化体育服务中心	第五批,张政发〔2015〕82,2015年12月4日公布
89	张家港老沙话	方言	张家港市级	张家港市金港镇文化体育服务中心	第一批,张政发〔2007〕62号,2007年5月15日公布

张家港市非物质文化遗产代表性传承人
一览表

〔2007〕
62号

序号	姓名	级别	传承项目	公布时间
1	张国良	国家级	苏州评弹	第三批，文非遗发〔2011〕6号，2009年5月26日公布
2	尹丽芬	江苏省级	河阳山歌	第二批，苏文社〔2008〕49号，2008年11月27日公布
3	陶永飞	江苏省级	后塍竹编	第四批，苏文非遗〔2014〕2号，2014年2月25日公布
4	沈彩林	苏州市级	乐余风筝	第一批，苏文民保字〔2008〕9号，2008年6月20日公布
5	虞关宝	苏州市级	河阳宝卷	第一批，苏文民保字〔2008〕9号，2008年6月20日公布
6	王祥兴	苏州市级	河阳山歌	第二批，苏文非遗字〔2010〕5号，2010年6月22日公布
7	胡正兴	苏州市级	河阳宝卷	第二批，苏文非遗字〔2010〕5号，2010年6月22日公布
8	冯太根	苏州市级	乐余风筝	第二批，苏文非遗字〔2010〕5号，2010年6月22日公布
9	黄庭明	苏州市级	沙洲优黄	第三批，苏文非遗字〔2012〕 号、苏财教字〔2012〕105号，2012年5月18日公布
10	邹正岳	苏州市级	金村庙会	第三批，苏文非遗字〔2012〕 号、苏财教字〔2012〕105号，2012年5月18日公布
11	陆义进	苏州市级	塘桥陆氏中医儿科	第三批，苏文非遗字〔2012〕 号、苏财教字〔2012〕105号，2012年5月18日公布
12	姜理新	苏州市级	摸壁鬼	第三批，苏文非遗字〔2012〕 号、苏财教字〔2012〕105号，2012年5月18日公布
13	董 红	苏州市级	锡剧	第四批，苏文非遗字〔2014〕 号、苏财教字〔2014〕4号，2014年6月20日公布
14	孙长富	张家港市级	沙上山歌	第二批，张政发〔2010〕90号，2010年9月25日公布
15	陆永良	张家港市级	塘桥唱春	第一批，张政发〔2009〕52号，2009年4月29日公布
16	方国智	张家港市级	对称剪纸	第二批，张政发〔2010〕90号，2010年9月25日公布

序号	姓名	级别	传承项目	公布时间
17	钱掌林	张家港市级	塘桥木雕	第二批，张政发〔2010〕90 号，2010年9月25日公布
18	黄胜良	张家港市级	雷沟大布	第二批，张政发〔2010〕90 号，2010年9月25日公布
19	谢建忠	张家港市级	高庄豆腐干	第一批，张政发〔2009〕52 号，2009年4月29日公布
20	施洪德	张家港市级	芦苇编织	第二批，张政发〔2010〕90 号，2010年9月25日公布
21	瞿涌晨	张家港市级	香山庙会	第二批，张政发〔2010〕90 号，2010年9月25日公布
22	蒋建明	张家港市级	鹿苑鸡育养技术	第二批，张政发〔2010〕90 号，2010年9月25日公布
23	高惠法	张家港市级	锡剧	第三批，张政发〔2012〕23 号，2012年3月19日公布
24	季静娟	张家港市级	苏州评弹	第三批，张政发〔2012〕23 号，2012年3月19日公布
25	丁浩清	张家港市级	杨舍丁氏风筝	第三批，张政发〔2012〕23 号，2012年3月19日公布
26	陈社珍	张家港市级	河阳山歌	第三批，张政发〔2012〕23 号，2012年3月19日公布
27	顾仲道	张家港市级	塘桥顾市中医内科	第三批，张政发〔2012〕23 号，2012年3月19日公布
28	余红玉	张家港市级	沙上民间谚语	第三批，张政发〔2012〕23 号，2012年3月19日公布
29	杨美兰	张家港市级	沙上宝卷	第三批，张政发〔2012〕23 号，2012年3月19日公布
30	施定相	张家港市级	沙上农家草舍建筑工艺	第三批，张政发〔2012〕23 号，2012年3月19日公布
31	苏其增	张家港市级	张家港老沙语	第三批，张政发〔2012〕23 号，2012年3月19日公布
32	瞿兴尧	张家港市级	香山民间武术	第三批，张政发〔2012〕23 号，2012年3月19日公布
33	黄松春	张家港市级	香山正一道教音乐	第三批，张政发〔2012〕23 号，2012年3月19日公布
34	唐培龙	张家港市级	杨舍拖炉饼制作技艺	第四批，张政发〔2014〕18号，2014年3月29日公布

序号	姓名	级别	传承项目	公布时间
35	黄翠萍	张家港市级	后塍手工弹棉絮技艺	第四批，张政发〔2014〕18号，2014年3月29日公布
36	瞿胜尧	张家港市级	香山宝卷	第四批，张政发〔2014〕18号，2014年3月29日公布
37	张 琪	张家港市级	西旸辟尘道场	第四批，张政发〔2014〕18号，2014年3月29日公布
38	庞金裕	张家港市级	塘桥蒸菜技艺	第四批，张政发〔2014〕18号，2014年3月29日公布
39	金正球	张家港市级	金村宝卷	第四批，张政发〔2014〕18号，2014年3月29日公布
40	施家兴	张家港市级	三兴元宵锣鼓	第四批，张政发〔2014〕18号，2014年3月29日公布
41	花小荣	张家港市级	河豚烹饪技艺	第四批，张政发〔2014〕18号，2014年3月29日公布
42	陶卫军	张家港市级	河豚烹饪技艺	第四批，张政发〔2014〕18号，2014年3月29日公布
43	陈正明	张家港市级	西施糕制作技艺	第四批，张政发〔2014〕18号，2014年3月29日公布
44	张福生	张家港市级	菊花酒酿造技艺	第四批，张政发〔2014〕18号，2014年3月29日公布
45	龚德宰	张家港市级	沙洲木杆秤制作技艺	第四批，张政发〔2014〕18号，2014年3月29日公布
46	袁凤翔	张家港市级	沙洲哨口板式类风筝	第四批，张政发〔2014〕18号，2014年3月29日公布
47	孙玉芬	张家港市级	沙上虎头鞋制作技艺	第四批，张政发〔2014〕18号，2014年3月29日公布
48	沙玉凤	张家港市级	沙上豆瓣酱制作技艺	第四批，张政发〔2014〕18号，2014年3月29日公布
49	张玉祖	张家港市级	沙上结绳技艺	第四批，张政发〔2014〕18号，2014年3月29日公布
50	陆宝荣	张家港市级	常阴沙号子	第四批，张政发〔2014〕18号，2014年3月29日公布
51	倪正明	张家港市级	常阴沙号子	第四批，张政发〔2014〕18号，2014年3月29日公布

文化生态空间与传承保护基地

江苏省张家港沙上文化生态保护实验区

江苏省张家港沙上文化生态保护实验区涵盖张家港北部沿江一带，包括锦丰、金港、大新、南丰、乐余和现代农业示范区，俗称"沙上"，因江北移民文化与吴地文化的激荡融合，形成了独具特色的沙上文化。区域内传统文化历史积淀丰厚，存续状态良好，非物质文化遗产资源丰富，代表性项目较多。

为加强"沙上文化"保护，推动区域内非物质文化遗产、文化空间、自然环境、经济环境、社会环境等共生共存、协调发展，2013年起，张家港市以锦丰镇、大新镇为核心区域，全面启动沙上文化生态保护实验区建设，并进行"沙上文化生态保护实验区"规划纲要编制工作。2014年3月，以市政府名义下发《关于命名张家港市首批文化生态保护区和传统村落的决定》，将沙上文化生态保护区命名为张家港市首批文化生态保护区，张家港市成为全省首个开展文化生态保护区和传统村落命名工作的县级市。

2014年经省、苏州市专家组多次集体评估论证，张家港市拟建的张家港沙上文化生态保护实验区凭借传统文化历史积淀丰厚、存续状态良好、区域特色鲜明、非物质文化遗产资源丰富、代表性项目较多等优势获得了省级专家的认可。在7月30日召开的2014年拟建省级文化生态保护实验区规划纲要专家评审会上，《张家港沙上文化生态保护实验区规划纲要（2014—2028）》（以下简称《规划纲要》）高标准通过专家评审。该《规划纲要》将锦丰镇、大新镇列为核心区域，并将锦丰镇协仁村、大新镇长丰村列为实验基地进行重点保护，分为近期、中期和远期进行建设，5年为一个时间节点。沙上文化生态保护实验区建设，分三期实施：近期规划，2014—2018年；中期规划，2019—2023年；远期规划，2024—2028年。《规划纲要》对各期的任务目标均作了明确规定。2014年12月，张家港沙上文化生态保护实验区入选第三批江苏省级文化生态保护实验区。

张家港沙上文化生态保护实验区的设立，以及《规划纲要》的实施，对推动区域内文化遗产、文化空间、自然环境、经济环境、社会环境等共生共存、协调发展具有重要意义。

金村文化生态保护区

金村文化生态保护区位于张家港市塘桥镇金村村，自晋代成村以来，已有1700多年的历史，是典型的江南古村，区内有金村老街、千年古刹永昌寺、金七故居遗址、园茂里、老码头等20余处古建筑、古村落和古河道，以及独具特色的"传说"、"唱春"、"金村庙会"、"金村宣卷"、民风习俗、手工技艺等20多项非物质文化遗产项目。

2003年以来，金村坚持文化立村、经济强村、旅游兴村、生态美村的发展理念，在市、镇两级政府支持下，制定了金村文化生态保护规划，并加大投入付诸实施。修复了金村老街，对"井"字形的前街、后街、东横街、西横街铺设石板街道；为南北向的老街"穿衣戴帽"，以旧修旧，形成了典型的江南水乡特色一条街；修复了古民居园茂里、望山阁，并在修复的园茂里规划、布置了"1926年中共金村党支部"展馆和金村名人馆；整治了古村落西巷门、后巷，使之呈现江南古村落的风貌；修浚

了古河道暗泾河、西泾、后泾，并在暗泾河旁建成了一条1.5千米长的亲水栈道；完善永昌寺的设施，在寺前建成了金村文化广场。对发掘的诗、词、曲、散文、轶事、传说、杂记等，请专家校注、编辑出版了《金村文存》六册；续编了《金氏家乘》第五册，连同原有的四册，出版了新版《金氏家乘》（五册）。

村委对辖区内的非物质文化遗产也加大了保护力度。"金村庙会"已被列入国家级"非遗"代表作名录。此外，金村传说、金村唱春、金村圆作技艺、金村扎花篮、扎花灯、裹粽子、酿米酒、做豆腐花、蒸白云方糕，名医金兰升、王近仁中医妇科、儿科等，都被列入该村"非遗"保护项目。2014年3月，张家港市人民政府批准金村村为文化生态保护区。

目前，金村村委还在筹划、实施修复金家花园、金村八景，开挖金村湖，建设金村公园等工程。

欧桥（西旸）传统村落

欧桥（西旸）传统村落位于张家港市塘桥镇欧桥村，包括欧家桥、旗杆里、塘六径等30多个自然村落，辖区面

积7.01平方千米。境内文化遗存众多，有新石器时代西旸遗址、烟墩遗址，有汉代开挖的盐铁塘，有江南历史名观辟

尘道院等物质文化遗产和"唱春""土布纺织技艺""章氏伤寒诊疗医术"等十多项非物质文化遗产项目。还有建于20世纪80年代的兵营式楼房、全县第一座农民文化宫、第一个灯光球场和苏南最早的村级宾馆。尤其是境内西旸片区保存了常阁、陈家大宅、旗杆里、蔡家厅、邹家宕、黄金川等16个成片的传统村落，虽经新中国成立后翻建或维修，仍保留着"小桥、流水、人家"的江南村落风貌。

2013年以来，欧桥村委投入巨资对西旸片区传统村落分三期进行了开发和保护。村落的规划、民宅的翻建、树木的采伐、水井的移位、道路的绿化、水栈的设置等，都按照原有布局实施；庙宇、古树、古井、桥梁、河道、碑刻等保持原状，不移位；在村民宅前屋后种植翠竹或树木，庭院种植花卉或果树；新建的住宅小区，体现了传统村落的风貌。经过一期工程的保护建设，西旸片区的村落呈现粉墙黛瓦、绿树成荫、小桥流水、鸡犬相闻的景象。目前正在实施第二期工程。2014年3月，欧桥（西旸）被张家港市列为首批传统村落。

河阳山歌馆

河阳山歌馆位于张家港市凤凰镇，初建于2005年5月，2009年市镇两级政府投入5000万元，于河阳山北麓建造新河阳山歌馆，并于2010年10月对外开放。河阳山歌馆占地40亩，建筑面积3800平方米，由常熟古典园林设计公司设计，苏州香山帮建筑工匠施工，集明清两朝江南古典园林元素设计建造，厅、堂、廊、亭、台、楼、阁、牌坊、照壁、假山、天井、桥梁，错落有致，一步一景。

河阳山歌馆设6个展厅10大功能场所，用多种形式展示了河阳山歌的产生与传播、河阳山歌的特色、珍贵的河阳山歌传抄本等。传抄本中不乏善本与孤本。

河阳山歌馆凤凰阁内还设置了河阳宝卷陈列馆，共三层60平方米。馆内收藏了从晚清、民国至今的一些珍贵的宝卷抄本，以及纸马、乐器等宝卷讲唱所需器具；图解宝卷产生发展与流布演变的历史，以及各种讲唱场合及它的社会教化功能；介绍了民国至今的河阳宝卷传承人。

开馆以来，河阳山歌馆共接待游客约50万人次，现已成为南京大学、复旦大学等高校的民俗民间文化研究基地。曾多次接待英国、俄罗斯、澳大利亚、越南、日本等国家著名大学的教授、专家、学者前来开展学术交流，以及国内包括港澳台地区的著名大学教授、研究生前来学习考察。2011年6月，河阳山歌馆被评为苏州市优秀非物质文化遗产示范基地。

乐余风筝馆

乐余风筝馆建立于2002年，是苏州市唯一的一家镇级风筝展示馆。2003年，乐余镇被苏州市评为"风筝之乡"，乐余风筝馆被命名为"苏州市第三批非物质文化遗产保护示范基地"。随着乐余镇风筝事业的不断发展，馆内藏品也逐步增多，为扩大风筝馆规模，乐余镇政府于2012年投入40万元将乐余风筝馆易地新建至兆丰文化站内，面积约400平方米，集展示、扎制、传授等功能为一体。

展馆共两层，其中一层为展示区，拥有硬板类、软翅类、软板类、龙串类、立体类等具有地方特色的风筝百余种，还有"蚕茧哨口""桂圆哨口""核桃哨口""葫芦哨口"等各类材质的哨口近千只。并以图文并茂的形式介绍了乐余镇风筝活动的开展情况、传承人情况、所取得的荣誉等。一层展示区重点展示的是乐余镇地方特色风筝——"九串菱"型沙洲哨口板式类风筝，最大的直径超过3米，造型拙朴生动、哨口工艺巧妙、风筝面绘画精美。"九串菱"风筝上排列有大小不一、种类繁多、音阶不同的各种哨口。风筝一旦升空，各种哨口会发出浑厚洪亮的立体声响，犹如交响乐在空中奏鸣，有着震人心魄的音响效果。

二层为教学扎制区，是乐余风筝传承人向风筝爱好者传授风筝制作技艺的场所。沙洲哨口板式类风筝的制作包括劈料、绑扎、裱糊、绘画、系鹞梳、搓鹞尾、制鹞叉、雕刻哨口、拼装合成等工艺流程。2009年"沙洲哨口板式类风筝制作技艺"被列入江苏省第一批省级非物质文化遗产名录扩展项目。

雷沟大布陈列馆

雷沟大布陈列馆建于2010年，设在张家港市金陵纺织有限公司总部大楼内，展厅面积100多平方米，陈列有木织布机、抽拉梭织布机和铁木织布机，尺幅不等、品种各异的雷沟大布，以及用雷沟大布制作的围裙、肚兜、包袱、服装等，形象地展示了本地区土布纺织的历史沿革、分布区域及雷沟大布行销情况。雷沟大布陈列馆还结合实物，配以雷沟大布有关的民谣和诗歌，增添了展馆的人文气息。2010年，雷沟大布陈列馆被评为苏州市非物质文化遗产示范基地。

为进一步传承保护雷沟大布织染技艺，2016年，金陵纺织有限公司决定利用一处面积约2000平方米的纺织车间建设"雷沟大布体验馆"。馆内主要陈列了手摇车、戽车、筒子车、穿梭织布机、提拉梭织布机、脚踏式铁木机、1515式铁木织布机、打样机、大型纺床、剥棉籽机、大型染缸等，涵盖了雷沟大布制作技艺从古代的手摇织布机到新中国成立初期的铁木机等各类织染工具。市民群众可以在此学习体验不同历史阶段的雷沟大布制作技艺。

张家港市评弹艺术馆

张家港市评弹艺术馆位于张家港长春园书场三楼。长春园书场始建于清朝同治年间，距今已有140多年历史，现已成为江浙沪地区面积最大、档次最高、功能最全的评弹书场。书场占地2668平方米，建筑面积2880平方米，集评弹书场、听众活动室、排练厅、票友室等功能于一体，可同时容纳400人欣赏书目。如今，书场每年演出300多场，每天有300多位听众，已经成为评弹爱好者休闲娱乐、陶冶性情的好去处。

为进一步保护传承地方曲艺特别是评弹艺术，张家港市将长春园书场改造暨评弹艺术馆建设列为市政府重点建设项目，着力打造了一个集收藏、陈列、教育、表演等功能为一体的综合性评弹艺术场馆，经过近半年的筹建，于2014年2月正式对外开放。中国曲艺家协会主席、著名相声表演艺术家姜昆亲自为张家港市评弹艺术馆题名。该馆位于长春园三楼，分为"源远流长""流金岁月""建制沿革""演员书目""活动集锦""工作荣誉""基层书场"等7个部分，对评弹艺术历史、张家港市评弹团发展、张家港评弹演员书目、张家港评弹活动和艺术生产等进行了系统介绍，同时展出了部分实物，将成为张家港市文化建设的一个重要展示窗口。

张家港市锡剧艺术展示厅位于张家港市锡剧艺术中心，展厅面积120平方米，以线性陈列的方式进行展示，整个展厅分为上下两层。底楼以历年来张家港锡剧作品为主，实物展示与多媒体展示相结合，中心设模拟小舞台，四周为获奖荣誉、锡剧舞台物件等。二楼为张家港锡剧发展历程、锡剧表演艺术家个人艺术简介、艺术音像作品等。其中个人艺术简介分为两部分：一部分为老艺术家，一部分为艺术新秀。整个展厅布局明朗、排列规律，采用分段、分块、分区、分组的形式布置展品，展示内容丰富多彩。

沙上非物质文化遗产展示馆

沙上遗珍馆主要功能是保存、展示、传承沙上地区非物质文化遗产代表作。馆舍建设于2017年1月启动，由市文化遗产研究保护中心筹划，编写布展方案。地点设在南丰镇永联村"苏州江南农耕文化园"内，面积为270平方米，分6个展厅。采用文字、照片、图表、绘画、雕塑、实物、多媒体等形式，展示沙上地区非物质文化遗产代表作，共40余种，分为10大类：民间文学，传统音乐，传统舞蹈，曲艺，传统体育、游艺和杂技，传统美术，传统技艺，传统医药，民俗，方言。其中对沙洲哨口板式类风筝、沙上宝卷、后塍竹编、雷沟大布织染技艺、后塍黄酒（沙洲优黄）酿制技艺、摸壁鬼、沙上山歌、香山正一道教音乐、沙洲对称剪纸、双杏寺的传说、乐余水太太庙会等作了重点展示和介绍。沙上遗珍馆计划于2018年上半年建成开放。

张家港市非物质文化遗产系列宣传展示活动品牌

中国（张家港）长江流域民族民间艺术节

长江流域民族民间艺术节，创办于2005年，每两年一届，是中国唯一一个由县级市发起，长江流域12省省区市民协广泛参与，并成功成为长江文明史上系统、全面展示长江流域民族民间艺术瑰宝的盛会。依托长江流域丰富多彩的民族民间文化，显示了强大的生命力。

艺术节既融合、吸收各民族的优秀文明成果，又传承、保护本土具有乡风古韵的民间文化，扩大了长江流域民族民间文化的社会辐射效应，如今已经成为沿江地区可持续的民族民间文化交流活动。

中国（张家港）长江流域民族民间艺术博览会

作为长江文化艺术节的创新项目之一，长江流域民族民间艺术博览会创办于2014年，每两年一届，是继长江流域民族民间艺术节之后，由张家港发起设立的另一大民族民间文化盛会。民博会期间，从长江源头的西藏，到国际大都市上海，沿江12个省（市、自治区）上万件各具特色的展品将集体亮相，让港城市民在家门口共享民间艺术的盛宴。同时搭建展销平台，举办主题研讨，开展"长江流域民间艺术——金菊奖"评选活动等。

"港城绝技"张家港市非物质文化遗产技艺传承大赛

"港城绝技"张家港市非物质文化遗产技艺传承大赛，是"幸福港城"文化惠民系列品牌活动之一，创办于2013年，每年一届，至今已连续成功举办了5届，惠及群众10余万人次。该活动充分贯彻落实中央关于传承弘扬中华优秀传统文化的精神要求，突出"传承民间技艺 弘扬传统文化"的活动主题，坚持技艺展示与实物展销相结合，与文化惠民、特色旅游相互动，全方位宣传展示张家港市丰富多彩的非物质文化遗产。

张家港市编纂出版的非遗类图书

《评话三国》（1—14册），张国良著，上海文艺出版社，1984年1月

《天罡地煞仿罗汉》（张家港民间故事集），包文灿编著，南京出版社，1991年6月

《双杏寺的故事》，双杏寺管理委员会编，延边大学出版社，1999年12月

《对称剪纸》，方国智著，上海人民出版社，2002年7月

《山高水长》（首届张家港·长江流域民族民间艺术节，民族民间文艺保护和利用研讨会论文集），中国民间文艺家协会、中共张家港市委宣传部编，上海科学技术文献出版社，2005年10月

《话说"沙上"》，孙海航著，安徽人民出版社，2006年1月

《张家港民间故事选》（《张家港文丛》10种之一），缪自强、徐振旗主编，中国文联出版社，2006年10月

《中国·河阳山歌集》，中共张家港市委宣传部、张家港市文学艺术界联合会编，华东师范大学出版社，2006年10月

《张家港方言》，秦豪著，人民日报出版社，2007年1月

《中国·河阳宝卷集》，中共张家港市委宣传部、张家港市文学艺术界联合会、张家港市文化广播电视管理局编，上海文化出版社，2007年10月

《张家港传说》（《张家港历史文化丛书》6种之一），包文灿编，凤凰出版社，2008年10月

《张家港民俗》（《张家港历史文化丛书》6种之一），缪自强、虞永良、瞿涌晨编，凤凰出版社，2008年10月

《中国·沙上宝卷集》，中共张家港市委宣传部、中共锦丰镇委员会、张家港市文学艺术界联合会编，上海文艺出版社，2011年10月

《独特的老沙话》，秦豪著，人民日报出版社，2010年12月

《民风蕴秀·张家港民艺瑰宝刍论》（《张家港人文精萃丛书》5种之一），吕大安、杨子才编，凤凰出版社，2011年10月

《张家港市非物质文化遗产要览》，陈世海、吕大安主编，凤凰出版社，2011年10月

《张家港方言读本》，秦豪编著，人民日报出版社，2012年4月

《河阳山传说施耐庵》，陈世海、吕大安主编，凤凰出版社，2013年10月

《老沙话语汇》（《沙上文化丛书第一辑》3种之一），俞士明、杨子才、张一鸣、吕大安编，凤凰出版社，2013年10月

《雷沟大布研讨文集》，《江苏纺织》杂志增刊，2013年12月

《沙上山歌》（《沙上文化丛书第二辑》3种之一），杨子才、吕大安、俞士明编，凤凰出版社，2014年10月

《沙上风俗》（《沙上文化丛书第二辑》3种之一），缪永清、葛德本、张一鸣编，凤凰出版社，2014年10月

《沙上故事》（《沙上文化丛书第三辑》3种之一），杨子才、吕大安、缪永清编，凤凰出版社，2015年12月

《张家港曲艺丛书》（4种），陈世海主编，江苏凤凰文艺出版社，2016年6月

《陆氏中医儿科世家》，陆定宏著，广陵书社，2016年8月

《蒹葭风生录》，杨子才著，凤凰出版社，2016年11月

大事记

1950年

9月，港口新庄村山歌手张元元带领本村多名青年歌手到大义新华村，同新华村山歌手举行对歌会，从下午唱到晚上，吸引了两三百位观众。

1953年

12月，河阳村业余剧团演出了用河阳山歌调自编的剧目，宣传土地改革，宣传组织互助组。

1964年

沙洲县锡剧团成立。

1965年

12月，沙洲县评弹团成立。

1979年

9月10日，文化部代部长周巍峙到兆丰公社视察群众文化。

1984年

2月，举行第二届"沙洲之春"，全县28个乡（镇、场）组织代表队集中县城进行民间文艺过街巡演，有3千多人参演参赛，观众逾5万。

1985年

5月21日，中国音乐家协会名誉主席贺绿汀到沙洲县考察民间音乐。

11月，虞永良经新庄村女歌手蔡湘宝介绍，结识了该村山歌手张元元，虞永良从张元元口中记录到《斫竹歌》。

1987年

8月，根据文化部、国家民委和民研会的文件精神，在张家港市委宣传部的指导和部署下，组建了由市文教局、文联、文化馆等单位人员参加的"民间文学三套集成"领导小组，确定：包文灿任民间故事卷主编，吕大安任歌谣卷主编，盛利民任谚语卷主编。

1988年

3月，虞永良走访多位河阳山歌山歌手，从庄泾村吴永兴处借到有6000多行的《赵圣关还魂》手抄本。

7月，张家港市"民间文学三套集成"领导小组经过近一年的努力，编成《中国民间文学集成·江苏苏州张家港市资料本》。资料本收录境内民间故事109则，民间歌谣185首，民间谚语920条。

1995年

9月21日，"万川杯"吴歌大赛暨吴歌学术研讨会在苏州举行，虞永良参加研讨会。

1996年

2月5日，张家港市文化馆、港口文化站组织采风，听取并记录了张元元、马祥保、王二宝、曹荷妹、尹银妹、陈凤宝等6位山歌手演唱的20多首河阳山歌。中央电视台、张家港电视台对采风活动进行摄录。

3月23日至27日，江浙沪三省民文协作区暨河阳山歌考察会议在港口镇举行。会议期间，与会专家听取了河阳山歌情况介绍，观看了河阳山歌演唱录像，对河阳山歌的搜集、整理以及研究工作进行了学术探讨。

6月20月，苏州电视台《寻访吴歌》专题摄制组到凤凰镇采录河阳山歌。

10月，河阳山歌专题片在美国SCOIA电视网、纽约中文电视台、新加坡国家电视台先后播出。

同年，《人民日报》记者李灿采写的河阳山歌专题报道，在《人民日报》（海外版）发表。

1997年

国家重点文化工程《中国民间歌曲集成》出版发行，该书收录了《斫竹歌》《河阳山相对唤英台》《老姐嫁人》三首河阳山歌。

11月，日本东海大学教授浅井纪博士会同中国社会科学院马西沙教授、韩秉方教授及扬州大学车锡伦教授，专程来港口镇考察河阳山歌和河阳宝卷。

1998年

7月1日，中国文联考察团一行16人，在中国文联主席、全国艺术科学规划领导小组组长周巍峙带领下到港口镇考察河阳山歌、河阳宝卷。

2003年

10月，张家港市委常委、宣传部部长李汉忠，宣传部常务副部长陈世海及市文广局、市文联领导到凤凰镇调研河阳山歌保护情况。

2005年

6月，河阳山歌馆落成开馆。

6月13日，苏州市第一批非物质文化遗产代表作名录公布，张家港市"苏州评弹""河阳山歌"2个项目入选。

2006年

5月20日，国家级第一批非物质文化遗产代表作名录公布，张家港市"河阳山歌""苏州评弹"2个项目入选。

6月2日，苏州市第二批非物质文化遗产代表作名录公布，张家港市"河阳宝卷"入选。

7月20日，张家港市民族民间文化保护管理办公室成立。

7月，张家港市全面启动非物质文化遗产普查工作。

11月3日，《中国·河阳山歌集》首发，并举行了河阳山歌推介会。

2007年

3月24日，江苏省第一批非物质文化遗产代表作名录公布，张家港市"河阳山歌""河阳宝卷""苏州评弹"等3个项目入选。

5月15日，张家港市第一批非物质文化遗产代表作名录公布，"沙洲花边工艺"等18个项目入选。

6月13日，苏州市第三批非物质文化遗产代表作名录公布，张家港市"沙洲哨口板式类风筝制作技艺"入选。

11月2日，《中国·河阳宝卷集》在沙洲宾馆举行了首发仪式。

2008年

6月20日，苏州市第一批非物质文化遗产项目代表性传承人公布，张家港市尹丽芬、张国良、虞关保、沈彩林等4人入选。

10月20日，张家港市在全省率先完

成非物质文化遗产普查工作。

11月27日，江苏省第二批非物质文化遗产项目代表性传承人公布，张家港市尹丽芬、张国良等2人入选。

2009年

4月29日，张家港市第二批非物质文化遗产代表作名录和第一批非物质文化遗产代表性传承人公布，"塘桥地区民间传说"等12个项目和张国良等7人（法人）入选。

5月20日，苏州市第四批非物质文化遗产代表作名录公布，张家港市"后塍竹编""苏派黄酒（后塍黄酒）酿造技艺""金村庙会"3个项目入选。

5月26日，国家级第三批非物质文化遗产代表性传承人公布，张家港市张国良入选。

6月20日，江苏省第一批非物质文化遗产代表作扩展项目名录公布，张家港市"沙洲哨口板式类风筝制作技艺"入选。

7月16日，张家港市组织编印了20多万字的《江苏省非物质文化遗产普查·张家港市资料汇编》一书，收录126个非物质文化遗产项目的调查资料和115个非物质文化遗产"线索"要览。

2010年

6月22日，苏州市第二批非物质文化遗产项目代表性传承人公布，张家港市王祥兴、胡正兴、陶永飞、冯太根等4人入选。

9月25日，张家港市第二批非物质文化遗产代表性传承人公布，王祥兴等12人入选。

10月，河阳山歌馆新馆建成、开放。

2011年

4月9日，张家港市第三批非物质文化遗产代表作名录公布，"杨舍地区民间传说"等20个项目入选。

6月10日，苏州市第五批非物质文化遗产代表作名录公布，张家港市"摸壁鬼""雷沟大布织染技艺""塘桥陆氏中医儿科"3个项目入选。

9月2日，江苏省第三批非物质文化遗产代表作名录公布，张家港市"后塍竹编""后塍黄酒（沙洲优黄）酿造技艺""金村庙会"3个项目入选。

11月3日，《张家港市非物质文化遗产要览》首发，全书14万字，以张家港市政府公布的50项非物质文化遗产代表作名录为主体内容，通过图片及文字介绍，客观、系统、详细地呈现它们的历史沿革、传承区域、基本内容、表现形态、文化价值及保护现状。

2012年

3月19日，张家港市第三批非物质文化遗产代表性传承人公布，高惠法等15人入选。

5月18日，苏州市第三批非物质文化遗产项目代表性传承人公布，张家港市姜理新、黄庭明、陆义进、邹正岳等4人入选。

2013年

4月3日，张家港市第四批非物质文化遗产代表作名录公布，"杨舍民间土法消防"等18个项目入选。

5月16日，由中国民俗学会、江苏省民俗学会主办，南京博物院民族民俗研究所、苏州市非遗管理办公室、张家港市委宣传部、市文广新局、塘桥镇人民政府共同承办的江南庙会与非物质文化遗产保护高层论坛在张家港市塘桥镇举行。

6月5日，苏州市第六批非物质文化遗产代表作名录公布，张家港市"施耐庵传说""锡剧""沙上宝卷"3个项目入选。

2014年

2月25日，江苏省第四批非物质文化遗产项目代表性传承人公布，张家港市陶永飞入选。

3月10日，张家港市政府出台《关于命名张家港市首批文化生态保护区和传统村落的决定》，命名沙上文化生态保护区、金村文化生态保护区为首批文化生态保护区，命名欧桥（西旸）传统村落为首批传统村落。

3月27日，中国曲艺家协会下发《关于授予江苏省张家港市"中国曲艺之乡"称号的决定》，张家港市正式被命名为"中国曲艺之乡"。

3月29日，张家港市第四批非物质文化遗产代表性传承人公布，唐培龙等18人入选。

6月20日，苏州市第四批非物质文化遗产项目代表性传承人公布，张家港市董红入选。

12月3日，国家级第四批非物质文化遗产代表作名录公布，张家港市"河阳宝卷""金村庙会"2个项目入选。

12月23日，江苏省文化厅公布第三批省级文化生态保护实验区名单，张家港沙上文化生态保护实验区成功入选江苏省设立的第三批省级文化生态保护区。

2015年

3月26日，省文化厅副厅长吴晓林、非遗处处长冯锦文莅临张家港市调研江苏省张家港沙上文化生态保护实验区建设情况。

11月2日，"中国宝卷之乡""中国吴地山歌传承保护基地"授牌仪式暨"长江文化研究与长江经济带建设"专题研讨会在馨苑度假村举行。张家港市被授予"中国宝卷之乡"和"中国吴地山歌传承保护基地"。

12月4日，张家港市第五批非物质文化遗产代表作名录公布，"金属抬凿錾刻工艺"等19个项目入选。

2016年

1月5日，江苏省第四批非物质文化遗产代表作名录公布，张家港市"塘桥陆氏中医儿科""锡剧""沙上宝卷""雷沟大布制作技艺"4个项目入选。

7月5日上午，中国曲艺家协会举行"践行五大发展理念 提升曲艺发展新境界"研讨会暨张家港市"中国曲艺名城"授牌仪式。张家港市创建成为全国第二家、江苏省首家"中国曲艺名城"，这在全国县级市中尚属首例。

11月9日—10日，文化部政策法规司副司长王建华、浙江师范大学教授陈华文、全国人大常委会法工委政法室副调研员齐冰、文化部非遗司保护处副调研员李昱明等工作组一行在省文化厅非遗处处长王建、苏州市非遗保护管理办公室主任李红的陪同下，对张家港市《非物质文化遗产法》执行情况进行专题调研和考察指导。

后记

张家港市宣传文化部门自觉地、有序地着手并推进境内非物质文化遗产的保护工作，可以下述三件连续性的实事作为标志：

2005年4月，市文广局编制完成《"河阳山歌"保护十年规划纲要》；同年5月，市委宣传部、市文广局联合凤凰镇人民政府，在凤凰镇创建"河阳山歌馆"；同年6月，市委宣传部、市文联组建《中国·河阳山歌集》编辑组，着手对业已收集到的1000余首河阳山歌和50多首河阳山歌曲谱进行整理、校注与出版工作。

2006年7月，成立市民族民间文化保护管理办公室（简称民保办，2012年改称市文化遗产研究保护中心），设置了专家组。在市委宣传部和市文广新局的统筹、领导下，民保办组织实施了对境内非物质文化遗产的大规模、全方位的普查工作，历时两年半。在此基础上，专家组对所有项目进行了初步论证与评估，分批列出代表性项目。至2011年4月，张家港市人民政府陆续批准、公布了全市三批非物质文化遗产代表作名录，累计50个项目。同年，市文广新局责成市民保办编纂出版以50项代表作为基本内容的《张家港市非物质文化遗产要览》一书。2013年、2015年，市政府又公布了全市第四批、第五批非物质文化遗产代表作名录，共39项。至此，张家港市非物质文化遗产代表作项目总计有89项。

为了帮助人们全面地、系统地了解张家港市非物质文化遗产，进一步唤起全社会保护非物质文化遗产的意识，市文广新局再次授命市文化遗产研究保护中心编纂《张家港市非物质文化遗产荟萃》一书。

本书的编写得到市委宣传部、市文广新局领导的切实指导，得到全市八镇二区的大力支持和协助。六位同志分工编写了项目内容（以镇、区归集项目）。具体安排是：吕大安承担乐余镇、南丰镇项目，杨子才承担锦丰镇、大新镇项目，缪自强承担金港镇项目，郭正兴承担杨舍镇、常阴沙现代农业示范园区项目，虞永良承担凤凰镇项目，唐林康承担塘桥镇项目。吕大安、虞永良承担《概述》撰写，杨子才、缪自强承担《附录》的编排。董友承担各项目基础文字资料的汇集和《附录》部分文字与图表的整理。全书由蔡春林担任图片统筹，蔡春林、马香平承担版面设计和装帧设计。全书由吕大安统稿、定稿。陈世海统览了全部文稿。

由于部分项目基础资料尚嫌薄弱，加之编者水平有限，本书肯定存在不完善之处，恳请专家和广大读者批评指正。

编者

2017年9月